国家"十二五"重点图书

世界主要政党规章制度文献

丛书主编：俞可平
执行主编：陈家刚

意大利

主编：刘光毅

中央编译局文库编辑委员会

主　　任：贾高建
副 主 任：魏海生　柴方国　季正聚　崔友平
委　　员（按姓氏笔画排序）：
　　　　　冯　雷　牟建君　杨雪冬　沈红文　张凤宝
　　　　　陈家刚　胡长栓　郝卫东　葛海彦

总　序

近代的政党,是基于一定的阶级或阶层之上,为了夺取和巩固国家的政治权力,从而维护特定利益的政治组织。与其他政治组织相比,政党最明显的特征,就是它有着明确的政治目标,即夺取政权和维护政权。除了执掌国家政权这一基本职能外,政党也是现代社会中最重要的利益表达和利益综合机构,是连结政府与民众的政治桥梁。政党还是国家政治生活的最重要组织者,是公民参与国家政治生活的重要平台,它履行着政治动员、公共参与和政治教育等重要的政治职能。因此,从权力的角度看,在所有政治组织中,政党是最重要的政治组织,它对近代国家的政治生活有着极为重要的影响。实际上,近代政治就是政党政治。国家权力主要由政党掌握,并且通过政党运行。

由于政党在国家公共政治生活中起着如此关键性的决定作用,规范政党组织本身及其成员的行为和活动,就变得极其重要。从国家的角度看,宪法及相应的专门法律,通常要对政党参与国家政权的方式、途径、范围等作出原则性规定,从而形成了不同的政党制度,如多党制、两党制、一党制、一党主导或一党独大制、多党合作制等。从政党自身的角度看,每个政党都必须有一整套政治纲领和规章制度,明确宣示政党的性质、使命、目标、任务和政策倡议,详细规定党员的资格、条件、义务、责任、权利,以及党的组织形式、选举制度、领导机制、决策程序和纪律约束等。广义上说,政党制度既包括政党的外部制度,也包括政党的内部制度,它们一起构成国家政治制度的重要组成部分。

如果说主权国家是国际政治舞台的主角，那么政党便是国内政治舞台的主角。除了少数小国之外，世界上绝大多数国家的政权实际上都掌握在执政党手中。一个个政党的产生、发展、壮大、掌权、下台、消亡，以及各个政党之间的竞争、合作、争斗、兼并、分化、组合，构成了现实政治生活一幅五彩斑斓的图景。要真正了解当代世界，就要了解世界各国的政治图景，那就不能不了解主演这些政治图景的各个政党。世界的丰富多彩，不仅体现在文化传统、生活方式和乡土风情上，也体现在社会结构、发展模式和政治体制上。进而言之，要真正了解一个国家，就要了解这个国家的政治体制；而要了解一个国家的政治体制，就不能不了解这个国家的政党制度。

中国共产党是按照马列主义原则建立起来的一个革命政党，在夺取国家政权后，特别是在改革开放后，它逐渐从一个革命党转变为执政党。党的根本宗旨没有改变，但党的群众基础、指导思想、组织结构、领导机制和执政方式等，都发生了重大的变化。坚持人民主体地位，发展人民民主已经成为中共执政的基本政治目标；民主、自由、平等、公正、法治、和谐，已经成为中共追求的核心政治价值；民主执政、依法执政和科学执政，已经成为中共的基本执政方式；建设中国特色的社会主义法治国家，推进国家治理现代化，已经成为中共全面深化改革的总目标。所有这些都表明，中国共产党自身正处于现代化的转型之中，实现治理的现代化，不仅是党执政治国的目标，也是党自身建设的目标。政党治理的现代化，是世界各国主要政党共同面临的时代课题。一些政党在推进治理现代化方面，取得了成功的经验，得以继续在本国的政坛叱咤风云；而另一些政党则付出了惨重的代价，直至失去了政权。学习和借鉴国外政党的成功经验，汲取它们的失败教训，对于中国共产党实现治理现代化，有着重要的现实意义。

1998年，我曾经主编过当时国内唯一的《当代各国政治体制》丛书，总共有16册之多，内容包括了世界各主要国家。那套丛书比较客观地介绍了各国主要政治体制，为读者全面了解当代世界的各种政治制度提供了翔

总　序

实的资料，从而广受好评。此后，我一直想编纂一套介绍世界各主要政党制度的丛书，可惜终未如愿。巧的是，前几年中央为了加强党内法规建设，需要了解和借鉴国外政党的经验做法，有关部门便委托我局编译国外主要政党的规章制度。我认为，这些党内规章制度，虽不能在整体上等同于政党制度，但却在很大程度上体现了党的组织制度、领导制度、决策制度和纪检制度，因而，编译这些国外政党的法规制度，不仅对于我们加强党内法规建设有其借鉴意义，而且将这些材料正式汇编出版，也可以在一定程度上起到帮助读者了解世界各国政党制度，从而更全面地了解世界各国政治制度的作用。

《世界主要政党规章制度文献》丛书，总共有20卷，收录了当今世界绝大多数重要政党的代表性规章制度。在收集、编选和翻译这套丛书的过程中，我们得到了社会各界的大力支持。例如，一些从事世界政党研究的专家学者提出了很好的编纂建议，一些驻外使领馆人员为我们提供了所在国主要政党的最新材料，一些译者放弃休息时间，努力按照要求完成翻译任务；国家出版基金给予了专项出版资助。在此，我代表编者向所有为本丛书出版作出过贡献的朋友们表示衷心的感谢。参与本丛书的许多译者，是年轻的博士后和博士生，他们积极性高，责任心强，但尚缺乏足够的翻译经验，错讹之处还望读者谅解并不吝批评。

俞可平

2015年1月13日于方圆阁

目 录

导 言 1

第一部分 宪法、全国性涉党法律 1

第一章 宪 法 3
一、基本原则 3
二、公民的权利与义务 4
三、共和国机构 12
四、宪法的保障 38

第二章 全国性涉党法律 45
一、共和国参议院和众议院选举法修订稿 45
二、关于补贴普选及全民公投费用、废除有关自愿捐助政治运动
组织和政党相关规定的新规则 69

第二部分 主要政党内部规章制度 75

第一章 民主党 77
一、意大利民主党章程 77
二、民主党价值宣言 104
三、民主党伦理准则 118
四、关于保障委员会的条例 123
五、民主党全国财务条例 136

六、竞选条例 ………………………………………………… 141

七、民主党全国书记和代表大会的选举条例 ……………… 145

八、政府机构任职候选人遴选的框架条例 ………………… 155

九、民主党候选人条例 ……………………………………… 158

十、欧盟选举条例 …………………………………………… 161

十一、关于国外初选的框架性规定 ………………………… 163

十二、获取党员户籍和选民登记簿内容的条例 …………… 167

十三、在线入党和在线支部的条例 ………………………… 168

十四、关于党员证的条例 …………………………………… 171

第二章 自由人民党 …………………………………………… 173

一、自由人民党章程 ………………………………………… 173

二、价值宣言 ………………………………………………… 196

三、关于不可兼任的条例 …………………………………… 201

第三章 绿 党 …………………………………………………… 204

一、绿党联盟新党章程 ……………………………………… 204

二、入党程度和资格审核 …………………………………… 215

三、地方组织 ………………………………………………… 216

四、全国党员大会召开方式 ………………………………… 225

五、绿党的参与、决策方式及其保障 ……………………… 226

六、召开大区级、省级和市镇级大会党员与席位比例调整
　　的规定 …………………………………………………… 228

七、全国评审委员会的职责及履行方式 …………………… 228

八、纪律处分 ………………………………………………… 231

第四章 北方联盟 ………………………………………………… 232

北方联盟——帕塔尼亚独立章程 …………………………… 232

后　记 …………………………………………………………… 253

导　言

政党是人类政治文明的产物。17世纪末，英国议会内部产生了代表不同阶级利益、依靠政治庇护组织起来的议员团体——辉格党和托利党，由于它们已具有夺取和控制政治权力的特征，所以常被视为近现代政党的发轫。然而，如果根据拉帕隆巴拉和维纳提出的标准，严格意义的政党直到19世纪才在欧美产生。在他们看来，可称为政党的组织，必须具备以下几个特点：（1）组织的延续性，即组织的预期寿命并不取决于在任领导人的寿命；（2）拥有长期存在的、明确的地方性组织，地方组织和全国组织之间存在定期的沟通和其他联系；（3）全国和地方各级领导者，能够单独或以联盟的形式，自觉地追求和保持权力；（4）关注选举表现或以其他方式争取大众支持。[①] 迪韦尔热等学者着重强调了选举在定义政党方面的作用，[②] 得出了同样的结论："真正的政党出现尚不足一个世纪。在1850年，（除美国外）还没有一个国家存在现代意义的政党。我们可以找到各种思潮、大众俱乐部、学术团体、议员集团等，但仍然找不到真正的政党。到了1950年，政党却已在大部分文明国家中活动了。"[③]

[①] Joseph Lapalombara, Myron Weiner (ed.), *Political Parties and Political Development*, New Jersey: Princeton University Press, 1966, p. 29.

[②] 除迪韦尔热外，沙特施耐德（1942年）、萨托利（1976年）、爱泼斯坦（1980年）等学者都持这种看法。比如萨托利将政党定义为："一些具有官方标签的政治团体，它们参加选举，并且有能力通过选举将候选人转变为公共部门负责人。" Giovanni Sartori, *Party and Party Systems: A Framework for Analysis*, Cambridge: Cambridge University Press, 1976, p. 63.

[③] Maurice Duverger, *Political Parties: Their Organization and Activity in the Modern State*, London: Science Editions, 1964, p. 23.

对于政党的关注和研究，大多可追溯到20世纪初的奥斯特洛果儿斯基（Moisei Ostrogorski）和米歇尔斯（Robert Michels），但是他们对于政党的态度是批判性的，否认政党存在的意义。"二战"之后，随着资本主义生产方式的加速扩张以及第三波民主化浪潮的强烈冲击，政党的积极作用得到了几乎一致的肯定，它作为西方政治文明的标志和"民主的齿轮"，迅速在全球普及。目前，政党存在于世界绝大多数国家，并在社会政治生活中发挥重要作用。

政党的高度组织化，必然通过政党的制度建设得以实现。然而，学界的关注点，更多地集中在政党的功能、谱系、类型等问题上，缺乏深入政党内部的考察。出现这种情况并不难理解，一方面，政党的制度建设具有很强的个性，既与一国、一党的历史变迁、文化环境等宏观因素息息相关，又与政党的政治目标、价值追求，乃至主导集团、重要领袖密切相联，难以把握；另一方面，现代政党在互相竞争的政治环境下，组建、发展、瓦解的频率加速，不容易进行长期的追踪研究。再者，政党经常对党内制度进行调整和改革。简而言之，变量太多，资料庞杂，难以进行横向或纵向的比较，从而得到有价值的结论。因此，基于国别的政党内部制度研究，可以在很大程度上减少变量，降低不确定性。

本书选择的政党是意大利的主流政党。这些政党具有的共同特征就是较为稳定的组织体系、广泛的群众基础以及获得政权的现实目标。基于此，党内制度建设的目的也便渐次具有三个层次，即内部管理、取信于民、赢得选举，也就是说，政党内部制度建设的根本目的就是提升组织效能，即提高政党实现其政治目标的能力。那么如何衡量制度建设的成果呢？最直接和有效的方式就是从制度的数量和质量入手。制度的数量衡量标准就是政党的制度规定是否详尽；制度的质量则是从政党组织的稳定性以及选举成就来判断。

可以提出几个猜测：(1) 规模较大的政党倾向于加强制度建设；(2) 从中央到地方组织体系完备的政党倾向于加强制度建设；(3) 领袖控制力较弱或者派系力量较为均衡的政党倾向于加强制度建设；(4) 核心价值追求较

弱的政党倾向于加强制度建设。这四点都有相关的例证支持，比如意大利民主党，兼具以上四点特征，其党内制度体系完备，而自由人民党虽然规模也很大，但组织体系不健全、领袖控制力强，其内部制度明显不如民主党健全。因此，制度虽然很重要，但也不应过高估计制度对于政党实现政治目标的意义，归根结底，它是具体的、历史的存在，需要具体问题具体分析。因此，真正理解意大利政党的内部制度，一是要把握意大利政党的历史演变，二是要抓住意大利政党所处的制度环境，关键是《宪法》和《选举法》。

导言提供三个方面的资料，即意大利政党格局的变迁、意大利选举制度的改革以及意大利两大政党的制度建设，以便读者更好地理解当前意大利政党的内部制度。

一、意大利政党格局的变迁

意大利政党的发展演变，可以用意大利政党格局的变迁作系统的描绘。所谓政党格局，是指政坛中活跃的政党，以及它们之间的力量对比。战后至今，意大利政党格局演变可分为四个阶段。

1. 形成期

意大利战后政党格局形成于1946—1948年，但却有着深厚的历史渊源。意大利统一过程中，围绕着未来国家的前进方向，产生了各种思潮，其中以加里波第为代表的社会主义、以马志尼为代表的共和主义和以加富尔为代表的自由主义影响尤大，它们在19世纪末孕育出意大利现代政党。1892年，意大利第一个群众党社会党成立，在之后的发展中，其内部一直存在着革命派与改良派的对立。1912年，由于对待利比亚战争的态度分歧，改良派退出成立了意大利改良社会党。1921年，意大利社会党再次发生分裂，其左翼在葛兰西的领导下，另起炉灶成立了意大利共产党（以下简称"意共"）。同时随着旧统治阶级的垮台以及普选的开展，大众登上了政治舞台，权贵党日渐式微，群众党纷纷涌现，意大利共和党（1895年，第一次正式大会）、意大利激进党（1904年）、意大利自由党（1912年）

以及意大利人民党（1919年）相继成立。在这个社会结构剧变、工人运动风起云涌的历史时期，意大利社会党的力量迅速壮大，并在1919年的全国大选中获得32.3%的选票，成为第一大党，天主教徒的政党意大利人民党，获得了20.5%的选票，位列第二，上述其余各党（除意共尚未诞生外）也都获得了席位，这奠定了"二战"后政党格局的基础。

1922年墨索里尼攫取了政权，意大利长达21年的法西斯专制统治由此开始。从1926年起，除国家法西斯党外的其他所有政党均被取缔。然而正如意大利著名哲学家克劳奇（Benedetto Croce）所说："法西斯统治是意大利政治史上的一段'插曲'，当人们移开烧杀抢掠后的断壁残垣，意大利政治仿佛又重新回到了前法西斯时代。"① 1943年墨索里尼政权垮台后，反法西斯的政党们在极短的时间内，纷纷扬起尘封的旗帜，再次启用自己的名称和标志。自由党、社会党、共产党、天主教民主党（由战前的意大利人民党转变而成，以下简称"天民党"）、行动党和民主工党等六大反法西斯政党组建了全国解放委员会，迅速填补了旧体制坍塌后的权力真空，担负起领导国家的任务。共和党虽然也是反法西斯政党，却因为不符合反君主制的先决条件而被拒之门外。

环顾当时的意大利政坛，可以称之为新鲜事物的政党有三个，一是1944年到1945年任内阁首相的伊万诺埃·波诺米（Ivanoe Bonomi）建立的民主工党，然而这个党就像是一个打上标签的空瓶，因为没有正式的党员和组织体系，始终没有成为一个真正意义的政党；② 二是行动党，该党在反法西斯战争中所发挥的重大作用可与意共媲美，具有很强的斗争性，在战后也一度发展迅猛，然而它始终没有实现从"手拿武器"向"手拿证件"的转变，抗拒政党政治行为逻辑，最终在1947年解散；三是"政治冷漠运动"，它与行动党截然不同，主张国家仅应承担简单的行政管理职能，迎合了部分民众在战后初期厌恶政治、惧怕社会冲突以及无政府主义

---

① Piero Ignazi, *I Partiti Italiani*, Bologna: il Mulino, 1997, p.7.
② Piero Ignazi, *I Partiti Italiani*, Bologna: il Mulino, 1997, p.8.

等情绪。它在南方曾取得过不错的选举成绩,但归根结底,"政治冷漠运动"的风行与其说是价值观的差异,不如说是民众情绪波动的结果,它毕竟与民主政治鼓励的积极参与大相径庭,所以当社会条件发生变化时,其选民基础便如阳光下的积雪迅速地消融了,1948年后该运动大部分成员转投天民党和保皇党。

这三个新生事物,最终没有经受住选举的考验,1946年春、秋两季的市政选举、同年6月的立宪委员会选举以及1948年的政治选举,全部印证了传统政党的主导地位。几乎可以说,意大利1919年的选举状况在战后重现,[①]这也标志着意大利的政党格局正式形成。

2. 稳定期

意大利的政党格局在之后的40余年保持了稳定。进入首届共和国议会的政党(除保皇党在1971年并入社会运动外)一直活跃到20世纪90年代初;同时,政党间的力量关系没有发生剧烈变化,天民党、意共在党员人数、选举得票率上都远高于其他政党。另外,选民的投票态度也没有根本的变化。意大利的选区素有"红"、"白"之分,所谓红区,是指北部的工业三角,以及中部的托斯卡纳大区、艾米利亚-罗马涅大区、马尔凯大区以及翁布里亚大区,这里一直是意共、意大利社会党等左翼政党的票田;所谓白区,是指威尼托大区、特伦蒂诺-上阿迪杰大区以及弗留利-威尼斯朱利亚大区,在这些地方,战前的意大利人民党以及战后的天民党一直拥有绝对优势。

政党格局稳定,并不代表政治运行没有问题。意大利政治的弊病主要表现在以下三个方面:首先,"民主替代"严重不足。冷战时期,意大利的两大主要政党分属不同的阵营,在美国和梵蒂冈的大力支持下,天民党一直把持着国家权力,而意共则始终被排斥在政府之外。其次,政府更替

[①] 变化也是有的,比如意大利人民党变为天主教民主党,并成为战后第一大党,意大利共产党由于在抵抗运动中表现出色,力量迅速壮大,最终在1948年选举中得票超过意大利社会党,成为左派的领袖。

频繁，行政效率低下。从1946年到1992年，意大利产生了48届政府，每届的平均寿命不足一年，难以进行有效的行政管理。再次，腐败横行。意大利的政党，特别是那些传统政党，不仅在国家政治生活中拥有特殊地位，而且还掌握着社会资源，进行利益分配。政治上的党强政弱与社会中的庇护制相结合，为公权私用铺平了道路。

尽管有着种种不足，意大利的政党仍然成功地固化了民众的政治态度，迅速地瓦解、吸收新兴势力，有效阻止制度改革。主要原因有三个：其一，政治主题单一。意共是国内最大的反对党，因此意大利的内部政治几乎成为了冷战的缩影。意共没有执政，对很多人而言，与其说是民主体制的不足，毋宁说是意大利政党政治的"重要成果"。其二，政党的组织力量庞大。战后40余年，意大利两大主要政党长期保持着150万左右的党员规模，从中央到地方的各级支部比较完善，几乎可以影响到本党选民衣食住行各个方面。第三，政治文化因素。意大利的民众对于政党有着根深蒂固的自觉依赖。正如著名学者乔治·伽里所说，在通往代议制民主的道路上，意大利与其他欧洲国家有一个非常显著的差别，即没有产生一个强大的现代自由党，1922年之前，意大利的政治、文化、社会空间是由众多的党派所把持。[①] 这一历史现象所蕴含的文化、心理因素，有利于意大利政党格局的稳定。

3. 剧变期

意大利政党格局发生剧烈的变化，是在1992—1994年间，但此前的十几年中，已有变化的先兆，如铁板一块的意大利政坛，新生力量开始破土萌芽，其中最具代表性的是北方联盟和绿党。

北方联盟的前身是20世纪70年代末出现的伦巴底联盟，它最初是致力于保护伦巴底的语言、文化传统的自治运动。1987年选举后，伦巴底联盟重新界定了自己的政治诉求，致力于创建以利益为基础的地区身份认同。它认为，伦巴底人民辛勤劳作积累起的财富，却在分配中便宜了终日

---

① Giorgio Galli, *I Partiti Politici Italiani* (1943 – 2004), Milano: Superbur Saggi, 2001, p. 41.

无所事事的南方人和移民，于是这些人就变成了"敌人"。伦巴底联盟在这一时期的标语和口号充斥着排外和种族主义色彩。它在1990年行政选举中取得了辉煌的成绩（在本大区赢得了18.9%的选票），同年在其书记翁贝托·博西的倡议下，活跃在北方的各种地区联盟合并为北方联盟。1991年北方联盟召开第一次大会，博西当选书记。党的政策重点随后也从反对人种多样性逐渐过渡到批判中央集权以及政党政治上。国家缺乏效率，不再是懒散的南方人传染了国家机关所致，而是热衷于政治分赃的政党的责任。这些主张凸显出北方联盟的政治纯洁性，得到了改革主义者的认可。1992年的选举中，北方联盟横扫300多万张选票（8.65%），赢得了55个众议院席位和25个参议院席位，一举跃升为全国第四大党。

意大利的绿党是由太阳绿党和彩虹绿党组成。意大利1985年大区选举中，首次出现了一些环境保护团体，虽然缺乏共同的组织，但它们还是在11个大区中使用统一的标志（微笑的太阳）参选，1986年11月，这些环保团体共同组建了"绿色名单"，也称"太阳绿党"。切尔诺贝利核事故极大地激起了民众的环保意识，意大利随后还举行了关于核问题的全民公决，在这一形势下，太阳绿党在1987年的政治选举中取得了优异的成绩，它在众、参两院选举中分别获得了2.5%、2%的选票，以及13个、1个议席。1989年5月，另一支环保力量"彩虹绿党"成立。在同年的欧洲选举中，太阳绿党与彩虹绿党分获3.8%、2.4%的选票，各取得3个、2个席位。1990年12月，这两大环保力量合并，组成了新的政党"绿党联邦"，或简称为"绿党"。1992年的政治选举中，绿党取得了凯旋般的胜利，它在众、参两院分别获得2.8%、3.1%的选票以及16个、4个议席。

上述两大新生事物，虽然实力不强，但却牢固地挺立于意大利政坛中，等待暴风雨的来临。1992年2月，社会党米兰市主要负责人马里奥·基耶萨因收取工程回扣被捕入狱，适逢社会党领袖克拉克西竞选总理的关键时刻，他一方面强调基耶萨只是特例，党内并没有普遍存在腐败现象；另一方面指责这是个政治阴谋。然而事态的发展远远超过他的预期，这场反腐运动从米兰迅速向全国蔓延，几乎波及了所有的党。各党领袖为了保住本党声誉，被迫采取"丢卒保帅"的做法，逐步放弃了对党内已遭逮捕的较低级别官员的保护，而这些人感到被党抛弃，又不顾一切地指控他人，由此形成了多米诺骨牌效应。据统计，在两年的时间里，共有约1300人受到调查，其中包括部长、众参两院议员、企业家、政党领袖，甚至前总理，最终仅有430人免于刑罚。①

如此大规模、高级别的腐败现象，引爆了民众积压已久的对于政党的厌恶情绪，意大利政党格局顿时呈现出四分五裂的状态，传统政党纷纷走上解体、分裂或重组的道路。对比1992年和1994年众议院选举情况：天民党分裂为意大利人民党以及众多的中间小党，得票率从30%降低到11%；意大利社会党从14%降到无足轻重的2%；意大利自由党解体；意大利共和党加入"塞尼名单"参选，但未获得席位；北方联盟与绿党保持了稳定，得票率分别在8%和3%左右；意共由于从未执政，所以其继承者左翼民主党和重建共产党受到的影响较小，得票率均小幅上涨；极右的社会运动在1993年转变为相对温和的民族联盟，得票率从5%跃升到13%；贝卢斯科尼成为了最大的赢家，他在1994年选举前夕以其旗下芬尼韦斯特集团的员工为班底组建了意大利力量党，获得21%的选票，成为全国第一大党。总之，1994年大选后，在众议院获得席位的政党是意大利力量党、左翼民主党、民族联盟、意大利人民党、北方联盟、重建共产党以及"塞尼名单"，传统政党全部消失。

意大利政党格局的剧变，从根本上讲，一方面是由于意大利政治的弊病长期积累，由量变达到了质变；另一方面是由于冷战结束后，政治主题的多元化引发了各种社会思潮，为新政党的产生提供了条件。值得注意的一点是，意大利的政党格局在漫长的法西斯统治前后保持了稳定与延续，却在极短的时间内被一场反腐败运动彻底击垮，这充分说明，政党合法性的根本来源是民众的认同，单个政党固然有一定的利益代表性，但政党整

---

① 参见 Marco Travaglio, Peter Gomez, Gianni Barbacetto, *Mani Pulite, La vera Storia*, Roma: Editori Riuniti, 2002, p. 674, p. 704。

体作为民主政治的齿轮，应对国家和全体民众负责。一旦偏离了这个基本点，无论多么坚实的政党格局、多么强大的政党，都会遭到摧毁。

4. 联合期

1994年后，意大利政党格局中出现了"联合"的趋势，这具体表现在政党的融合与选举联盟的组建上。

融合造就了四大政党。一是当前最大的中左政党意大利民主党。柏林墙倒塌后，意大利国内外环境深刻变化，意共在1991年2月自我改造为左翼民主党，随后加入社会党国际。1998年2月，左翼民主党联合了6个左翼小党，成立了左翼民主党人党。2007年10月，左翼民主党人党与雏菊花联盟以及其他几个中左小党合并，组建了意大利民主党。二是当前最大的中右政党人民自由党。贝卢斯科尼进入政坛后，一直希望建立一个统一的中右政党，但是由于盟友的反对迟迟未能如愿。2007年11月，他在米兰提出"两步建党"的设想，即首先建立一个政党联盟，以相同的名称、标志参选，最后再形成统一的政党。经历了犹豫、反复之后，民族联盟领袖芬尼最终同意。2008年2月，意大利力量党与民族联盟共同组建了政党联盟"自由的人民"。2009年3月22日，民族联盟宣布解散，5天之后，在贝卢斯科尼首次选举胜利15周年纪念日时，一个统一的政党人民自由党正式诞生。三是中间偏左的雏菊花联盟。1994年以后，意大利政坛中出现了众多的中间政党，其中较大的是意大利人民党。1998年特伦蒂诺－上阿迪杰自治区选举前夕，意大利人民党特兰托省委书记洛伦佐·德拉伊（Lorenzo Dellai）发起成立了包含其他中间党派候选人的雏菊花名单，该名单在特兰托自治省获得了巨大的成功，① 德拉伊本人也成功当选省主席。1999年5月的特兰托市政选举中，雏菊花名单再次取得胜利，得票率超过了33%。巨大的成功刺激着中间政党在2000年大区选举中，将雏菊花模式推广到全国。2000年6月，意大利人民党号召以雏菊花模式成立统一的中间力量。同年10月，意大利人民党、意大利革新党等4个中间

---

① 获得了22%的选票，赢得了35个理事席位中的8个。

政党正式组建了雏菊花联盟。四是中间偏右的中间联盟。由于不满雏菊花联盟的偏左路线，1994年成立的基督教民主中间联盟联合另外两个中间政党，在2002年12月组成民主基督教徒及中间民主主义联盟，简称"中间联盟"。

组建政党联盟，也成为意大利选举中的通常做法。1994年大选之前，左民党联合了重建共、绿党、意大利社会党、民主联盟、网络党以及其他左翼党派、团体，组成了以奥凯托为首的"进步联盟"，参加选举。这次尝试失败后，1995年，左民党进一步建立起包含中间政党的"橄榄树联盟"，并赢得了1996年大选。此后，这种中左联合的模式一直持续下去。橄榄树联盟在2001年大选中以微弱差距失利，然而原因并非出在这种模式上，而是由于重建共产党、意大利价值党没有加入到联盟之中。2004年欧洲选举前，左翼民主党人党、雏菊花联盟、意大利民主社会主义联盟、欧洲共和主义运动响应普罗迪的号召，决定以统一的橄榄树标志参选。此次选举后，这四个党决定进一步密切党际关系，于2005年2月签署协议，实行统一的外交政策和欧洲政策，同时他们又联合了绿党、意大利共产党人党、重建共产党、意大利价值党、欧洲民主主义联盟，组成了范围更大的"同盟"①，并在2006年大选中凯旋。2008年2月，新成立的意大利民主党决定组建一个仅仅包含支持其纲领的政党联盟，同盟宣告解散，在同年举行的大选中，它与意大利价值党联合参选。相比中左联盟频繁的变化，中右联盟要稳定得多。1994年大选，贝卢斯科尼组建了两个联盟，他在中北部与北方联盟组成"自由之极"，在中南部与民族联盟组成"善政之极"。1996年大选，意大利力量党与北方联盟分道扬镳，它与民族联盟以及基督教民主中间联盟组成"自由之极"。2001年大选时，北方联盟回归，意大利力量党、民族联盟、北方联盟、基督教民主中间联盟以及新意大利社会党组成"自由之家"。2006年选举，自由之家队伍扩大，包含了12个党。

---

① "同盟"，意大利文名为l'Unione，英文名为The Union，是2005到2008年间普罗迪领导下的中左政党联盟。

2008年，新成立的"自由的人民"与北方联盟以及南方自治运动联合参选。

二、意大利选举制度改革

如前所述，《宪法》和《选举法》是意大利政党制度建设最重要的制度环境，其中《宪法》作为国家根本大法，主要体现治国理政的基本原则，而《选举法》则与政党的生存与发展息息相关。"二战"后至今，意大利分别在1946年①、1993年、2005年制定了三套不同的选举制度，它们所关注的核心问题是如何将选票转化为众、参两院的席位，并在联盟以及单个政党之间分配。

1. 意大利选举制度的历史回顾

意大利战后选择了比例制选举法。1946年6月立宪大会选举时，有56个政党参与角逐，结果有11个政党取得了席位，②这极大地满足了政党与民众的政治要求。1948年第6号、第29号法案在它的基础上，确定了众、参两院的选举法。这一选举法总体上遵循了比例制原则，只是在参议院选举中加入了形同虚设的多数制元素。③ 这种比较纯粹的比例制选举法，充

---

① 意大利1946年第76号法案所规定的比例制选举法，本是为"制宪大会"的选举准备的，但在简单修改后也成为众、参两院的选举法，所以本文将它们统称为1946年选举法。

② 〔英〕唐纳德·萨松：《当代意大利》，王慧敏、胡康大、周弘译，北京：中国社会科学出版社1992年版，第185页。

③ 这一选举法的具体规定如下：众议院选举划分为32个选区，各选区按人口数分配席位。投票后，在各个选区内，按照帝国法确定选商，每一政党所得选票除以选商，整数部分便是该政党所获席位数。然后，余数在全国范围内汇总，按照海尔法和最高余数，完成席位的二次分配。参议院选举是以大区为单位进行，它的席位分配也是通过两步完成的。首先，每一大区根据获得的参议员议席分成相应数目的单选区，以多数制决定席位归属；其次，各党未当选候选人所获选票以及剩余席位在大区范围内汇总，以东特法和最大平均数确定席位归属。值得注意的一点是，参议院单选区内并不采用简单多数，根据1946年选举法的规定，单选区候选人必须得到65%以上的选票才可当选，这一要求非常苛刻，从1963年到1992年，通过单选区成功分配的参议院席位极少，简直可以忽略不计。

分保障了民众表达政治诉求的权利，极大地鼓舞了选民的投票热情，1983年以前众、参两院选举的投票率均在90%以上，然而其弊端也同样非常明显，它在议会中产生的政党太多，使得决策非常困难、政府更替频繁。这些问题在随后几十年引起了民众极大不满，改革选举法的呼声日益高涨。1993年春，意大利就九大问题举行全民公决，针对是否废除原有的选举制度，引入多数制的问题，82.7%的选民投了赞成票。同年8月4日，根据全民公决的精神，议会通过了第276号、第277号法案①，改革了参、众两院之前的比例制选举办法，确立了单选区比例并立制，即众、参两院75%的席位通过多数制分配，另外25%的席位则通过比例制分配。这次改革正是针对1946年选举法的弊端，因为单选区制既可使选民直接给候选人投票，大大弱化候选人对于政党的依赖；又可迫使小党与大党结成选举联盟，有利于实现意大利政治的两翼化发展。

1993年选举法实施后，两大阵营形成了，左翼也终于上台执政了，然而这并不代表意大利政治驶入良性发展的轨道。萨托利曾经谈到："多数制并不一定能够创造出两极民主，因为这要有个条件，即：在各个选区有可能获胜的只能是两个政党，这在意大利政坛简直是不可实现的，而如果每个单选区有一个党的候选人获胜，100个选区就会导致100个政党进入议会"。②事实也正是如此，一方面两大联盟的选票相差无几；另一方面联盟内的政党太多，席位分配也比较分散，这反而增强了小党讨价还价的能力。1998年普罗迪政府倒台，正是由于意大利重建共产党撤消了对它的支持。

2001年的选举还暴露出1993年选举法的一个重大漏洞。由于单选区制有利于大党，并且容易产生废票，为了补偿小党、保护民众的投票热

---

① 1993年第276、第277号法案原文见意大利参议院官方网站，网址分别为：http://www.senato.it/istituzione/108452/152237/genpagspalla.htm，http://www.senato.it/istituzione/108452/152238/genpagspalla.htm，下同。

② Chiaberge Ricccardo, *Sartori: Il "Mattarellum" e le Idée Sbagliate*, 5 novembre 1995, Corriere della Sera, Pagina 27.

情，意大利的立法者又规定了复杂的"选票分割法"，即在单选区赢得席位的政党或政党联盟，进行比例制分配时，要扣除一定数额的选票。① 众议院议席分配时，选民要投两票，一票在单选区内直接投给候选人，另一票是在复选区内投给政党，这种差异为各党派、联盟避开"选票分割"提供了可能。2001年意大利众议院选举时，中左、中右阵营分别捏造了两个虚假的名单（分别是"新国家"、"取消分割法运动"）参加单选区席位分配，以避免在进行比例制分配时被扣除选票。在这次选举中，中右阵营获得大胜，但却造成一个尴尬的情况，由于没有扣除选票，所以中右得票过多，以致比例制名单中没有足够多的候选人，② 这种弄虚作假的行为显然违背了"选票分割"的初衷。

2. 意大利选举法改革的政治背景

议会中的政党过多、政府更替频繁，可以说是战后意大利政治的常态，如何避免这个问题，成为历次选举法改革的主旋律。那么同样是饱受指责，为什么1946年选举法可以维持40余年，而1993年选举法仅仅存在了12年？选举法主要调整不同政党在议会中的份额，那么意大利的政党对选举法的态度有没有发生变化？要回答这些问题，就不仅要考察选举制度本身，还要探讨意大利政党政治环境的变化。20世纪90年代以来，意大利政党政治发生了四大显著变化。

第一，选民重新具有了流动性。1992年到1994年，意大利掀起了一场以反腐败为宗旨的"净手运动"，随着调查的深入，几乎所有的政党都牵涉其中。力量强大的传统政党由此遭到毁灭性的打击，它们或者分裂，

---

① 众议院选举中实施"部分分割"，各党派所获得的用于比例制分配的选票，要减去该党在各单选区中刚好获胜的选票（即该单选区第二名的得票数加一票），然后再进行席位分配；(1993年第277号法案第4条) 而参议院选举中则是以大区为单位实行"完全分割"，各政党在该大区获得的有效选票之和减去该党在单选区中获胜者所获选票，再进行席位分配 (1993年第276号法案第4条)。

② 1993年277号法案第2章规定，在以比例制进行席位分配时，政党名单中候选人的数目不得超过该选区按比例制分配席位数的三分之一。

或者转型,或者就此消失。民众对政党的信任也跌到了谷底。1994 年大选后,得票最多的意大利力量党仅仅是在选举前几个月才成立,而之前联合政府中的五大党,只有一个出现在两院中,① 且席位大幅缩减;同时,组建不久的北方联盟、绿党联盟等,所获选票也有了大幅增长。这说明,新兴政党借助司法调查,一举取代了传统政党的地位,成为意大利政坛新的主角,它们虽家底清白,但缺乏稳固的政治基础,也没有庞大的组织网络,曾被传统政党固化的意大利选民因此重新具有了流动性。

第二,政党形态发生变化。这体现在三个方面:其一,党员人数大幅下降。20 世纪 90 年代以前,意大利共产党以及天主教民主党长期拥有 150 万左右的党员,然而 90 年代以后,左翼民主党的党员约 70 万左右,左翼民主人士联盟时期更是下降到 55 万左右。而政坛第一大党意大利力量党仅有 20 多万的党员,北方联盟的党员数从未超过 17 万人。其二,政党官员数目减少,作用弱化。以可进行纵向比较的意大利共产党为例,20 世纪 80 年代,它的全职人员约为 1000—2500 人之间,② 1994 年骤降为 640 人。③ 另据 1979 年数据,党的大区一级支部中,85% 的书记以及 75% 的理事会成员是其全职人员;而 1997 年,左民党所有领导职务中只有 18% 是其全职人员。④ 2000 年,左翼民主人士联盟的这一数据进一步下降到 12%。⑤ 这两大变化充分显示,党员人数以及党的机构都不再像以前那么重要了,意大利主要政党逐渐过渡为选举党。其三,政党卡特尔化。为了赢得选举,意大利的政党表现出越来越强烈的结盟要求,两大联盟的对抗成为意

---

① 即由前天主教民主党改组而成的意大利人民党。

② Paolo Bellucci,*Marco Maraffi*,*Paolo Segatti. PCI*,*PDS*,*DS. La trasformazione dell' identità politica della sinistra di governo*,Roma:Donzelli Editore,2000,p.65.

③ Paolo Bellucci,*Marco Maraffi*,*Paolo Segatti. PCI*,*PDS*,*DS. La trasformazione dell' identità politica della sinistra di governo*,Roma:Donzelli Editore,2000,p.68.

④ Paolo Bellucci,*Marco Maraffi*,*Paolo Segatti. PCI*,*PDS*,*DS. La trasformazione dell' identità politica della sinistra di governo*,Roma:Donzelli Editore,2000,p.66.

⑤ Paolo Bellucci,*Marco Maraffi*,*Paolo Segatti. PCI*,*PDS*,*DS. La trasformazione dell' identità politica della sinistra di governo*,Roma:Donzelli Editore,2000,p.68.

大利政治选举的主要形式。1994年以来，中左政党先后组成进步联盟、橄榄树联盟、橄榄树联邦以及同盟，中右政党组成了自由之极、善政之极以及自由之家。

第三，中左赢得了选举。冷战时期，意大利政坛中虽然有两个实力相当的政党竞争，但却从未实现政权的轮换。意大利共产党长期是政坛第二大党，但既不能获得政权，也没有政党与之结盟（1957年与社会党决裂后）。1996年，意共转变而成的左翼民主党，与其他中左政党结成橄榄树联盟，并利用意大利力量党与北方联盟分裂的机会，赢得选举，组建起意大利历史上第一个中左政府，直到2001年，意大利共经历了四届中左政府。

第四，中右政府与中左政府的构成存在差异。1994—1995年，贝卢斯科尼第一届政府包含四个党，分别是意大利力量党、民族联盟、北方联盟、基督教民主中间联盟。2001—2006年贝卢斯科尼第二、第三届政府依然包含四个党，前三个党没有变化，最后一个党变成由基督教民主中间联盟联合其他两个中间政党组成的"民主基督教徒和中间民主主义者同盟"。反观中左联盟，1998—1999年的达莱马第一政府就包含七个政党，分别是左翼民主党人党、意大利人民党、意大利革新党、意大利共产党人党、绿党联盟、意大利民主社会主义联盟以及共和国民主同盟。1999—2000年的达莱马第二政府依然包含了七个政党，与上届政府相比，不同之处在于意大利民主社会主义联盟退出，普罗迪组建的民主联盟加入，欧洲民主同盟替代了共和国民主同盟。2000—2001年阿马托第二政府包含了八个政党，与上一届政府相比，意大利民主社会主义联盟再次加入。很明显，中右政府中的政党数目比较少，结构比较稳定，平均得票率比较高，而中左联盟则需要囊括更多的小党才能与中右抗衡。

总之，选民的流动性以及政党形态的转变，使民意真正成为了政党的生命线，从而使得政党对选举制度更加敏感。中左赢得选举，客观上会促使中右政党更积极地面对选举制度改革，因为1946年选举法虽然饱受指责，但它毕竟是阻止意共掌权的制度体系中的重要一环，完成了意大利冷战政治的首要任务,中右政党作为既得利益方,改革选举法的主观动机不强烈。中右政府比中左政府的政党数量少、结构稳定、平均得票率高,这一特点也为2005年选举法的命运埋下了伏笔。

3. 2005年选举法的主要措施

2005年选举法强烈地体现出追求政治稳定的意图,它通过改造、强化那些既有的措施,意图限制进入议会的党派数量,增加政党联盟的力量。这主要体现在以下四个方面:

第一,改革了参与席位分配的得票门槛。代议制民主中一个极具争议的问题是,那些很小的党是否也应该拥有席位。一种观点认为,将小党排除在议会之外,有违社会公正;而另一种观点认为,众多小党进入议会,会降低行政效率。既不能将小党排除在外,又不能让过多的小党进入议会,因此就需要作必要的限制。意大利战后选举制度中,一直设有参与席位分配的得票门槛。1946年选举法规定,在某一选区中获得一个席位、并且在全国得票30万张以上的政党可以参与众议院全国总选区的议席分配。[①] 1993年的选举法规定,在全国获得4%以上选票的政党有资格在全国参与众议院比例制分配(1993年277号法案第5章)。值得注意的是,1946年选举法和1993年选举法所规定的门槛,只涉及众议院部分席位分配,而2005年的选举法却对众、参两院的所有席位以及联盟内部的各党派席位分配都作了详细的门槛限定。具体规定如下:众议院选举中,在全国获得10%以上选票的政党联盟、获得4%以上选票的单独参选或其所在联盟未超过10%门槛的政党,有权参与席位分配;当在联盟内各政党间进行席位分配时,只有得票超过2%的党以及未超过2%的政党中得票最多者(即最优秀的失败者),可以参与联盟内部席位分配(2005年270号法案第1章)[②]。在参议院选举中,只有在大区获得20%以上选票的政党联盟和获

---

① 〔英〕唐纳德·萨松:《当代意大利》,王慧敏、胡康大、周弘译,北京:中国社会科学出版社1992年版,第190页。

② 本法案原文见意大利议会官方网站,网址为http://www.parlamento.it/parlam/leggi/052701.htm,下同。

得 8% 以上选票的单独参选及其所在联盟未超过 20% 门槛的政党,有权参与席位分配;在联盟内分配席位时,得票超过 3% 的政党才有资格才参与 (2005 年 270 号法案第 4 章)。

第二,再次增加"多数奖励"。"多数奖励"最早出现在 1923 年意大利选举法中,当时墨索里尼为了加强国家法西斯党的实际控制力,在 1924 年选举前力主修改选举法,增加"多数奖励",它规定:获得多数选票的政党或政党联盟,只要它的得票率不低于 25%,就可自动获得众议院 2/3 的席位。[①] 1953 年,德卡斯柏里政府不顾在野党以及社会各界的强烈反对,在议院强行通过选举法改革,增添"多数奖励",规定政党联盟只要在全国范围内获得半数以上的有效选票,将至少得到 380 个众议院席位(约为总席位的 65%),然而在当年 7 月的选举中,执政联盟只得到了 49.8% 的选票,"多数奖励"没有发挥作用。[②] 最终,1954 年第 615 号法案将其废除。2005 年选举法再次增加了"多数奖励",并将适用范围史无前例地扩大到参议院。它规定,在众议院选举中,至少给予获得多数的联盟 340 个席位[③](2005 年 270 号法案第 1 章),而参议院的多数奖励则是以大区为单位分配,也就是说确保获胜联盟在所在大区获得至少 55% 的议席[④](2005 年 270 号法案第 4 章)。

第三,政党联盟要有统一的选举纲领和首脑。20 世纪 90 年代以来,意大利社会基本价值观念趋同、意识形态问题弱化,政党结盟的障碍减少,但党派林立、选票分散问题有着深刻的社会、历史根源,难以在短期内得到根本的改变,因此越来越多的意大利政党选择结盟以赢得选举。1993 年选举法鼓励结盟倾向,因为在单选区下,小党自知无法独立赢得选

---

① Denis Mack Smith, *Storia d'Italia*, Roma: Laterza, 2008, p. 438.
② See Giorgio Galli, *Storia della DC*, Milano: Kaos, 2007, pp. 142–148.
③ 海外选区以及瓦莱·达奥斯塔选区的议席以及选票不包括在内,所以 340 席相当于总席位的 55%。
④ 莫利塞选区以及海外选区不适用这个办法,瓦莱·达奥斯塔选区只有一个参议员席位,所以仍实施单选区制。

举，因而有向大党靠拢的主观动机。2005年的选举法更加有利于形成政党联盟，因为比对手多一票就可控制议会的前景，激励着所有党派产生强烈的结盟意愿。然而仅仅以求生存为目的的结盟，往往会因观念、利益分歧最终决裂，为了尽可能地避免这一情况，2005年选举法规定，政党联盟必须有统一的选举纲领以及唯一的首脑（2005年270号法案第1章）。

第四，完全割裂了选民与候选人的联系。1946年选举法规定，众议院选举中，选民可以只投票给党，也可以在该党名单内作选择性投票（最多可为4名候选人排序），参议院选举是以大区为单位进行，每一大区又根据获得的参议员议席分成相应数目的单选区，选民直接投票给候选人，所以选民与候选人之间是有联系的。1993年选举法规定，众、参两院75%的席位通过单选区相对多数制选出，选民直接给中意的候选人投票，与1946年选举法相比，选民与候选人的关系更加密切了。而2005年选举法规定，选民只能投票给党，候选人的提名与排序完全由党决定，这完全割裂了选民与单个候选人的关系，并与1993年选举法阻止政党权力膨胀的努力背道而驰。然而这一政策并非一无是处，它可以使选民更多地关注政党的纲领、政策，较少关注单个候选人，从而减少选票流向那些拥有出色领袖的小党。

4. 新选举制度的具体操作

在介绍新选举制度的具体操作前，需要回顾意大利议院规模以及选区之间的席位分配方法的变化，这是由意大利宪法规定的。

1947年意大利宪法并未规定众、参两院的议席数，只是通过居民总数间接确定，这就导致两院的规模在历次选举中不尽相同。1948年选举时众、参两院的议席数分别为574个和237个，1953年时为590个和237个，1958年时为596个和246个。①1963年第2号法案②修正了宪法第56、57、

---

① 以上数字据意大利内政部"历届选举数据库"整理而成，网址为http://elezionistorico.interno.it/index.php。

② 本法案原文见http://www.costituzionale.unige.it/lara.trucco/old/Leggecost.63.pdf。

60条,它规定众、参两院分别由630人、315人组成,各选区之间的席位分配办法是以最近一次全国人口普查的数据为准,按人口比例分配。2001年1号法案①再次修改了宪法第56、57条,增设了海外选区。它规定:众议院630席中,12席由海外选区产生,由此,国内各选区共分配618席,参议院315席位中的6席由海外选区产生,国内各大区共分配309席,众、参两院席位在各选区间的分配办法不变。

从总体上讲,1946年的选举法规定众、参两院分别以比例制、单选区比例并立制分配席位,1993年的选举法将两院的席位分配办法确定为单选区比例并立制配合"选票分割法"②,而2005年的选举法统一使用比例制配合"多数奖励"。它规定,众议院选举中,首先要计算有效选票数。所谓有效选票,就是总选票数减去空白票、弃权票、其他不合格票,以及那些没有越过席位分配门槛的政党或政党联盟所得到的选票。然后用海尔法和最高余数进行席位的虚拟分配,也就是说以有效选票数除以总席位数617,其结果取整数部分作为选举商数。符合席位分配条件的政党或政党联盟各自的得票数除以选举商数,所得的整数部分就是该政党或政党联盟获得的席位数,然后再按照余数的多寡分配剩余的席位。如果此时得票最多的联盟所获席位超过340,那么这一虚拟分配就变成最终的结果;而如果得票最多的联盟所获席位没有达到340,那么该联盟将获得340席。同时,其他党派或联盟的席位数要重新分配,具体方法是用有效选票数减去获胜联盟所得选票数,然后除以剩余的席位数277,得到一个选举商数,然后应用海尔法和最高余数法在其他各党派、联盟之间分配席位。

接下来要在联盟内单个政党之间分配席位,这时只需考虑满足下列三个条件之一的政党:其一,得票超过2%的政党;其二,最优秀的失败

---

① 本法案原文见意大利议会官方网站,网址为 http://www.parlamento.it/parlam/leggi/01001lc.htm。

② 关于意大利1993年选举法的详细规定,参见罗红波:《意大利新选举制度及其影响》,载《欧洲》1994年第5期,第67—73页。

者①；其三，仅在特伦蒂诺－上阿迪杰自治区或弗留利－威尼斯朱利亚自治区两者之一参选且得票超过20%的政党。席位分配方法仍然采用海尔法和最高余数法，即以该联盟所获选票数减去不符合席位分配条件的政党所获选票数，然后除以该联盟所获得的席位数，得到一个商数；然后通过各政党所获选票除以席位分配商数，所得整数即是该党所获席位；然后再按余数大小分配剩余席位。由此，617个席位分配完毕，加上实行单选区制的瓦莱·达奥斯塔自治区的1个席位，以及海外选区的12个席位（比例制方式和选择性投票），众议院630个席位全部分配完毕。

参议院的选举程序与众议院的办法类似。不同之处有以下几点：其一，与1946年、1993年选举法一样，参议院的席位分配是以大区为单位进行，并不存在全国总选区，所以有效选票的计算也是以大区为单位汇总；其二，正如上文中已经提到的，参议院参与席位分配的得票门槛以及政党联盟内可参与席位分配的单个政党的得票门槛，与众议院的规定不同；其三，席位在选票的基础上分配，分配到每个大区的席位以宪法为依据进行，同时，"多数奖励"确定为每个大区55%的议席；第四，莫利塞大区没有多数奖励，瓦莱·达奥斯塔自治区的席位依单选区方式分配，北美和亚洲、非洲、大洋洲的席位也按单选区方式确定，欧洲和南美的两个席位以比例制和选择性投票的方式确定，特伦蒂诺－上阿迪杰的席位分配，则保存着1993年的分配办法，7个席位中的6个采用单选区制分配，剩余的1个按比例制分配。

5. 对于新选举法的评价

选举法改革是多种政治力量博弈的结果，在制度细节上或会出现反复甚至开倒车的情况，我们评价一个选举制度的优劣，固然不可忽视技术细节，但更应该注意到它所反映的基本精神是否有利于一国政治的良性、持续发展，从这个意义上讲，2005年选举法的优缺点体现在四个方面。

---

① 即未超过2%门槛的政党中，得票最多的党。

导　言

第一，进一步规范、鼓励政党结盟是创造意大利式两翼民主的正确方向。谨慎地选择盟友，通过搭便车获益，可以说是意大利政治的一大传统。而意大利战后绝大部分政府实施的也正是党派联盟、共同执政，多方政治力量博弈的格局已然根深蒂固。① 曾有学者在20世纪80年代以当时西德、西班牙、英国的选举制度检验意大利的投票情况，结果只有英国式的选举制度才可能把意大利政党的数目减少为两个。但是，在意大利，但凡关心选举制度改革的政党都不会建议采用这种制度。它既不可能由从这一制度中受伤害最大的小党提出，因为这等于自取灭亡，也不可能由受益最大的天民党提出，因为这等于背弃了"二战"结束以来所有同天民党经常分享政权的党，面临很大的政治风险。② 意大利选票分散已是既成事实，所以2005年选举法中通过四大措施鼓励和加强政党联盟是值得肯定的。

第二，简化计票程序值得肯定。意大利战后三个选举法中，2005年的这个操作最为简单，无论是众、参两院的席位分配还是政党联盟内部的席位分配，在方法上保持了统一，都是采用海尔法和最高余数，按得票比例分配。反观1946年选举法，众议院席位初次分配时应用帝国法确定选商，即该选区的有效选票除以该选区的众议员席位加二之和。③ 二次分配时以

---

① 特别是战后初期，意大利天民党在获得议会绝对多数席位的情况下，仍然选择与其他党派结盟，这可以成为意大利结盟思想比较牢固的明证之一。具体参见：Piero Ignazi, *I Partiti Italiani*, Bologna: il Mulino, 1997, p.18。

② 〔英〕唐纳德·萨松：《当代意大利》，王慧敏、胡康大、周弘译，北京：中国社会科学出版社1992年版，第196—197页。

③ 1946年3月10日的74号法案第57章规定，如果一个选区的议员席位是20及以下，则该选区选举商数的确定办法为：该选区的有效票数除以该选区的议员席位加一之和，如果一个选区的议员席位是20以上，选商的确定办法为该选区的有效选票除以该选区的议员席位加二之和，1948年1月20日第6号法案第21章将上述办法修改为：无论该选区的议员名额是多少，一概变更为该选区的有效票数除以该选区的议员席位加三之和。这种将选商调低的办法，仿佛对小党有利，然而正是小党提出了激烈的反对意见，他们认为，由于选商过低，致使众多席位在首轮就被分配出去，所以最终意大利采用的是帝国法。Andrew Mclaren Carstairs, *A Short History of Electoral Systems in Western Europe*, London: Allen & Unwin, 1980, p.159。

海尔法和最高余数分配席位；参议院选举时，首先应用单选区制（候选人得票需超过65%），在按比例制进行二次分配时，以东特法和最大平均数（即政党的得票数除以政党已获席位数加一之和）确定席位归属，① 最终在政党内部进行席位分配时，还要将该大区本党所有候选人，在各自选区所得票数的比例排序，依次分配席位。1993年的选举法中存在着多数制和比例制两种席位分配方法，特别是在席位的比例制分配中，众、参两院不同的"选票分割"方法和运行机制，② 使整个席位分配变得比较复杂。选举制度的受众不是学者、政治家，而是广大选民，如果选民连如何计票、如何分配席位都不明白，也就很难准确估量自己投票行为的意义，从全社会范围看，这势必影响选民政治参与的积极性，在不考虑其他变量的情况下，2005年选举法简化计票程序，特别在当前意大利选民投票意愿低的情况下，是值得肯定的。

第三，该法最大的特点——"多数奖励"，最容易产生变数。设有多数奖励的比例制，是非常罕见的，20世纪30年代的罗马尼亚选举中曾使用过，后来墨西哥、韩国的选举中也曾使用过，当今世界上的民主国家中只有意大利使用这种方法。③ 它的本意是通过扩大多数方的优势以维护政府的稳定，然而这一目标却未必能够达成，因为目前涵盖众、参两院的多数奖励可能会在两院产生不同的多数派，另外，超过对手哪怕一票就可控制议会的诱惑是非常大的，这也就给战术票或不诚实票的出现提供了可能，④ 为未来的危机埋下伏笔。

---

① 关于比例制的几种席位分配方案，参见陈健：《比例代表制的技术安排及其政治后果初探》，载《青海师范大学学报（哲学社会科学版）》2005年第2期。

② 众议院采用海尔法和最高余数，配合着选票的"部分分割"，确定席位归属；参议院采用东特法和最大平均数，配合选票的"完全分割"，确定席位归属。

③ Roberto D'Alimonte, Alessandro Chiaramonte, "*Proporzionale Ma Non Solo*, *La Riforma Elettorale della Casa delle Libertà*", Il Mulino, No.1, 2006, p.34.

④ Aline Pennisi, Federica Ricca, Bruno Simone, "*Bachi e buchi Della Legge Elettorale Italiana nell' Allocazione Biproporzionale di Seggi*", Sociologia e Ricerca Sociale, Vol.79, 2006, p.56.

导　言

"多数奖励"之所以在战后意大利屡屡被提及并能获得通过，反映出民众对于政治稳定的强烈期待，然而通过技术手段创造出多数派，毕竟有虚假之嫌，一旦该制度确立后政治运行依然不稳定，达不到民众的期望，它有足够的理由随时被取消。那么 2005 选举法下意大利政治状况是否有所改善？在 1946 年选举制度下，从 1946 年 7 月 10 日到 1994 年 5 月 10 日，意大利在 48 年间更换了 50 届政府；在 1993 年选举制度下，从 1994 年 5 月 10 日到 2006 年 5 月 17 日，意大利在 12 年间更换了 8 届政府；在 2005 年选举制度下，从 2006 年 5 月 17 日至今 4 年间，也已出现两届政府；2010 年 7 月以来，由于中右联盟重要成员、众议院议长芬尼与贝卢斯科尼决裂，另起炉灶，政府再次处于危机之中。从政府更迭频次上看，2005 年选举法并未发挥出预想的效果。

第四，在意大利具体的政治环境下，该选举法难称公平。选举法，作为一种制度，应该对所有的政党都是公平的，但制度毕竟是由人设定的，所以考量制度公平与否，需问两个问题，即由谁制定，对谁有利？2005 年选举法，是在贝卢斯科尼政府时期制定的，其主要的起草者是罗伯特·卡尔德洛里（Roberto Calderoli），他是北方联盟的重要成员，时任改革部长。在意大利政治生活中根深蒂固的庇护制以及"党高政低"的决策模式下，执政党的重要成员，不会提出违反执政联盟利益的选举法。正如我们上文提到的，中左联盟需要吸纳更多小党才能抗衡中右力量，所以新选举法中对小党的种种限制，不利于中左联盟取得选举胜利。

民众对于扩大政治参与及保持政治稳定的双重要求，是意大利战后选举制度改革的根本动力。然而选举制度可以影响政治效果，但是不能决定政治运行，也就是说，选举制度可以将客观存在的多数派反映到议会组成中，却不能凭空创造出一个根本不存在的多数。历史反复证明，意大利选民中并不存在稳定的多数，夸大选举制度的调节作用，试图通过种种技术手段在意大利建立英、美式两极民主的愿望，终究是难以实现的。此外，2005 年选举法中还存在着许多不足，除了过多侵害中左政党的利益外，很多人认为重新恢复比例制违反了 1993 年全民公决的结果，还有学者从数学的角度，推定它在运算上存在不可修复的重大漏洞。① 综上所述，意大利选举制度改革的脚步远未停歇，结合本国实际情况，规范政党联盟、推动两翼民主、保障制度公平、鼓励民众参与才是正确的方向。

三、意大利两大主要政党的制度建设

民主党和人民自由党是意大利两大主要政党，两党的制度建设情况具有重要的参考意义。

1. 两党内部规章制度的类型及其制定过程

政党内部规章制度纷繁复杂，合理分类便成为进一步讨论的基础。分类的方式也不是唯一的，既可以依据制度制定的不同主体，也可以依据制度约束的不同客体，甚至可以依据制度持续时间的长短。结合民主党以及人民自由党内部制度的实际情况，笔者认为可以作出如下划分：第一类是基础制度，包括党章、党纲、党纪等，这些制度往往是在政党成立时就已制定，规定了政党生存、发展的根本性问题，修改它们往往要通过党的最高代表机关。这两大政党的《伦理准则》《价值宣言》等就属于此类。第二类是机构制度。政党内通常会有一些常设机构，具体实现某方面的职能。为了保障这些机构正常运作，就需要一些规范，也就是机构制度。民主党的《保障委员会工作条例》、人民自由党的《自由促进会工作准则》等就属于此类。第三类是功能制度。政党作为民主政治的齿轮、国家与社会的中介，需要发挥一些重要功能。这些功能的顺利发挥，也同样离不开制度的引导、约束。政党要管理党员、选民信息，表达特定群体的政治要求，更重要的是，它要组织民众进行政治参与，民主党和人民自由党大部分的此类制度都与选举有关，比如怎样完成各级选举，怎样推荐候选人，选民和党员要在选区中遵守什么样的纪律，两党都作出了相关规定。第四类是其他制度。这主要是指党的各机构在其职权范围内作出的一些规定，

---

① See Aline Pennisi, Federica Ricca, Bruno Simone, "Bachi e buchi della legge elettorale italiana nell' allocazione biproporzionale di seggi", Sociologia e Ricerca Sociale, Vol. 79, 2006, pp. 55 – 76.

以及党在具体情境下针对突发问题颁布的制度。

谈到民主党以及人民自由党内部制度的制定过程和程序，就需要涉及政党组织结规模的变化。意大利这两大政党与冷战时期意大利共产党、天主教民主党动辄150余万的党员人数以及复杂的机构设置不可同日而语。之所以如此，原因有两个。其一，左、右翼政党的冲突逐步缓和。20世纪90年代初，随着意大利共产党改造为社会民主主义化的左翼民主党，意大利各党特别是主要政党之间的分歧，由意识形态对立这种非此即彼的尖锐矛盾转化为要公平还是要效率、重分配还是促发展等这些并非根本对立的价值差别上，政治主题的温和化使得对于某一政党高度认同的民众减少，同时也使一部分政党机构失去了作用。其二，政党普遍遭遇资金困难。除了因为党员减少导致的党费收入锐减之外，意大利在20世纪90年代初的反腐运动后进行了制度改革，取消国家对政党的资助，减少了政党选举费用的报销额度，这导致意大利政党的收入大幅减少。以可以进行纵向对比的民主党为例，1990年以前意共时期的党员人数约150万左右，左民党时期的党员约70万左右，左翼民主党入党时期约为55万，人数不断减少。同时职业官员的数目也在减少，作用弱化。意共在20世纪80年代的全职人员约为1000—2500之间，① 1994年骤降为640人。② 另据1979年数据，党的大区一级支部中，85%的书记以及75%的理事会成员是党的全职人员，而1997年，左民党所有领导职务中只有18%是其全职人员，③ 2000年，左翼民主党入党的这一数据进一步下降到12%。④ 在这种背景下，民主党和人民自由党的组织结构都比较精简，例如民主党仅是由全国代表大会、书记处、全国政治局、财政机构、组织机构、沟通机构、论坛、保障

---

① Paolo Bellucci, *Marco Maraffi, Paolo Segatti. PCI, PDS, DS. La Trasformazione Dell'identità Politica Della Sinistra di Governo*, Roma: Donzelli Editore, 2000, p. 65.

② Baccetti 1997. Ibid. p. 68.

③ Ibid, p. 66.

④ Paolo Bellucci, *Marco Maraffi, Paolo Segatti. PCI, PDS, DS. La Trasformazione Dell'identità Politica Della Sinistra di Governo*, Roma: Donzelli Editore, 2000, p. 68.

委员会等组成。人民自由党虽然设置的机构比较多，仿佛很完善，实际上常设机构寥寥无几，并且每个部门的人员也很少。

机构的精简使得制度的制定过程和程序都比较便捷，部门的力量相对较小，党员代表机构的作用比较大。一般而言，意大利这两个政党的基础制度是由党的成立大会或全国代表大会制定，功能制度是由全国代表大会选举产生的政治局制定，机构制度是由相应机构或专业委员会起草，交政治局审议通过。至于其他制度，除了一小部分能与党内机构相对应的诸如组织问题、财政问题外，大多还是由政治局产生。

2. 制度建设的宗旨

制度建设千头万绪，但并非无章可循。实际上，制度建设也要抓关键，提纲挈领，纲举目张。

制度建设的纲要体现在五个方面：（1）制度要服从政党发展的需要。没有规矩，不成方圆。缺少制度的约束，政党活动会陷入混乱，无法顺利完成国家、人民赋予它的使命，从而失去存在的合法性。民主党以及人民自由党的主要任务大多与选举有关，包括组织民众参与各级选举，并推出相应的候选人，唯有通过制度保障这些任务顺利完成，政党才可以维持、扩大自己的社会影响力，争取民众的信任。（2）制度要体现价值观。制度约束的对象是生动、活泼的存在，如果制度只是冷冰冰的条条框框，没有包含受众认可的价值内核，就无法发挥作用。民主党和人民自由党作为主流政党，其制度要从根本上体现民主、自由这些基本价值准则。诚如党名所体现，二者的侧重点有所不同，前者强调民主，比如在推荐各级选举候选人时全面贯彻初选的规则，在党的决策中注重发挥党员代表机关的作用等；后者强调自由，注意维护个人的尊严和权利。[①]（3）制度要约束政治寡头。德裔意大利籍著名学者罗伯特·米歇尔斯认为，政党的组织必然会走向寡头统治，原因在于三个方面。其一，政治家越来越职业化。其

---

① 这是很有意思的一点，两党之所以如此，大概分别是由于意共在民主问题方面长期受到强烈指责的事实以及贝卢斯科尼的个人经历。

二,政党领袖和一般党员的生活方式发生分化。其三,领袖会因为权威得到大众的依赖,也会因权力的运用产生心理畸变。虽然米歇尔斯的论断有些绝对化,但不可否认,他所提出的问题在许多政党内部得到了验证。通过制度限制领导者的权力,增加党员的政治自主,是弱化或避免这种倾向的根本方式。(4)制度要适应政党形态的变化。世界上最早的政党在17世纪70—80年代产生于英国,它是由政见相近的议员组成,党员一般拥有显赫的身份,所以称为权贵党。19世纪末,由于普选的开展,大众登上了历史舞台,民众的政治热情如炙热的岩浆四处涌动,迫切需要组织和引导。政党承担起这一历史任务,转化为大众党,是公民社会不可缺少的组成部分。"二战"后,西方很多国家内主要政党的意识形态分歧逐渐淡化,同时随着经济的发展以及社会福利水平的提高,社会群体之间的利益分歧也在去尖锐化。由此,主要政党的组织形态也就逐渐从大众党向全方位政党转变,政党不再明确地维护某一群体的利益,而是有意识地吸引社会各阶层的支持,它也不再仅仅是公民社会的一部分,而是转化成国家与社会之间的中介。卡特尔政党是这种趋势进一步发展的结果,此类政党通过互相的联合、妥协,共享政治、社会资源,变成了准国家机构。意大利的政党形态也大致走过了这四个阶段,但是有些略微的不同。由于意大利共产党在抵抗运动以及重建国家政治秩序中发挥了重要作用,拥有很强的影响力,从1948年起取代了社会党,成为意大利左派的领袖,所以意大利冷战时期的政党政治,几乎就是冷战的缩影,意大利政党卡特尔化也发生在意大利共产党转型与苏东剧变之后。无论如何,政党形态变化对其规章制度建设提出了不同的要求。(5)制度建设的关键在于实施。实施是制度建设的应有之意,一方面,没有贯彻落实,再好的制度也不过是镜中花、水中月,产生不了实际效果;另一方面,正确、良好的实施也需要制度来保障。民主党和人民自由党,都高度重视建立监管、审查机构,维护党内信息传达渠道的通畅,鼓励自由辩论,保障制度的实施。

3. 监督机关

有效的监督是党内制度良好运行的保证。民主党和人民自由党都建立了专门的监督机构，它们既有相同之处，也有区别。民主党的监督机构名为保障委员会，它是由相应级别的代表大会从党员和选民中选举产生，每届任期4年，成员不超过9人①。其职责包括：第一，保障党章、伦理准则以及其他制度规章的正确实行；第二，保障民主党的内部关系通畅；第三，保障信息体系的正常运行，为党内信息传达、各种讨论尽可能提供便利条件；第四，保障委员会有权根据相关规定对违纪行为作出处罚；第五，对党章以及伦理准则作出解释、发表意见；第六，检验党的中央及大区机关的决议是否符合党章；第七，检验大区的章程是否与党章第15章规定的基本原则吻合。为了保证该委员会独立运作，民主党还规定保障委员会的成员不能同时是党内其他机构的成员，而且保障委员会的成员在其任期内，不能提出党内其他职务的候选人。人民自由党内也有一个保障委员会，但职责完全不同，它是由党的主席办公室任命，7人组成，裁定有关党员资格问题的分歧。党员或选民如果对人民自由党的活动、党章的实施等有疑义的话，可以向党内专门设立的司法机构——裁判团提交申请。国家裁判团成员9人，由全国大会选举产生。只有年满40岁而且没有党内其他职务的党员，才可参选，每届任期三年。国家裁判团的职权包括：第一，处理国家委员会成员的违纪行为；第二，处理与省级代表大会有关的裁判要求；第三，判定党的国家以及大区机构的行为是否符合党章；第四，处理党的国家机关之间的矛盾；第五，处理针对选举行为的裁判要求。大区一级的裁判团也是由9人组成，不过是由大区协调委员会选举产生。它的职权包括：第一，处理国家裁判团职权之外的党员违纪问题；第二，处理协会的违规行为；第三，处理除国家裁判团职权之外的机构矛盾；第四，处理协会之间的分歧。

---

① 具体规定是：全国保障委员会由9人组成，大区以及自治省的保障委员会成员不多于9人，更低级别的保障委员会成员不超过7人。

4. 党员参与制定情况以及权利保护

民主党以及人民自由党制度制定的参与者以及权利保护的对象，不仅仅局限于党员，还包括党的选民。当然，党员的权利和义务都比选民的要多。保护党员以及选民的权利，让他们在制度制定中发挥作用，两党主要从以下方面入手：第一，广开言路。两党都提供了民众政治参与的工具，比如民主党设有主题论坛，这个论坛是开放的，10 个人就可提出一个议题；如果该议题得到国家政治局绝对多数成员的投票支持，论坛就将举办。人民自由党依照众议院 14 个专业委员会的设置，也在党内设立了 14 个相似的委员会，它们负责讨论、研究具体的问题，提出政策建议。第二，利用先进技术，保障党员、选民知情权。两党重视运用手机短信、邮件、互联网，将党的决议、事务及时、准确地传达到党员和选民那里。同时，党的支部不仅仅按照地域建立，也同时建立在网络上，选民可参与支部活动，但没有投票权。第三，发挥党员、选民在党内重大问题上的决定性作用。民主党设有党内公决。它规定，只要书记要求，或者全国政治局绝对多数成员要求，或者全国大会 30% 的成员要求，或者 5% 的党员要求，就要组织公决。组织公决时，要作三点说明：其一，问题的提出以及特别之处；其二，是咨询还是决策；其三，是仅向党员开放还是包括选民。党的组织与政策相关的所有问题都可以组织内部公决，它可以是咨询性质，也可以是决策，如果是后者，其决议不可推翻。第四，党员和选民对于党内以及国家高级职务候选人的产生，发挥重大影响力。民主党党章规定，10% 的全国代表大会成员或者 1500—2000 名分布在 5 个不同大区的党员可以提出一个全国书记候选人。市长、省主席、大区主席的候选人都是通过初选产生。政党联盟初选时，相应级别代表大会 35% 以上的成员或该地区 20% 以上的党员可以推荐一名候选人。党内初选时，相应级别代表大会 10% 的成员或者该地区 3% 以上的党员可以推出一名候选人。国会以及欧洲议会候选人的产生也是通过初选。党的全国书记以及全国代表大会的代表，是通过直接选举产生。第五，保障党员的监督权。民主党规定，任何一名在党员、选民目录中注册的人，都可以就违反党章、伦理准则的问题以及不当的规章制度向保障委员会提出裁决要求，接到请求后，保障委员会要在 30 日内完成相应的调查、验证，并最多在 60 日内作出裁决结果。如果该问题需转由全国保障委员会处理，那么后者必须在接到请求的 30 日内处理。人民自由党也规定，任何一个成员都可以向党的裁判机关，就其职权范围内的问题，提出裁决请求，无论什么问题，都不可超过 30 日得出结果，如果申请人对判定结果不满意，可以在接到裁决通知 10 日内提出上诉。

实际上，绝大多数制度，都不可能交给全党展开旷日持久的讨论，通常的做法是在广泛听取党员意见的基础上，由相应的职能部门或专业委员会起草，最后由党员代表机构通过。党员和选民，通过自身的权利以及政党提供的各种渠道，在制度制定的事前、事中、事后以及关系着党道路选择的领导人选拔上，发挥重要的影响。

第一部分
宪法、全国性涉党法律

第一章 宪 法

一、基本原则

第一条 意大利是以劳动为基础的民主共和国。最高主权属于人民，人民在宪法规定的形式和范围内行使主权。

第二条 共和国尊重和保障人权。任何公民享有不容侵犯的人权，同时必须相应地履行政治、经济、社会义务。

第三条 全体公民，不论其性别、种族、语言、宗教、政见、个人条件及社会地位，均有同等的社会尊严，并在法律面前一律平等。共和国的任务，在于消除那些实际上限制公民自由与平等、阻碍人格充分发展和全体劳动者真正参加国家政治、经济及社会组织的经济及社会方面的障碍。

第四条 共和国承认全体公民均享有劳动权，并创造切实实现此项权利的条件。每个公民均有义务根据自己的能力和选择为推动社会物质或精神进步从事一种活动或行使一种职能。

第五条 共和国是统一而不可分割的，承认并鼓励地方自治；对共和国的各项公职实行最广泛的地方行政分权；并使共和国的立法原则与方法适应地方自治与地方分权的需要。

第六条 共和国以专项法规保护少数语种。

第七条 共和国与天主教会各行其政，独立自主。双方的关系由拉特兰条约调整。对此条约的修改，只需双方接受，无须经过修改宪法的程序。

第八条 一切宗教在法律面前均平等地享有自由。天主教以外的各种宗教，只要不违反意大利法律制度，均有按其教规建立组织的权利。根据与有关代表达成的协议，由法律调整这些宗教与国家的关系。

第九条 共和国推动文化与科学技术研究的发展。共和国保护国家自然景观、历史遗产与艺术遗产。

第十条 意大利的法律制度符合公认的国际法规则。根据国际法规和国际条约，由法律规定外籍人的法律地位。凡在其本国事实上不能行使意大利宪法所保障的民主自由权的外籍人，根据法定条件，有权在意大利共和国境内避难。不许引渡外国政治犯。

（注解：1967 年 6 月 21 日第 1 号宪法法律规定，宪法第十条最后一款和第二十六条最后一款均不适用于种族灭绝的罪犯。）

第十一条 意大利反对把战争作为侵犯他国人民自由的工具和解决国际争端的手段。为建立保证国际和平与正义的秩序，意大利同意在与其他国家平等的条件下对主权加以必要的限制；支持并协助以此为宗旨的国际组织。

第十二条 国旗为意大利三色旗，由同样宽度的绿、白、红三色竖条横向排列组成。

二、公民的权利与义务

（一）民事关系

第十三条 人身自由不得侵犯。

不得以任何形式进行拘禁、检查和搜身，也不得对人身自由加以任何限制，仅在法定情况下并按照法定方式、司法当局以合理的理由批准的除外。

在法律有明确规定的紧急必要的特殊情况下，公安部门可以采取临时措施，但该措施须在四十八小时内通知司法当局，若司法当局在随后四十八小时内不予批准，则该措施被撤销并完全失效。

对人身自由受到限制的人施以任何肉体和精神上的暴行，均应受到惩处。

法律规定候审羁押的最长期限。

第十四条　住宅不得侵犯。

不得对住宅进行检查、搜查或查封，在法定场合按照法定程序并保障人身自由的情况除外。

出于公共卫生和公共安全的理由，或出于经济和税收目的而进行的搜查和检查，由特别法规定。

第十五条　信件与其他各种方式的通信自由与秘密，不得侵犯。

只有司法当局以合理的理由批准、并遵守各项法律保障的，方可对通信自由加以限制。

第十六条　每个公民均可在国内任何地区自由流动和居住。因公共卫生和公共安全的原因，按法定程序加以限制的情况除外。不得以政治理由规定任何限制。

每个公民均可自由离开与返回国土，法律强制的情况除外。

第十七条　所有公民均有举行非武装和平集会的权利。

在向公众开放的室内场所举行集会，无须预先通知当局。

在露天公共场所举行集会，须预先通知当局；只有因公共安全和为公众免遭损害的充分理由，当局方可禁止集会。

第十八条　只要不是为刑法所禁止的目的，所有公民均有权利自由结社，无须任何批准。

秘密社团及以军事性组织直接或间接追求政治目的的社团，一律禁止。

（注解：社团必须向当局登记，未进行登记的社团原则上为秘密社团。）

第十九条　所有人均有以个人或团体的任何形式信奉宗教的自由，有权自由进行宗教宣传，私下或公开进行宗教活动，但不得违反公序良俗。

第二十条　不得以某一团体或机构的教会性质、宗教或信仰目的为由，对其成立、法律能力和活动形式加以特别立法限制和实行特别征税。

第二十一条 所有人均有以口述、书面及其他传播手段自由地表达其思想的权利。

出版（新闻）无须得到批准或经过审查。

只有在出版（新闻）法明确规定应予查封的违法情况下，或该法对指定的责任人所规定的规则遭到违反的情况下，方可由司法当局以合理的理由批准进行查封。

在绝对紧急而司法当局又不可能及时干预的情况下，公安警察可以对定期出版物进行查封，但须在最迟不得超过二十四小时的期限内立即报告司法当局。如果司法当局在随后的二十四小时内对查封未予批准，则查封即被视为撤销，并完全失效。

法律可以一般性规则规定定期出版物必须公布其经费来源。

禁止伤风败俗的出版物、演出以及其他一切展示活动。在防止和消除违法行为方面，法律可规定适当的预防措施。

第二十二条 任何人均不得因政治理由被剥夺其法律资格、国籍和姓名。

第二十三条 不得强迫任何个人提供无法律根据的劳务或财产。

第二十四条 所有人均可为保护自己的合法权益而诉诸法律。

在诉讼的任何阶段和任何情况下，辩护权均不得侵犯。

应以专门的机构和手段保障贫困者在任何法院起诉和辩护。

法律规定纠正错判的条件和方法。

第二十五条 任何人均不得妨碍法官的依法审判。

对任何人在相关法律生效以前的行为，不得课以刑罚。

不得对任何人采取安全措施，法定情况除外。

第二十六条 只有在国际公约明确规定的情况下，方可同意引渡公民。

在任何情况下，政治犯均不准引渡。

（注解：1967年6月21日第1号宪法法律规定，宪法第十条最后一款和第二十六条最后一款均不适用于种族灭绝的罪犯。）

第二十七条　刑事责任由个人承担。

在最后定罪之前，被告不被视为有罪。

刑罚不得为非人道待遇，而应以改造犯人为宗旨。

不得采用死刑。

（注解：2007年10月1日的宪法原文最后一段后面还有：战时军法规定的情况外。）

第二十八条　根据刑法、民法和行政法，共和国和公共机关的官员和职员应对其违法行为直接负责。在此类情况下，共和国和公共机关也应负民事责任。

（二）社会伦理关系

第二十九条　共和国承认家庭作为以婚姻为基础的自然共同体的各项权利。

婚姻应以夫妻双方在道德和法律上的平等为基础，并由法律规定各种限制，以保证家庭的团结。

第三十条　抚养、教导、教育子女，包括非婚生子女，是父母的义务与权利。

在父母无力履行义务的情况下，法律规定解除其义务。

在合法家庭成员权利允许的前提下，法律保证非婚生子女有权享有的全部法律和社会保护。

法律规定寻找生父的规则和限定。

第三十一条　共和国以经济措施和其他手段帮助公民建立家庭并履行家庭义务，对多子女家庭给予特殊照顾。

共和国保护母亲和青少年儿童，支持为此目的而设立的各种必要机构。

第三十二条　共和国把健康作为个人的基本权利和社会利益予以保护，保证贫穷者能得到免费医疗。

除非依据法律规定，不得强迫任何人接受某种医疗处置。在任何情况下，法律均不得超出人格尊严应有的界限。

第三十三条　艺术与科学及其讲授自由。

共和国颁布有关教育的一般规则，并设立各类各级国立学校。

机关与私人均有权创办无需国家负担的学校与教育机构。

法律在规定要求（与国立学校）平等的非国立学校的权利与义务时，应当保证它们享有充分自由，并保证其学生能获得与国立学校学生相同的待遇。

各类各级学校的入学、毕业以及职业资格获得，均需经过国家考试。

高等文化机构、大学和科学院，在共和国法律所规定的范围内，有权颁布自治规章。

第三十四条　学校向所有人开放。

初级教育至少为期八年，为义务免费教育。

天资聪明和成绩优良者，即使无就学财资，也有权受到最高程度的教育。

共和国通过竞争考核发放奖学金、家庭补贴以及其他资助，以确保上述权利的实现。

（三）经济关系

第三十五条　共和国保护一切形式和类别的劳动。

共和国关心劳动者的职业培训和职业水平的提升。

共和国鼓励并支持旨在确立和规范劳动权利的各种国际协定和国际组织。

在履行法律根据共同利益所规定的义务的前提下，共和国承认侨居的自由，并保护意大利人在国外的劳动。

第三十六条　劳动者均有权利获得与其劳动的数量和质量相应的报酬，在任何情况下，该报酬均应足以保证其自身及其家庭自由而尊严的生活。

法律规定劳动日的最长时间。

劳动者享有每周休息和每年带薪休假的权利，此项权利不得放弃。

第三十七条　妇女享有与男子同样的劳动权利，并与男子同工同酬。劳动条件应使劳动妇女能完成其基本的家庭职责，并应保证母亲和婴儿得到应有的特别照顾。

法律规定受雇做工的最低年龄。

共和国以特别法规保护未成年人的劳动，并保障他们与成人同工同酬的权利。

第三十八条　每个丧失劳动能力和缺少必需的生活资料的公民，均有权获得社会的扶助和救济。

劳动者均有权在工伤、疾病、残废、年老和非自愿失业等情况下得到保障，获得其所需的生活资料。

无工作能力的人和残疾人均有受教育和从事职业的权利。

共和国设立或参与的机关团体负责本条所规定的各项任务。

私人救济自由。

第三十九条　工会组织自由。

不得强迫工会承担其他义务，按法律规定向地方机关或中央机关进行的登记除外。

登记的条件是，工会章程必须根据民主原则确立其内部体制。

业已登记的工会均具有法人资格。各工会代表本会全体会员签订集体劳动合同，此合同对其所涉及的行业的所有人均有约束力。

第四十条　应在规范罢工事宜的法律范围内行使罢工权。

第四十一条　私人经济的活动自由。

私人经济活动不得违背社会利益，其方式不得损害公共安全、自由和人格尊严。

法律规定适当的规划和监督措施，以使公营和私营经济活动能相互配合并服务于社会目标。

第四十二条　财产为公有或私有。经济财富属于国家、团体或私人。

私有财产得到法律的承认和保护，为保证私有财产能履行其社会职能并使所有人均可获取,法律规定获得和享有私有财产的办法及其范围。

为了公共利益,可以在法定情况下有偿征收私有财产。

法律规定依法继承和依遗嘱继承的规则和范围,以及国家在遗产方面的权利。

第四十三条 为了公共利益,法律可预先保留一定的企业或行业,或通过有偿征收的方式转让给国家、公共机关、劳动者或用户团体,但这些企业或行业应属于基本的公共服务、能源或垄断部门,并对整体利益具有突出的重要性。

第四十四条 为了合理利用土地和建立公平的社会关系,法律对土地私有权加以必要的约束,限定各区农业地区的土地私有权的规模,鼓励并迫使改良土壤,改造大庄园,重组生产单位,扶助中小土地所有者。

法律规定各种有利于山区发展的措施。

(注解:大庄园、大领地在意文中是同一词,主要指南方封建庄园。)

第四十五条 共和国承认不以私人投机为目的的互助性合作的社会作用。法律以最合适的措施鼓励和保证互助性合作的发展,并对其性质与目的加以适当的监督。

法律规定保护并发展手工业。

第四十六条 为了提高劳动的经济和社会效益,并适应生产的要求,共和国承认劳动者有权在法定限度内并以法定方式参与企业管理。

第四十七条 共和国鼓励并保护各种形式的储蓄;指导、协调和监督信贷业务。

共和国支持人民把储金转化为房产、自耕农地产以及对国内大生产集团直接和间接的股份投资。

(四)政治关系

第四十八条 凡已经成年的男女公民均为选民。

投票方式是个人的、平等的、自由的和秘密的。参加投票是公民的义务。

法律规定旅居海外的意大利公民选举的条件和方式，并保证其实施。为此设立两院议员的海外选区，并按照宪法确定的数量和法律规定的标准授予其一定的席位。

选举权不得受到限制；没有民事能力，或因终审刑事判决的效力，或法律指出的丧失道德的情况除外。

（注解：2000年1月17日颁布的第1号宪法法律新增添了第三款的内容。

2001年1月23日第1号宪法法律第三条还临时规定：

"1. 在本宪法法律最初实施第四十八条第三款之时，法律规定授予海外选区席位的方式，并确定国内各选区席位的相应变化。

2. 在第一款提及的法律未被批准的情况下，适用以前的宪法。"）

第四十九条 为了以民主方式参与决定国家政策，所有公民均有自由组织政党的权利。

第五十条 所有公民均可向两院递交请愿书，以要求采取某些立法措施或表明某些共同需要。

第五十一条 所有公民，不分男女，均可在平等的条件下，根据法律规定的要求在公共机关任职以及担任当选的职务。为此，共和国以专门的措施推动男女的机会均等。

在允许到公共机关任职和担任当选职务方面，法律可将非意大利国籍的意大利人与意大利公民同等看待。

担任当选的公共职务者，有权安排足够时间以履行该职责，并有权保留自己的原工作职位。

（注解：2003年第1号宪法法律第一条对第五十一条做了补充，原来的该条只有第一款的第一句话。）

第五十二条 保卫祖国是每个公民的神圣义务。

按照法定程序并在法定范围内服兵役是必须履行的义务。服兵役不得损害公民的劳动地位及其政治权利的行使。

武装部队的制度须贯彻共和国的民主精神。

第五十三条 所有人均须根据其纳税能力，负担公共开支。

税收制度应按累进税率原则制定。

第五十四条 全体公民均有义务忠于共和国并遵守宪法和各种法律。

凡委以公共职责的公民，均有义务严格地和忠诚地履行其公职，在法定情况下须宣誓。

三、共和国机构

（一）议会

1. 两院

第五十五条 议会由共和国众议院和参议院组成。

只在宪法规定的情况下召开议会两院联席会议。

第五十六条 众议院由直接普选产生。

众议员名额为六百三十人，其中十二人由海外选区选举产生。

凡在选举之日年满二十五岁的选民，均有资格当选为众议员。

各选区席位的分配办法是，用最近一次人口普查得到的共和国居民人数除以六百一十八人（六百三十席位减去海外选区的十二席位），再用所得数去除各选区人口数，根据所得整数商和最大余数进行分配。

（注解：第56条在1963年2月9日第2号宪法法律第一条修改之前的原文是：

"众议院由直接普选产生，按照每八万居民或余数超过四万居民的选一名众议员。凡在选举之日年满二十五岁的选民，均有资格当选为众议员。"

2001年1月23日第1号宪法法律第一条对第五十六条作了修改，内容如下：

"众议院由直接普选产生。

众议员名额为六百三十人。

凡在选举之日年满二十五岁的选民,均有资格当选为众议员。

各选区席位的分配办法是,用最近一次人口普查所登记的共和国居民人数除以六百三十,再用所得商去除各选区人口,根据所得整数商和最大余数进行分配。"

2001年1月23日第1号宪法法律第三条还作了下列临时规定:

"1. 在本宪法法律最初实施第四十八条第三款之时,法律规定授予海外选区席位的方式,并确定国内各选区席位的相应变化。

2. 在第一款提及的法律未被批准的情况下,适用以前的宪法。")

第五十七条 共和国参议院以大区为单位选举产生,另加海外选区。

由选举产生的参议员名额为三百一十五人,其中六人由海外选区选举产生。

任何一个大区的参议员名额不得少于七名;但莫利塞仅二名,瓦莱·达奥斯塔仅一名。

各选区席位的分配办法是,用最近一次人口普查所登记的共和国居民人数除以减去海外选区的六个席位后的三百零九,再用所得商去除各选区人口,根据所得整数商和最大余数进行分配。

(注解:第57条在1963年2月9日第2号宪法法律第二条修改之前的原文是:

"共和国参议院以大区为单位选举产生。

按照每个大区的每二十万居民或余数超过十万居民选一名参议员的名额分配。

任何一个大区的参议员名额不得少于六名;但瓦莱·达奥斯塔仅一名。"

第57条在1963年12月27日第3号宪法法律第二条修改前的原文是:

"共和国参议院以大区为单位选举产生。

由选举产生的参议员名额为三百一十五人。

任何一个大区的参议员名额不得少于七名；但瓦莱·达奥斯塔仅一名。

在实施前款时，每个大区按照最近人口普查所登记的大区居民人数的比例，根据所得整数商和最大余数进行分配。"

另外，1961年3月9日第1号宪法法律规定给的里雅斯特、杜伊诺奥里斯纳、蒙鲁皮诺、穆恰、圣多里格得拉瓦莱和斯格尼克等镇三个参议员席位。

2001年1月23日第1号宪法法律第五十七条替换了1963年12月27日第3号宪法法律第五十七条，修改前的原文是：

"共和国参议院以大区为单位选举产生。

由选举产生的参议员名额为三百一十五人。

任何一个大区的参议员名额不得少于七名；但莫利塞仅二名，瓦莱·达奥斯塔仅一名。

在实施前款时，每个大区按照最近人口普查所登记的大区居民人数的比例，根据所得整数商和最大余数进行分配。"

2001年1月23日第1号宪法法律还作了如下临时规定：

"1. 在本宪法法律最初实施第四十八条第三款之时，法律规定授予海外选区席位的方式，并确定国内各选区席位的相应变化。

2. 在第1款提及的法律未被批准的情况下，适用以前的宪法。"）

第五十八条 参议员由年满二十五岁以上的选民直接普选产生。

凡年满四十岁的选民，均有资格当选参议员。

第五十九条 凡担任过共和国总统的人，除非自己放弃其权利，均为法定终身参议员。

共和国总统可以任命在社会、科学、艺术和文学方面以杰出成就为祖国增光的公民五人为终身参议员。

第六十条 共和国众议院和参议院任期均为五年。

两院任期均不得延长，仅在战争时按法律规定的情况除外。

（注解：1963年2月9日第2号宪法法律第三条替代了原第六十条。原文是：

"众议院每五年选举一次，参议院每六年选举一次。

两院任期均不得延长，仅在战争时按法律规定的情况除外。")

第六十一条　在前一届两院任期届满后七十天内举行新一届两院的选举。在选举后二十天内召开第一次会议。

前一届两院的权力一直延续到新一届两院开会时为止。

第六十二条　两院依法在2月和10月的第一个非假日召开会议。

各院可根据其议长或共和国总统或该院三分之一议员的提议，召开特别会议。

一院召开特别会议时，另一院也应依法召开会议。

第六十三条　各院在其议员中选出议长和议长办公厅。

（注解：由副议长、秘书和会计官组成。）

议会召开联席会议时，众议院议长和议长办公厅亦为联席会议的议长和议长办公厅。

第六十四条　各院的议事规则必须经其议员的绝对多数通过。

议会会议公开举行；但两院中的任何一院和议会联席会议可以决定召开秘密会议；

若与会议员未过半数或未经与会议员的半数通过，则各院和议会的决议无效，宪法另有特定多数的规定除外。

政府成员，即使不是议员，均有权出席两院会议，若被要求时则必须出席会议。每当他们要求发言时，必须听取他们的发言。

第六十五条　法律规定众议员或参议员不得选任的情况和不得兼任的职务。

任何人不能同时担任两院的议员。

第六十六条　各院审定其议员的资格，并裁决有关不得当选和不得兼职的事项。

第六十七条　议会的每个议员均代表国家，并在行使其职权时不受委任令的约束。

第六十八条　议会议员不能因行使其职权时的意见表述和投票而遭到追究。

未经其所属议院的批准，不得对任何一个议会议员进行对其人身或住宅的搜查；不得进行逮捕或以其他方式剥夺其人身自由，或进行拘禁，但执行某一终审判决，或在犯罪现场拘禁者不在此限。

对议会议员的谈话或通信进行任何形式的监听监视，或者搜查其信件等，也需要得到其所属议院的批准。

（注解：第68条被1993年10月29日第3号宪法法律第一条所替代。原文是：

"议会议员不能因行使其职权时的意见表述和投票而遭到追究。

未经其所属议院的批准，不得对任何一个议会议员进行刑事审判，不得进行逮捕；不得对其人身或住宅进行搜查，或以其他方式剥夺其人身自由，但在犯罪现场拘禁者不在此限，或者不在此限，但需要授权书或逮捕令。

对议会议员执行终审判决而实施逮捕或拘禁也需要有同样的批准授权。"）

第六十九条 议会议员领取法律规定的津贴。

2. 立法

第七十条 由两院集体行使立法职能。

第七十一条 法案提出权属于政府、议会每个议员，以及根据宪法法律享有此种权利的机关和机构。

人民行使法案提出权，需要由至少五万名选民联名提出拟成条文的法律提案。

第七十二条 提交各院的任何法律草案，根据该院议事规则，先由一个委员会审查，然后由该院审查，逐条通过并最终加以表决。

对宣布为紧急的法案，议事规则规定简化的程序。

议事规则还规定，在何种情况下、以何种形式需将法律草案提交按议会各党团人数比例组成的委员会，或常设委员会审查和批准。在这种情况下，在法律草案被最终批准之前，如果政府或该议院中的十分之一议员或该委员会中的五分之一委员要求由议院本身进行讨论和表决，或要求用公开投票法最后表决通过时,法律草案需交还该议院。议事规则规定关于委员会各项工作的公示形式。

由各院进行审查和直接批准的正规程序,通常用以审查和批准有关宪法问题和选举问题的法律草案,以及赋予立法权、授权批准国际条约、批准预算和决算的法律草案。

第七十三条 获得批准后一个月内由共和国总统颁布法律。

如果两院中每院均有绝对多数议员主张某项法律为紧急法律,则该项法律应在议院所规定的日期颁布。

法律颁布后立即公布,公布后第十五天生效,但法律本身规定有生效日期者除外。

第七十四条 未颁布以前,共和国总统可用咨文说明理由,请两院复议法律。

如两院重新通过该法律,则该法律应予颁布。

第七十五条 当有五十万名选民或五个大区议会要求全部或部分废除某项法律或某项具有法律效力的文件时,需举行全民公投。

有关税收和预算、大赦和减刑以及授权批准国际条约的法律,不得举行全民公投。

所有许可参加众议员选举的公民,均有权参加全民公投。

交全民公投的提案,如有享有选举权的人的大多数投票,且获得多数有效票赞成,则被视为通过。

法律规定举行全民公投的程序。

第七十六条 立法权不得交给政府行使,确定了指导性原则和标准,并仅在限定的时间内就特定问题的立法情况除外。

第七十七条 未经两院授权,政府不得颁布具有普通法律效力的法令。

在紧急需要的特殊情况下,政府可根据自己的职责采取具有法律效力的临时措施,但应于同日将此临时措施递交两院以将其转为法律,即使两院已被解散,也应在五天内专为此事召集会议。

如果某项法令在颁布后六十天内未转为法律，则该法令自颁布之时起失效。但议会两院仍可用法律调节由这项未转为法律的法令所产生的各种法律关系。

第七十八条　两院决定是否进入战争状态，并赋予政府以必要的权力。

第七十九条　经两院各自三分之二以上多数议员逐条审议和最终表决通过大赦与减刑的法律。

大赦与减刑的法律规定其适用的期间。

在任何情况下，大赦与减刑不适用于议案提出后所犯的罪行。

（注解：第79条被1992年3月6日第1号宪法法律第一条所替代。

原文如下：

"共和国总统根据两院的授权宣布大赦与减刑。

大赦与减刑不适用于授权议案提出后所犯的罪行。"）

第八十条　两院依法授权批准各类政治性国际条例，其内容包括司法仲裁、领土变更、财税调整、法律修订等。

第八十一条　两院每年批准政府所提出的预算和决算。

只有依据法律，且时间总共不超过四个月时，方可实行临时预算。

批准预算的法律，不得规定新的税收和新的支出。

一切引起新支出或增加原计划支出的其他法律，均应指出应对这些支出的手段。

第八十二条　各院可对有关公共利益的问题进行调查。

为此目的，各院从本院议员中任命一个能反映各党团人数比例的调查委员会。该调查委员会以与司法机关相同的权力和限制进行调查和研究。

（二）共和国总统

第八十三条　共和国总统由议会在两院议员联席会议上选出。

各大区议会选出本区三名代表参加选举，以保证少数派的代表权。瓦莱·达奥斯塔大区只有一名代表。

共和国总统的选举，用秘密投票法进行，以大会三分之二多数票赞成选出。从第四轮投票起,只要获得绝对多数票即可当选。

第八十四条 任何年满五十岁并享有民事权利和政治权利的公民,均有资格当选为共和国总统。

共和国总统不得兼任任何其他职务。

总统的薪金与开支由法律规定。

第八十五条 共和国总统任期为七年。

在总统任期届满前三十天内,众议院议长召开议会和各大区代表联席会议,以便选举共和国新总统。

如两院已解散,或两院距任期届满不足三个月,选举须在新一届两院开会后十五天内进行。在此期间原任总统继续行使职权。

第八十六条 凡遇共和国总统不能履行其职权时,由参议院议长代行其职务。

在共和国总统长期不能工作、死亡或辞职的情况下,众议院议长宣布在十五天内选举新总统,如遇两院解散或距两院任期届满不足三个月时,则应维持规定的延长期限。

第八十七条 共和国总统为国家元首,并代表国家。

总统可以向两院提出咨文。

总统宣布新议院的选举,并规定新议院首次会议的日期。

总统批准政府向两院提交法律草案。

总统颁布法律、具有法律效力的法令和条例。

在宪法规定的情况下,总统宣布举行全民公投。

在法律规定的情况下,总统任命国家官员。

总统任命和接受外交代表,必要时经两院事先授权,批准国际条约。

总统统率武装部队,担任依法成立的最高国防委员会的主席,根据两院决议宣布战争状态。

总统担任最高司法委员会的主席。

总统可以宣布免罪和修改刑事判决。

总统授予共和国荣誉勋章。

第八十八条 共和国总统在听取两院议长的意见之后，可以解散两院或其中一院。

总统在其任期届满前六个月内，不得行使这种权力，除非议会两院或其中一院也同时在六个月内届满。

注解：（1991年11月4日第1号宪法法律第一条替换了原第八十八条第二款。

被替换的原文如下："在其任期届满前六个月不得行使这种权力。"）

第八十九条 共和国总统签署的任何法令，如未经提出此项法令并对其负责的部长的副署，均无效。

具有法律效力的法令以及其他依法颁布的命令，也须经政府总理副署。

第九十条 共和国总统对其履行职权时所作出的行为不承担责任，但叛国或违反宪法的行为除外。

出现总统叛国或违反宪法的情况时，由议会在联席会议上根据议员绝对多数票对其提出控告。

第九十一条 共和国总统就职前，应在联席会议上向议会宣誓忠于共和国并遵守宪法。

（三）政府

1. 内阁

第九十二条 共和国政府由总理及组成内阁的各部部长组成。

共和国总统任命政府总理，并根据政府总理的提议任命各部部长。

第九十三条 政府总理和各部部长在就职前向共和国总统宣誓。

第九十四条 政府必须获得两院的信任。

各院以动议案方式，通过记名投票对政府表示信任或不信任。

政府在组成后十天之内须与两院见面，以获得信任。

一院或两院投票反对政府的某项提案，不一定引起政府的辞职。

不信任案至少须有众议院十分之一议员签名，且在提出三天后方可讨论此案。

第九十五条　政府总理指导政府的总政策，并对总政策负责。总理维持各部政策和行政方针的一致性，推动和协调各部部长的活动。

各部部长对政府的活动共同负责，并对其主管部门的活动单独负责。

法律规定总理府的组成，部门的数目、职责与组织。

第九十六条　政府总理和各部部长在履行其职责时犯罪，即使已经卸任，均按照宪法法律规定，由议会的参议院或众议院批准后交司法机关审理。

（注解：本条由1989年1月16日第1号宪法法律第一条替换。

被替换的原文如下：

政府总理和各部部长在履行其职责时犯罪，由议会在两院的联席会议上提出控告。）

2. 国家行政机关

第九十七条　公共机构应依照法律规定设立，并良性、公正运转。

各公共机构应明确权限、职责以及工作人员的责任。

除法律有规定的情况外，公职人员均通过考试选拔录用。

第九十八条　公职人员只为国家服务。

若为议会议员，非因年资不得提升。

对法官、现役职业军人、警官和警察、驻外的外交使节和领事加入政党的权力，法律可以加以各种限制。

3. 辅助机关

第九十九条　国家经济与劳动委员会，根据法律所规定的方式，由各生产部门的专家和代表组成，其比例应考虑到各生产部门在数量与质量上的重要性。

国家经济与劳动委员会为两院和政府的咨询机关，在法律为其规定的范围履行职权。

国家经济与劳动委员会享有立法动议权，可根据法定原则并在法定范围内，参与制定有关经济和社会问题的法律。

第一百条　国务委员会为法律和行政的咨询机关，是保护行政公正的机关。

审计院对政府行为的合法性进行事先审查，随后对国家预算管理进行监督。在法定情况下，审计院按法定形式参与监督由国家按普通程序拨款的机关的财务管理。审计院直接向两院报告审查结果。

法律保护上述两个机关及其工作人员对政府的独立性。

（三）司法机关

1. 司法体制

第一百零一条　司法权以人民的名义行使。

法官只服从于法律。

第一百零二条　司法职能由按司法体制规则设置与调整的普通法官行使。

不得设置特别法官或专门法官。只可在普通司法机关中附设审理特定案件的专门法庭，并有适宜的非法官公民参加。

法律规定人民直接参加司法管理的情况与形式。

第一百零三条　国务委员会和其他行政司法机关，享有对国家行政机关的裁判权，以维护合法的公共利益，在法律规定的特定领域，也同样维护行政主体权利。

审计院对公共财务和法律规定的其他事宜有裁判权。

军事法庭在战时享有法定的裁判权。在和平时期，军事法庭只对属于武装部队的人员所犯的军事罪行享有裁判权。

第一百零四条　司法机关为独立于任何其他权力机关的自主体制。

最高司法委员会由共和国总统担任主席。

最高法院的首席院长和检察长为最高司法委员会的法定成员。

其余成员的三分之二，由全体普通法官从各级法官中选出；另外的三分之一，则由议会在联席会议上从大学在册的法学教授和从业十五年以上的律师中选出。

最高司法委员会从议会所指定的成员中选出副主席一人。

该委员会的选任成员，任期为四年，任期届满后不得立即重新当选。

选任成员在其任职期间，不得从事其他职业，也不得兼任国家或大区议会议员。

第一百零五条　根据法院组织规则，法官的任用、委派和调动、晋级和处分等事宜，均由最高司法委员会负责。

第一百零六条　法官的任命需通过考试选拔。

法院组织法允许任命、或通过选举任命具有全权法官一切职权的荣誉法官。

大学在册法学教授与从业十五年以上、并记入高等法院特别名单的高级律师，由于功绩卓著，可由最高司法委员会提议，被任命为最高法院的顾问。

第一百零七条　法官终身任职。除非遵照最高司法委员会根据法院组织法规定的理由并严守该法律的辩护保障所作出的决定，或征得法官本人同意，法官不得被免职或停职，也不得被调往其他法院或委派其他职责。

司法部长有权提出纪律处分。

法官之间仅因职责不同才有所区别。

检察官享有法院组织法规则为其所规定的各种保障。

第一百零八条　法院组织规则和各司法机关的规则由法律规定。

法律保障法官、检察官以及参加行使司法权的非司法机关人员的独立性。

第一百零九条　司法当局直接掌握法警。

第一百一十条　在严守最高司法委员会权限的情况下，由司法部长负责有关司法服务的组织和运行。

2. 诉讼程序

第一百一十一条　司法裁决通过法定程序实施。

每项审理程序均应有涉案各方在平等条件下在第三方公正的法官面前进行。法律保证审理程序的合理期间。

法律保证在刑事诉讼程序中，被控犯罪的人在尽可能短的时间内被告知其被起诉的犯罪性质和原因；为其准备辩护提供必要的条件和时间；有权在法官面前向起诉者提出质问或让人提出质问，在与控方相同的条件下，有权召见或问询为其辩护的人员以获得对其有利的证据；有权在不理解或不使用审理程序所用语言的情况下，有一名翻译相助。

刑事诉讼程序实行公开质证的原则。被告人的罪行不得以被告或其辩护律师提问时一直自主选择逃避的人的证词为依据。

在三种情况下可以在公开质证时不举证，一是被告同意，二是客观上不具有可能性，三是受到非法行为的干扰。

一切判决均应理由明确、充分。

对普通司法机关或特别司法机关所作出的关系到人身自由的判决和措施不服时，均可随时就违反法律行为向最高法院提出上诉。只有军事法庭在战时作出的判决可不受本规则的约束。

对国务委员会和审计院的决议不服时，只有出于司法权本身的原因才允许向最高法院提出上诉。

（注解：第111条前五款是1999年11月23日第2号宪法法律引进的。下面是1999年11月23日第2号宪法法律第二条：

"1. 法律规范本宪法法律中所含的原则自其生效之日起在刑事诉讼程序中执行"。）

第一百一十二条 检察院有责任实施刑事诉讼。

第一百一十三条 对公共行政机关的行为不服时，可随时请求普通司法机关或行政司法机关对其权利和合法利益进行司法保护。

这种司法保护不得以任何方式排除或受到限制。

法律界定，在其本身规定的情况和后果出现时，可由特定司法机关撤销公共行政机关的政令。

（四）大区、省、市镇

第一百一十四条 共和国由市镇、省、大城市、大区和国家组成。

按照宪法确定的原则，市镇、省、大城市和大区均为有自己的章程、

权利和职能的自治单位。罗马是共和国的首都。国家法律规范其体制。（*）

（注解：2001年10月18日第3号宪法法律第一条替代了一百一十四条。

被替换掉的原文如下：

"共和国划分为大区、省和市镇"。

第一百一十五条（取消）

（注解：第115条被2001年10月18日第3号宪法法律第九条第二款废除。

被取消的原文如下：

"根据宪法所规定的原则，大区为具有自主权力和职能的自治单位。"

第一百一十六条 根据宪法法律所规定的特别章程，弗留利－威尼斯朱利亚大区、撒丁、西西里、特伦蒂诺－上阿迪杰大区和瓦莱·达奥斯塔大区拥有特别的自治形式和条件。

特伦蒂诺－上阿迪杰大区由自治省特兰托和博尔扎诺组成。

一百一十七条第三款和该条第二款所涉及的进一步的自治形式和条件，1) 项仅限于和平公正的组织，在听取地方机构意见后，遵照第一百一十九条的原则的前提下，国家法律允许 n) 和 s) 项也适用于其他大区对其感兴趣的事宜。在国家与有关大区之间相互谅解的基础上，议会两院以绝对多数通过而批准法律。

（注解：第116条被2001年10月18日第3号宪法法律第二条所取代。

被取代的原文如下：

"根据宪法法律所规定的特别章程，给予西西里、撒丁、特伦蒂诺－上阿迪杰大区、弗留利－威尼斯朱利亚大区和瓦莱·达奥斯塔大区以特殊的自治形式和自治条件。"

下面是2001年10月18日第3号宪法法律第10条关于过渡期的暂行规定：

"1. 在各自的章程完成修改之前，本宪法法律的有关更广泛的自治形式的各项规定也适用于特别章程的大区和特兰托、博尔扎诺自治省。"）

第一百一十七条 遵照宪法及来自共同体和国际义务的约束，立法权由国家和大区行使。

对下列事项，只有国家拥有立法权：

a）国家的对外政策和国际关系；国家与欧洲联盟的关系；非欧洲联盟国家的公民的避难权和法律地位；

b）（外来）移民；

c）共和国与宗教信仰的关系；

d）国防和武装力量；国家安全；武器、军需品和炸药；

e）货币，对储蓄和金融市场的保护；对竞争的保护；外汇体系；税收体系和国家财政体系；金融资源的分配；

f）国家机构和相关的选举法律；国家的全民公投；欧洲议会的选举；

g）国家和国家公共机构的行政体制和组织；

h）除地方行政警察以外的公共秩序与安全；

i）国籍、民事状态和户籍；

l）司法与诉讼法规则；民法和刑法体系；行政司法；

m）有关应在全国境内保障的民事和社会权利的基本水平的确定；

n）有关教育的一般规则；

o）社会保障；

p）选举立法，市镇、省和大城市政府的机构和基本职能；

q）海关，国家边境的保护与国际医疗防疫；

r）重量、度量和时间的确定；国家、大区和地方的统计和行政数据信息的协调；文艺作品；

s）环境、生态体系和文化遗产的保护。

国家与大区均有立法权的事项：

大区的国际关系和与欧洲联盟的关系；国际贸易；劳动保护与安全；除教育机构自治和职业教育与培训之外的教育；职业；科学技术的研究与对生产部门创新的支持；对健康的保护；食品；体育系统；民事保护；国土管理；民用港口和机场；大型运输与航运网络；通信系统；国家能源的生产、

运输与销售；辅助的和补充的社会保障；公共预算的平衡与公共财政和税收系统的协调；文物和环境资源的利用及文化活动的促进与组织；储蓄银行、农村信用社、地区性的信贷企业；地区性的土地和农业信贷机构。

除了基本原则的确定由国家保留之外，上述事项均属于大区立法权的范畴。

未明确由国家保留的立法事项，立法权属于大区。

大区和特兰托和博尔扎诺自治省，在其权限范围内，参与共同体法规文件编制的直接决策，并负责实施国际协议和欧洲联盟的文件；应遵守国家法律确定的程序，该程序规范在其未尽责的情况下取代其行使权利的方式。

除委托给大区的之外，只有国家有立法权的事项的规章制定权属于国家。大区对其他事项拥有规章制定权。市镇、省和大城市为履行自身被授予的职能，拥有相应的规章制度制定权。

大区的法律排除在社会、文化和经济生活中的男女完全平等的所有障碍，并促进男女在当选任职中的平等。

大区法律批准大区与其他大区之间为改善其职能的行使所达成的谅解，并确定共同的机构。

在其职权范围内，大区可以按照国家法律规定的形式，与国家达成协议，与其他国家的地方机构达成谅解。

（注解：第117条被2001年10月18日第3号宪法法律第三条所替换。

被取代的原文如下：

"在国家法律所规定的基本原则的范围内，大区对下列事项颁布法令，但这些法令不得与国家利益和其他大区的利益相抵触：

大区辖行政机关和行政单位的体制；

市镇的境域；

城镇和乡村的地方警察；

集市和市场；

公共慈善事业和卫生医疗救护；

手工业和职业的教育及对（经济困难的）学生的援助；

地方的博物馆和图书馆；

市政建设；

旅游业和旅馆业；

大区辖轨道和公路；

大区辖高架路、输水管道和公共工程；

湖水航运和港口；

矿泉和温泉；

矿山和泥煤矿；

狩猎；

内陆水域的渔业；

农业和林业；

手工业；

宪法法律所指出的其他事项。

共和国法律可授权大区颁布实施这些法律的规则。")

第一百一十八条 在辅助性、差异性和适应性原则的基础上，除为了保证统一行使而交给省、大城市、大区和国家之外，行政职能由市镇履行。

按照各自的权限，市镇、省和大城市是自己的行政职能及国家或大区法律授权的行政职能的主体。

国家法律规范国家与大区对一百一十七条第二款 b）和 h）项事务的协作方式，还规范对文物保护事务的谅解与协作的方式。

在辅助性原则的基础上，国家、大区、大城市、省和市镇支持公民个人或团体为整体利益而开展活动的自主性。

（注解：第118条被2001年10月18日第3号宪法法律第四条所替代。

被替换的原文如下：

"有关前条所列各项问题的行政职能均由区行使，但纯系地方性的问题可由共和国法律列入省、市镇或其他地方机关的权限之内。

国家可以根据法律,委托大区行使其他各种行政职能。

大区通常是通过将其行政职能委托给省、市镇及其他地方机关或利用它们的办事处行使其行政职能。")

第一百一十九条　市镇、省、大城市和大区拥有财政收支的自主权。

拥有自主的资源。按照宪法和公共财政与税收体制相协调的原则,确定并实行自己的税收与收入。向国家缴纳其领地的国税。

国家法律设立一个没有使用约束的摊派性的基金,以用于人均缴税水平较低的地方。

来自上述两款的资源可以使市镇、省、大城市和大区补充自己履行公共职能的财政。

为推动经济发展、社会融合、消除经济与社会的失衡,更好地捍卫个人权利,国家将为市镇、省、大城市和大区提供补充资源和进行特别干预。

按照国家法律确定的一般原则,市镇、省、大城市和大区拥有自己的资产。只能为投资的开支而借贷。国家不为这类借贷契约提供任何担保。

(注解：第119条被2001年10月18日第3号宪法法律第五条所替代。

被取代的原文如下:

"大区在共和国法律所规定的形式和范围内享有财政自治权,共和国法律协调大区的财政自治权与国家、省和市镇的财政之间的关系。

根据各大区行使其正常职能所需经费的需要,将各大区税收和部分国库税收拨给各大区支配。

为了实现特定的目标,特别是为了开发南部地区和岛屿,国家根据法律给个别大区下拨特别基金。

根据共和国法律所规定的方式,各大区拥有自己的公产和财富。")

第一百二十条　大区不得在区与区之间征收输入税、输出税或过境税;不得以任何方式采取妨碍区与区之间人员和物品自由流动的措施;不得限制公民在国境内任何地方从事其职业、职务或工作的权利。

在未遵守国际法规与条约、或共同体法规,或者存在公共安全的严重威胁，即当要求保护司法、经济的统一性，特别是要保护涉及民事和社会权利的基本水平的情况下，政府可以取代大区、大城市、省和市镇的机构，超越地方政府辖区的界限。法律规定旨在保证替代权的行使遵守辅助性原则和真诚合作的原则的程序。

（注解：第 120 条被 2001 年 10 月 18 日第 3 号宪法法律第六条替代。

被替换掉的原文如下：

"大区不得在区与区之间征收输入税、输出税或过境税。

大区不得以任何方式采取妨碍区与区之间人员和物品自由流动的措施。

大区不得限制公民在国境内任何地方从事其职业、职务或工作的权利。"）

第一百二十一条　大区级机关为：区议会、区政府及其主席。

大区议会行使大区所享有的立法权和各种规章的制定权，以及宪法和法律所赋予的其他职能。可以向两院提出法案。

大区政府是大区的执行机关。

大区政府主席代表大区；领导大区政府的政策并对其负责；颁布大区的法律和规章；根据共和国政府的指示，领导执行国家委托给大区的各种行政职能。

（注解：第一百二十一条被 1999 年 11 月 22 日第 1 号宪法法律第一条所修改。

被修改的原文如下：

"大区级机关为：区议会、区政府及其主席。

大区议会行使大区所享有的立法权和各种规章的制定权，以及宪法和法律所赋予的其他职能。区议会可以向两院提出法案。

大区政府是大区的执行机关。

大区政府主席代表大区；颁布大区的法律和规章；根据中央政府的指示，领导执行国家委托给大区的各种行政职能。"）

第一百二十二条　大区主席及政府成员，以及大区议会的成员的选举制度、无当选资格和不得兼职的情况,均在共和国法律规定的基本原则范围内,由大区法律规定,国家法律规定选任机构的任期。

任何人不得同时兼为大区议会议员和共和国议会某院议员或其他大区议会议员,或欧洲议会议员。

大区议会在其成员中选出议长一人和议长办公厅。

大区议会议员不得因履行其职责时所发表的意见与所投的票而受到追究。

大区政府主席由直接选举产生,大区章程另有规定的除外。大区主席任命和撤消大区政府的成员。

(注解:第一百二十二条被1999年11月22日第1号宪法法律第二条所取代。

被替换的原文如下:

"大区议会议员的选举制度、名额、无当选资格和不得兼职的情况,均由共和国法律规定。

任何人不能同时兼为大区议会议员和共和国议会某院议员或其他大区议会议员。

为进行其工作,大区议会在其成员中选出议长一人和议长办公厅。

大区议会议员不得因履行其职责时所发表的意见与所投的票而受到追究。

大区政府主席及其成员由大区议会在其议员中选出。"

下面是1999年11月22日第1号宪法法律第五条有关临时过渡的规定:

"1. 直至被本宪法法律第二条所替换的宪法第一百二十二条第一款所涉及的新大区章程和新选举法生效之日前,大区政府主席的选举处于大区议员选举制不变的背景之下,并采用现行的大区议会选举普通法所规定的方式。得到大区有效票的多数的大区候选名单第一名为大区政府主席的候选人。大区政府主席为大区议会的成员。得到有效票数仅次于当选主席的候选人为大区议会主席。为此目的,在1995年2月23日第43号法律第三条第二款引入的 1968 年 2 月 17 日第 108 号法律第十五条第十三款的第三项所假设的情况下，大区中央办公室保留属于大区议会主席所在名单的最后一个席位；否则，该席位将以余数法或最小选举法分配给单选区的其他候选名单以分配选区席位。当所有席位通过整数法分配完毕时，中央办公室将追加一个额外的席位，通过比例法，分配给大区理事会多数派候选名单。

2. 直至大区新章程生效之前，执行下列规定：

a）在宣布大区主席当选的十天之内，进行大区政府成员的任命，其中一名为副主席，也可以撤消政府成员；

b）如果至少五分之一的议员经过讨论于三天之后提交一项有理由的对于大区主席不信任的动议，大区议会以绝对多数批准该动议，则在三个月内进行新的大区议会和政府主席的选举。同样，当主席自愿辞职、长期受阻或死亡的，也重新进行大区议会和政府主席的选举。"）

第一百二十三条　各大区均有一个章程，该章程遵照共和国宪法，规定有关本大区的政府形式、组织和运行的基本原则。章程调整本大区各种法律和行政措施的动议权和公决权的行使以及本大区各种法律和规定的公示。

大区章程须由大区议会以其议员的绝对多数票通过的法律加以批准或修改，要有至少相隔两个月的两次决议。该法律不要求有政府的特派员审批。共和国政府可以在该法律公示三十天之内向宪法法院对大区章程的合法性提起诉讼。

在章程公示三个月之内，如有大区选民的五十分之一，或大区议会成员的五分之一提出请求，则须进行全民公投。未得到全民公投有效选票的大多数批准的章程不得颁布。

各大区的章程中均设立地方自治委员会，作为大区和地方机关的协商议事机构。

（注解：第一百二十三条被 1999 年 11 月 22 日第 1 号宪法法律第三条所取代。

第一部分 宪法、全国性涉党法律

该条原文如下：

"各大区均有自己的章程，它遵照共和国宪法和法律规定有关本大区内部的组织规则。大区章程调整本大区各种法律和行政措施的动议权和公决权的行使，以及对本大区各种法律和规定的公布。

大区章程须由大区议会以其议员的绝对多数票通过并经共和国法律批准。"

后来，2001年10月18日第3号宪法法律第七条又补充了一款。）

第一百二十四条（废除）

（注解：第一百二十四条被2001年10月18日第3号宪法法律第九条第二款所废除。

被废除的原文如下：

驻各区首府的中央政府特派员，监督由国家行使的行政职能并使其与由各区行使的行政职能相协调。）

第一百二十五条 各大区根据共和国法律所规定的法规设立一级行政司法机关。在区首府以外的地方可设立分部。

（注解：第一百二十五条第一款被2001年10月18日第3号宪法法律第九条第二款所废除。

被废除的原文如下：

"对各区行政法令是否合法的监督，由国家机关按共和国法律所规定的程序和范围并以地方分权的方式来实行。

在特定情况下，法律可允许对各区行政法令是否适宜实行监督，但只是为了促使区议会根据说明理由的要求对决议重新进行审查。

各大区根据共和国法律所规定的法规设立初级行政司法机关。在区首府以外的地方可设立分部。"）

第一百二十六条 当大区议会或大区主席有违反宪法或严重违反法律的行为时，共和国总统可颁发说明理由的法令解散议会和撤消主席职务。

还可以出于国家安全的原因解散大区议会和撤消大区主席职务。

应根据共和国法律所规定的方式，在征求由众议员和参议员所组成的大区事务委员会的意见之后颁布共和国总统令。

大区议会可以通过至少有五分之一议员签名的说明理由的动议对大区主席表示不信任，并以绝对多数议员的记名投票通过。该动议不得在提交三日之内进行讨论。

对经直接选举当选的大区主席不信任的动议被批准，及大区主席被撤职、长期受阻、死亡或自愿辞职，均导致大区政府和议会解散。在任何情况下，大区议会多数成员辞职也导致同样的后果。

（注解：第一百二十六条被1999年11月22日第1号宪法法律第四条所替代。

被替换掉的原文如下：

当大区议会有违反宪法或严重违反法律的行为，或不执行（中央）政府关于改组犯有类似违法行为的大区政府或免除其主席职务的建议时，需解散该议会。

当大区议会因辞职或因形不成多数而不能行使其职能时，需解散该议会。

也可以出于国家安全的原因而解散大区议会。

解散大区议会必须根据共和国总统说明理由的指令进行，并应根据共和国法律所规定的程序，先征求由众议员和参议员所组成的大区事务委员会的意见。

解散令任命三名享有当选为大区议会议员权利的公民组成委员会，该委员会宣布三个月内举行选举，并处理区政府权限内的日常行政事务和颁布紧急法令，但此种法令须提交大区新议会批准。

下面是2001年10月18日第3号宪法法律第十一条关于临时过渡期的规定：

"1. 在宪法第一篇第二章法规修正前，共和国参议院和众议院的条例可以就大区、自治省和地方机构的代表参加议会大区事务委员会作出规定。

2. 当一项关于宪法第一百一十七条第三款和一百一十九条内容的法

第一部分 宪法、全国性涉党法律

律提案包含的内容受到按照第一款补充了人员的大区事务委员会的反对或以做相关修正为条件的赞成时,委员会未做相应的修改,则该法案的相关部分以议会成员的绝对多数通过。")

第一百二十七条 当政府认为大区的某项法律超出大区的权限时,可在其公示后六十天内向宪法法院提出该法律是否符合宪法的问题。

当大区认为国家或另一个大区的某项法律或具有法律效力的文件侵犯了自己的权限时,可以在其公示后六十天内向宪法法院提起是否符合宪法的诉讼。

(注解:第一百二十七条被2001年10月18日第3号宪法法律第八条所替代。

被替换的原文如下:

"大区议会所通过的任何法律均须通告(中央)政府特派员,(中央)政府特派员应自接到通告后三十天内签署,但(中央)政府反对的情况除外。

法律自签署后十天内颁布,并在公示十五天后方可生效。如果大区议会声明某项法律为紧急法,且经共和国政府认可,该法律的颁布和生效不受上述期限的约束。

当共和国政府认为大区议会通过的某项法律已超出大区的权限,或与国家利益相抵触,或与其他大区的利益相抵触时,须在规定的签署期限内退回大区议会。

若大区议会再次以其议员的绝对多数票通过该法律,共和国政府可在接到通知后十五天内向宪法法院提出该法律是否合法的问题,或因利益冲突向两院提出该法律是否适宜的问题。若遇疑难情况,由宪法法院裁决该案权限所属问题。")

第一百二十八条 (被废除)

(注解:第一百二十八条被2001年10月18日第3号宪法法律第九条第二款所取代。

被替换掉的原文如下:

"省和市镇在规定其职能的共和国一般法律所规定的原则范围内均为自治单位。")

第一百二十九条 （被废除）

（注解：第一百二十九条被2001年10月18日第3号宪法法律第九条第二款所取代。

被替换掉的原文如下：

"省和市镇也是国家和区的地方分权单位。

省管辖的区域可以分为若干个只具有行政职能的区，以便进一步实行地方分权。")

第一百三十条 （被废除）

（注解：第一百三十条被2001年10月18日第3号宪法法律第九条第二款所取代。

被替换掉的原文如下：

"根据共和国法律所规定的方式设立的大区机关，也应按地方分权的方式对省、市镇以及其他地方机关的行为是否合法实行监督。

在法律规定的特定情况下，可以向作出决议的机关提出说明理由的要求，使其重新审查其决议的方式行使监督权。")

第一百三十一条

设立下列大区：

皮埃蒙特；

瓦莱·达奥斯塔；

伦巴底；

特伦蒂诺－上阿迪杰；

威尼托；

弗留利－威尼斯朱利亚；

利古里亚；

艾米利亚－罗马涅；

托斯卡纳；

翁布里亚；

马尔凯；

拉齐奥；

阿布鲁齐；

莫利塞；

坎帕尼亚；

普利亚；

巴西利卡塔；

卡拉布里亚；

西西里；

撒丁。

说明：

第一百三十一条按照1963年12月27日第3号宪法法律第一百三十一条作了修改，该条规定莫利塞成为大区。

第一百三十二条

当至少能代表三分之一有关居民的数个市镇议会提出合并现有大区或设立新大区的要求，且该提议又在全民公投中得到居民的大多数赞同时，在听取大区议会的意见后，可由宪法法律批准合并现有大区或设立新大区，但新大区至少要有一百万居民。

当某个或某些省和某个或某些市镇提出进行全民公投以脱离某个大区而加入另一个大区的要求时，在听取大区议会的意见后，须得到相关省、市镇大多数公民赞同并由共和国法律予以批准。

（注解：第132条被2001年10月18日第3号宪法法律第9条第1款作了修改。

原文如下：

"当至少能代表三分之一相关居民的数个市镇议会提出合并现有大区或设立新大区的要求，且该提议又在全民公投中得到居民的大多数赞同时，在听取大区议会的意见后，可由宪法法律批准合并现有大区或设立新大区，但新大区至少要有一百万居民。

当某些省和市镇提出脱离某个大区而加入另一个大区的要求时，在听取大区议会的意见后，可以进行全民公投并由共和国法律予以批准。"

第一百三十三条

可根据市镇的提议，听取该大区的意见，颁布共和国法律，变更同一个大区内省的区域和设立新省。

大区在听取有关居民的意见后，可颁布法律在其区域内设立新市镇和变更市镇的区域和名称。

四、宪法的保障

（一）宪法法院

第一百三十四条 宪法法院审理下述案件：

审理国家与各大区的法律及具有法律效力的法令是否符合宪法的争执案；

审理国家各权力机关之间、国家与大区之间以及各大区之间的权限冲突案；

审理根据宪法的规定对共和国总统提出的控告案。

（注解：最后一段被1989年1月16日第1号宪法法律修改。

原文是："审理根据宪法的规定对共和国总统和各部部长提出的控告案。"）

第一百三十五条 宪法法院由法官十五人组成，其中三分之一由共和国总统任命，三分之一由议会在联席会议上任命，三分之一由最高的普通司法机关和最高的行政司法机关任命。

宪法法院的法官从高等普通法院和高等行政法院的法官（包括已退休的法官）、大学法学教授和具有二十年以上工作经历的律师中选出。

宪法法院的法官任期为九年，任期从各人宣誓就职那天算起，期满后不得重新被任命。

宪法法院的法官任期满时即停止职务和停止行使职权。

宪法法院根据法律所规定的规则，在其成员中选出院长一人，院长任期三年，并可以连选连任，但是，在任何情况下宪法法院法官的任期是固定不变的。

宪法法院的法官不得兼任议会议员或大区议会议员，不得从事律师职业，不得担任法律所指出的任何职责与职务。

在审理对共和国总统的控告案时，除宪法法院的正式法官外，还用抽签的办法从具有当选参议员资格的公民名单中选出十六人参加，名单上的公民由议会每九年采取选任正式法官同样的方法选出。

（注解：第一百三十五条被1967年11月22日第2号宪法法律第一条所替换，后被1989年1月16日第1号宪法法律第二条所修改。

被修改的原文如下：

"宪法法院由法官十五人组成，其中三分之一由共和国总统任命，三分之一由议会在联席会议上任命，三分之一由最高普通司法机关和最高行政司法机关任命。

宪法法院的法官从高等普通法院和高等行政法院的法官（包括已退休）和大学法学教授和具有二十年以上工作经历的律师中选出。

宪法法院从其成员中选举主席。

宪法法院的法官任期为十二年，根据法律规定，部分变换成员，不得立刻连选连任。

宪法法院的法官不得兼任议会议员或大区议会议员，不得从事律师职业，不得担任法律所不得担任法律所不允许的任何职务。

在审理对共和国总统和各部部长的控告案时，除宪法法院的正式法官外，还要在议会联席会议上从有当选参议员资格的公民名单中选出十六人参加。"

第一百三十五条被1967年11月22日第2号宪法法律替换掉的内容是最后一段，其原文如下：

"在审理对共和国总统和各部部长的控告案时,除宪法法院的正式法官外,还用抽签的办法从具有当选参议员资格的公民名单中选出十六人参加,名单上的公民由议会每九年采取选任正式法官同样的方法选出。")

第一百三十六条 当宪法法院宣布法律或具有法律效力的法令的某项规定违反宪法时,则该项规定从判决公布的第二日起即失效。

宪法法院的判决应予公示并通告两院和有关的大区议会,以便两院和有关大区议会在认为有必要时按宪法规定的形式颁布新规定。

第一百三十七条 宪法性法律规定作出是否符合宪法的判决的条件、形式和期限,并规定对宪法法院法官的独立性的各种保障。

普通法律规定宪法法院的组成及其运行所必需的其他规则。

对宪法法院的判决,不允许任何上诉。

(二) 宪法的修改、宪法法律

第一百三十八条 修宪的法律和其他宪法法律由各院两次审议通过,其间隔时间不得少于三个月,并且在第二次表决时须经各院议员的绝对多数票通过。

上述法律在其公布后三个月内,如某议院五分之一议员,或五十万选民,或五个大区议会要求举行全民公投时,则应提交公决。提交公决的法律,如未经多数有效票通过,不得发布。

如果法律在各议院第二次表决时以其议员的三分之二多数通过,则不得举行全民公投。

第一百三十九条 共和国体制不得成为宪法的修改对象。

附件:过渡性规定和最后规定

第一条 本宪法一经生效,临时国家元首立即行使共和国总统的职权,并改称为共和国总统。

第二条 如在选举共和国总统之日各大区议会尚未全部成立,则仅由两院的议员参加选举。

第三条 为了组成共和国第一届参议院，根据共和国总统的命令，符合当选为参议员的法定要求并具备下列条件之一的制宪会议代表被任命为参议员：

曾任政府总理或立法会议主席；

曾任已解散的参议院议员；

包括制宪会议选举在内，至少曾三次当选；

在1926年11月9日众议院会议上被宣布取消议员资格者；

曾因保卫国家而被法西斯特别法庭判决监禁五年以上者；

此外，根据共和国总统的命令，任命曾参加国民会议的已解散的参议院议员为参议员；

在任命令签署之前，可以放弃被任命为参议员的权利。凡接受将自己作为政治选举的候选人，即表示已放弃被任命为参议员的权利。

第四条 在参议院第一次选举时，莫利塞被视为单独的大区参加选举，其参议员数目可根据其人口数目来规定。

第五条 本宪法第八十条关于引起财政负担或修改法律的国际条约的规定，自两院召集之日起生效。

第六条 本宪法生效后五年内，应对现存的特别司法机关的裁决进行审查，但国务委员会、审计院和军事法庭的裁决除外。

本宪法生效后一年内，应根据第一百一十一条以法律改组最高军事法庭。

第七条 在遵照宪法颁布法院新组织法之前，应继续遵守现行的组织规章。

在宪法法院开始行使其职能之前，对第一百三十四条中所指出的争执案的判决，应按宪法生效前现行规章的程序进行。

（注解：1967年11月22日第2号宪法法律第七条废除了过渡性和最终规定第七条第七款，其原文如下：

"被任命的第一届宪法法院的法官不在被部分更换的人选之列，其任期为十二年。"）

第八条 大区议会选举和须经选举产生的省行政机关的选举，在宪法生效后一年内举行。

共和国法律按国家行政机关的每个部门来调整业已归大区行使的国家职能的转交问题。在重新改组和划分地方机关之间的行政职能之前，地方机关现在行使的职能以及大区委托其行使的其他职能仍由省和市镇行使。

共和国法律按新体制之需调整从中央行政机关的官员和职员向各大区官员和职员进行的工作转交。大区为了建立自己的机关，除非在必要的情况下，均应从国家机关和地方机关中抽调人员。

第九条 共和国在宪法生效后三年内，调整其法律，使其适合地方自治的需要及赋予大区立法权限。

第十条 对第一百一十六条所指的弗留利－威尼斯朱利亚大区，暂时采用第二篇第五章的一般规定，但应坚决遵照第六条保护少数民族的规定。

第十一条 在宪法生效后五年内，可按宪法法律设立新大区，改变第一百三十一条中区的名单，甚至可以不遵守第一百三十二条第一款所要求的条件，但须遵守征求有关居民意见的规定。

（注解：临时和最终规定第十一条被1958年3月18日第1号宪法法律延期至1963年12月31日。）

第十二条 禁止以任何形式重建已被解散的法西斯党。

自宪法生效后不超过五年的期间内，可不受第四十八条的约束，以法律对法西斯制度的负责头目的选举权和被选举权实行暂时限制。

第十三条 萨沃依王朝的成员和后裔不得成为选民，也不得担任公职和选任职务。

萨沃依王朝的前国王、王后及男性后裔均禁止进入和居留在国境之内。

萨沃依王朝的前国王、王后及男性后裔在国境内的财产均归于国家。1946年6月2日以后所发生的对上述财产的物权的设定与转移概为无效。

（注解：2002年10月23日第1号宪法法律 规定临时与最终规定的第十三条第一和二款自2002年11月10日起终止效力。）

第十四条 贵族头衔不予承认。

1922年10月28日之前存在的头衔的附加成分可作为姓名的一部分。

毛里齐奥骑士团可作为医疗团体存在，并按法律规定的方式进行工作。

法律规定废除纹章院。

第十五条 随着宪法的生效，1944年6月25日第一百五十一号关于国家临时体制的摄政令即变成法律。

第十六条 在宪法生效后一年内，重新修改尚未直接或间接废除的旧宪法法律，并使其与生效宪法相一致。

第十七条 应在1948年1月31日之前由其主席召集制宪会议，审议共和国参议院选举法、大区的特别章程及新闻出版法。

在新议会两院选举之日以前，如果需要审议被1946年3月16日第98号立法法令第二条第一款和第三条第一、二款列入制宪会议权限之内的问题时，得召开制宪会议。

在此期间，各常设委员会仍继续工作。立法委员会应将政府所提出的法律草案退回政府，并附上可能有的意见和修正案。

代表们可以向政府提出质询并要求书面答复。

为实施本条第二款的规定，应根据政府或至少有二百名代表提出的说明理由的要求，由其主席召集制宪会议。

第十八条 本宪法在制宪会议通过后五天内由临时国家元首公布，并于1948年1月1日起生效。

宪法文本应在1948年全年内陈放在共和国各市镇的市政大厅里，以便每个公民都能熟知。

盖有国玺的宪法文本将收入共和国法律和法令的官方汇编。

全体公民和国家机关应将宪法作为共和国的根本大法予以忠实遵守。

1947年12月27日于罗马颁布

恩里科·德·尼古拉（签名）
副署　制宪会议主席翁贝托·泰拉奇尼
政府总理　阿尔奇德·德·加斯贝利

（张密　译）

第二章　全国性涉党法律

一、共和国参议院和众议院选举法修订稿

2005年12月21日第270号法律

"共和国参议院和众议院选举法的修改"

2005年12月30日公布于第303号官方公报—第213号加刊

第一条

（众议院选举体制的修改）

1. 1957年3月30日第361号共和国总统令关于众议院选举法的法律文件汇编及其后来的修改，以下均称为《1957年第361号共和国总统令》，第1条被下列条文取代：

第1条

—1. 众议院经全民普选，对竞选候选人名单进行直接、平等、自由和秘密投票。

—2. 国家领土按照本法律文件汇编附件A表划分选区。除了留给海外选区的议席，均按照人口比例分配议席，按照第77、83和84条规定，由国家中央办公室做可能出现的四舍五入的调整。

2. 1957年第361号共和国总统令第4条被下列条文取代：

第4条

—1. 投票是所有公民的民事义务和权利，其自由行使应受共和国的

保证和鼓励。

——2. 每个选民均有一票的权利，标识在印有政党名称的选票上。

3. 1957 年第 361 号共和国总统令第 7 条第 7 款中"在众议院提前解散的情况下"替换为：在众议院届满前 120 天以上提前解散的情况下。

4. 1957 年第 361 号共和国总统令第 14 条修改如下：

a) 第 1 款中："单议席选区候选人或"和："单议席选区候选人或"的文字取消；

b) 第 3 款中："即指单议席选区候选人，又指名单"的文字无效。

c) 第 4 款最后补充："虽然构成或者印刷表现手法不同"。

5. 在 1957 年第 361 号总统令第 14 条后添加如下内容：

第 14—2 条

——1. 有组织的政党或者政治团体能够实行联合竞选，将各自所提交的候选人名单合为一个。联合双方必须同时发表联合声明。

——2. 第 14 条所涉联合声明须同时将标识备案。联合声明对持有相同标识的所有政党均有效。

——3. 第 14 条所涉标识备案的同时，参加政府组阁竞选的政党或政治团体要将其竞选方案备案，该方案中应公布其首脑的姓名。联合参加政府组阁竞选的政党或政治团体要将其竞选方案备案，并在其中公布它们指定的作为联合政治力量的唯一首脑的姓名。宪法第 92 条第 2 款规定的共和国总统的特权不变。

——4. 第 1、2、3 款由第 15 条第 1 款规定的主体执行。

——5. 至少在投票日前的 30 日内，各选区中央办公室向全国中央办公室报告带有各自标识的入选政党名单；在投票日前的至少 20 日内，全国中央办公室核查政党声明是否合格，并在官方公报上发表入选的联合名单。

6. 1957 年第 361 号总统令第 18 - 2 条款被替换如下：

第 18—1 条

——1. 按照比例法的议席候选人名单提交时应有选民签字：在选区人口不到 500000 的城市应获得不少于 1500 不超过 2000 名在选民登记册登记

的选民的签名；在选区人口超过 500000 不到 1000000 的城市，应获得不少于 2500 不超过 3000 名在选民登记册登记的选民的签名；在选区人口超过 1000000 的城市，应获得不少于 4000 不超过 4500 名在选民登记册登记的选民的签名。在众议院届满前超过 120 天解散的情况下，签名人数减半。根据 1990 年 3 月 21 日第 53 号法律第 14 条规定，签名必须由一名 1990 年 3 月 21 日第 53 号法律第 14 条提及的主体对选民签字的真实性加以鉴定。接受候选资格需要有由市长、一名公证员或 1990 年 3 月 21 日第 53 号法律第 14 条规定的一位主体作出的签字声明。对于居住在国外的公民签名，必须有驻外使领馆外交官的签字证明。

——2. 对于在本届议会开始时两院内形成议会党团形式的政党或政治组织无须签名。根据第 14—2 条第 1 款对于初期已经有至少两个政党或政治团体发表联合声明，或者根据第 14 条在欧洲议会上一届选举中获得一个议席并且具有已备案的标识的政党或政治团体，同样无须任何签名。在此类情况下，根据第 17 条第 1 款规定，候选提名须由政党或政治团体的主席或者书记或一位代表人签字。内务部负责通知所有选区选举办公室，党派代表的任命书还要包括授予其提交该政党的候选名单声明的签字权。上述签名须由一位公证人员或者法院书记员鉴定其真实性。对于少数民族代表并且在众议院或者参议员上一届选举中获得至少一个议席的政党或政治团体也无须任何签名。

——3. 每个政党要提交的包括一份按照既定顺序排列的候选人名单。该候选人名单上的候选人数应既不少于当地选区分得的议席的三分之一，又不超过该议席的总数。

7. 1957 年第 361 号总统令第 19 条第 1 款第二句修改如下："任何候选人不能同时具有众议院与参议员的候选人资格，否则其选举无效。"

8. 1957 年第 361 号总统令第 31 条修改如下：

第 31 条

——1. 纸质选票应质地坚硬，由内务部负责提供并印有本法律文件汇编附件 A-2 和 A-3 表格中的规定。另外，根据第 24 条的规定，上面有所在选区按规定提交候选名单的所有政党的标识。

——2. 选票上属于同一联盟的各政党的标识应上下垂直排成一竖行。联盟与非联盟的独立政党或政治团体的顺序，以及每个联盟的各政党标识的顺序，根据第 24 条规定由抽签决定。选票上的政党标识按 3 厘米的直径刊印。

9. 1957 年第 361 号总统令，在 A 表格后添加上本法律附件 A2 和 A3 的表格。

10. 1957 年第 361 号总统令第 58 条修改如下：

a）第 1 款替换如下：

"选民的身份确认之后，主席从盒子或箱子中抽出一张选票，适当折叠之后将选票和记号笔交予该选民。"

b）第 2 款第 1 句话被替换如下："选民用铅笔在选票上印有其意欲选举的政党标识的方框内打钩，无论是有意还是无意，只能勾出一个标识来投出自己的一票。"；在第 3 句话，"按照所画虚线将选票折叠起来"。

c）第 6 款废除。

11. 1957 年第 361 号总统令第 77 条修改如下：

"第 77 条

——1. 选区中央办公室在完成第 76 条提及的操作后，如认为适宜，可以由主席挑选一个或多个专家协助工作：

1）统计每个名单的选区选举人数。总数等于由选区各个投票站同一政党所获得的选票总和。

2）根据第 83 条第 1 款第 3 项以纪要摘录的形式报告全国中央办公室每个候选名单在选区有效的得票总数和每个选区的有效票总数。"

12. 1957 年第 361 号总统令第 83 条修改如下：

"第 83 条

——1. 全国中央办公室在收到所有选区中央办公室的纪要摘录后，如认为适宜，当可以由主席选出一名或多名专家协助：

1）统计每个候选名单的全国得票总数。该总数等于拥有同一标识的政党在各个选区所获得的票数总和；

2）然后统计各政党联盟在全国得票总数，即该联盟下所有政党的全国得票数总和；还有非联合的独立政党的全国得票数，最后决定获得最多的有效投票的是哪个联盟或者独立政党；

3）然后统计确认：

a）在全国范围内获得有效总票数达10%的政党联盟，并且该联盟中至少有一位候选人获得2%的有效总票数或者有一位少数民族的代表，该代表由有特殊条令保护少数民族的选区所专门提名并且获得该选区至少20%的有效票数；

b）在全国范围内获得有效总票数达4%的非联合的独立政党和有特殊条令保护少数民族的大区中一个选区专门提名并且获得该选区至少20%有效票数的少数民族非联合的独立政党，以及没有达到a）中规定票数但获得全国4%以上的有效票的联盟，或者由有特殊条令保护少数民族的大区中的一个选区专门提名并且获得该选区至少20%有效票数的联盟；

4）3）中a）项和b）项所涉当选的联盟与独立政党之间的议席分配主要根据各自的全国得票数。为此用3）中所提的每个当选的联盟或独立政党的全国得票总数除以要分配的议席数得到一个全国的选举商数。在进行分配时不考虑可能产生的余数。然后再用每个联盟或独立政党的全国得票总数除以上面所得的商数。如此得到的商数后的整数部分就代表每个联盟或独立政党所得议席数。剩下来的议员议席则分别划分给余数最大的联盟或独立政党。在余数相同的情况下，给全国得票数最多的联盟或独立政党；在后者同样相同的情况下，则抽签决定。

5）核查获得最多有效票数的联盟或者独立政党是否获得至少340个议席；

6）在3）a）项所涉的每个当选的联盟内，统计确认获得至少2%全国选票总数的政党和有特殊条令保护少数民族的大区的一个选区专门提名的并且获得该选区至少20%有效票数的政党，以及全国得票总数没达到2%的政党中得票最多的政党；

7) 如果5) 中的联盟或独立政党获得了至少340个议席，则根据6) 中每个政党的全国得票数为每个政党联盟分配议席。为此每个政党联盟用拥有分配议席资格的政党的全国得票总和除以4) 中规定的议席数。进行此分配时不考虑可能产生的余数部分。然后用每个拥有分配资格的政党的全国得票数除以上面所得的商数。所得商的整数部分代表（联盟内）各政党所获得的议席数。而剩下来的议席则分别划分给余数最大的政党。在余数相同的情况下分给全国得票数最多的政党；在后者同样相同的情况下抽签决定。而对于独立（参选）政党其议席数中已在4) 中确定。

8) 除第2款中的规定外，还要在独立选区将议席分配给符合3) 中条件的各政党联盟或独立政党。为此每个政党联盟用构成该联盟的所有政党的选区得票数总和除以全国选举商数，如此就得到本联盟各政党在该选区内的应分得的议席指数。同样，符合第3款b) 中的每个政党用选区得票数除以全国选举商数，如此就得到本政党在选区内应分得的议席指数。因此用上述的每一个指数乘以选区所被分配的议席数，然后除以所有（议席）指数总和。如此得到商的整数部分代表符合3) 中条件的每个政党联盟或政党在所获得的议席数量。而剩下来的议席则分别划分给余数最大的政党联盟或政党。在余数相同的情况下，给选区得票数最多的政党联盟或政党；在总票数同样相同的情况下抽签决定。之后，办公室核查分配给全部选区和每个政党联盟或独立政党的议席数与4) 中所规定的议席数是否相吻合。如果不相符，做如下操作，首先多余议席数最多的政党联盟或政党，在多个政党联盟或政党多余议席数等同的情况下，则从全国票数最多的开始，然后其他政党联盟或政党以多余议席数递减的顺序继续：扣去政党联盟或政党在因余数而获得的剩余议席的选区里得到的那个议席；把扣除得到的议席按照递增顺序分配给没有获得选区内应有议席数且余数未被用于增补议席的政党联盟或政党。如果在同一选区有两个或两个以上的政党联盟或政党未曾使用余数，则议席给予未被使用的余数最大的政治联盟或政党。如果同一选区无法做以上补差操作继续分配剩余议席，则把以最小余数获取增补议席的政党联盟或政党在所在的选区议席扣除，用于增补给其他选区那些（议席）不足但余数大却没有得到增补议席的政党联盟或政党。

9）除了第 2 款中的规定外，办公室把各个选区把应属于每个政党联盟的议席分配给他们。为此，按照 8）的规定，将该选区得票总数除以 6）所涉政党联盟在选区被分配的议席数从而确定每个政党联盟在该选区商数。在做此分配时，不考虑有可能出现的余数（即小数）部分。然后用每个政党联盟在选区得到的票数除以选区商数。如此得到的商数的整数部分就代表每个政党联盟应得的议席数。剩余的议席按照商的小数部分从大到小的方式依次分配给各名单；在小数部分相等的情况下，议席授予选区得票数最多的名单；如果后者同样相等，则抽签决定。之后，办公室核查各个名单在所有选区所分配到的议席数是否与 7）中所授予的议席数相符。如果不符，做如下操作：首先从多余议席数最多的名单开始，在多个名单多余议席数相等的情况下，从全国得票数最多的开始，其他名单以多余议席数递减的顺序继续排列：扣去上述名单以小数部分获得议席的那些选区里多余议席；另外，没有获得应有议席数的名单按未被使用的小数部分递增的顺序排列。然后把扣除掉的那些议席分配给亏欠议席的那些名单。如果在同一选区有两个或以上的名单未使用小数部分，则议席给予未使用的小数部分最大的那个名单。如果不是涉及同一选区而不能做以上操作无法完成议席分配，则扣除用最小的小数部分获取议席的名单在该选区得到的那个议席，用来补给那些在其他选区里小数部分最大却未被使用的议席不足的政党。

——2. 根据第 1 款，当获得最多有效票数的政党联盟或独立政党没有获得至少 340 个议席，则应进一步追加其必要的议席以达到此限。在此情况下，办公室应授予上述政党联盟或政党 340 个议席。为此要用所有政党联盟或政党的全国选票总数和除以 340，如此得到多数派的全国选举商数。

——3. 然后办公室按照第 1 款 3）项将剩下的 277 个议席按比例重新分配给其他的政党联盟或政党。为此用他们的全国选民人数总和除以 277 得到少数派的全国选举商数。其中不考虑可能产生的小数部分。然后用每个政党联盟或独立政党的选民人数除以上面所得商。如此得到的商数的整数部分代表每个政党联盟或政党所要分配的议席数。剩下的议席则在进一步划分中分配给余数最大的政党联盟或独立政党。在余数相等的情况下分配给全国选民人数最多的政党联盟或政党；在后者仍然相等的情况下，由抽签决定。

——4. 然后办公室为每个政党联盟内拥有议席分配资格的相关政党分配拥有其应有的议席。为此执行第1款第7点的相关规定。

——5. 根据第1款第6点，为在各个选区将议席分配给拥有分配资格的名单，办公室则根据第1款第8、9点操作。因而，对获得有效票数最多的政党联盟或独立政党使用多数派的全国选举商数，而对其他的政党联盟或独立政党使用少数派的全国选举商数。

——6. 全国中央办公室负责通告各个选区中央办公室每个政党名单所分得的议席数。

——7. 全国中央办公室所有操作均编撰一式两份的记录：一份发给众议院总秘书处，该总秘书处将开具收据；另一份留在上诉法院的秘书处备份存档。

13. 1957年第361号总统令第84条修改如下：

"第84条

——1. 在收到全国中央办公室按照第83条第6款发的通告后，选区中央办公室主席按照提交名单的顺序，在有权获得议席的每份名单的议席限度内公布同一名单内的候选人的当选者。

——2. 如果有政党在一个选区的提名的候选人名额用完并且不可能把在同一选区应有的议席授予该政党，全国中央办公室则按照递减的顺序在该政党未使用的商数小数部分最大的其他选区把这些议席分配给这个政党。根据上述操作如果还剩下议席要分配给该政党，则在该政党已使用的商数小数部分最大的其他选区按照递减的顺序分配剩余议席。

——3. 如果执行了第2款中的操作后在一个选区内仍剩下议席可以分配，则这些多余的议席在该选区按照从大到小的顺序依次分给参加同一政党联盟的未使用商数小数部分最大的政党。如果执行上述操作后仍然剩下议席可分配，则这些议席在其他选区按照递减的顺序分给参加同一政党联盟的且未被使用的商数小数部分最大的政党。

——4. 如果在执行第2、第3款操作时有两个或两个以上的名单的商数小数部分相等，则由抽签决定。

——5. 全国中央办公室向选区选举办公室通告已执行的第2、第3款操作的结果，以便做出相关公告。

——6. 选区中央办公室主席将公告证书寄送给已当选的众议院议员，并立即将此消息告知众议院秘书处，以及各省行政公署和政府驻地方办公室，由他们告知公众。"

14. 1957年第361号总统令第86条修改如下：

"第86条

——1. 无论任何缘由剩下的议席，在同一选区内依次分配给落选者中排在前面的候选人。

——2. 如果有政党名单已经使用完本党的候选人，则根据第84条第2、3、4款继续进行议席分配。

——3. 如果瓦莱·达奥斯塔选区的议席仍有空缺，则进行补选。

——4. 补选则按照1993年12月20日第533号立法法令参议院选举法法律文件汇编的21—3条第3款1—6项的规定进行操作。"

第二条

（提交名单）

1957年第361号总统令第18—2条第2款，已用于本法律的第1条第6款，其规定也适用于2001年12月27日第459号法律中的第8条的提交名单。

第三条

（临时规定）

1. 对于本法律生效之日后的首次政治选举，如遇到众议院在届满前提前不超过 120 天解散的情况，如果在本法律生效之日后的七天内（议院）停止履行职能，则 1957 年第 361 号总统令第 1 条，即本法律的第 1 条第 3 款中规定的无被选举资格的理由无效。

第四条

（参议院选举制度的变更）

1. 根据 1993 年 12 月 20 日第 533 号立法法令及其后来的修改令，参议院选举法法律文件汇编的第 1 条修改如下：

"第 1 条

——1. 共和国参议院按大区选举。除了已分配给境外选区的议席，其议席按照宪法第 57 条根据国家统计局官方公布最新的人口普查结果分配给各大区，由内务部部长做出提案，政府做出决定，发布共和国总统令。

——2. 按比例将议席分配给各竞选政党的名单，可以对大区联盟给予奖励

——3. 瓦莱·达奥斯塔大区是唯一的单人提名的选区。

——4. 特伦蒂诺-上阿迪杰大区由 1991 年 12 月 30 日第 422 号法律划定的 6 个单议席选片组成。原属于该大区的剩下的议席名额以按比例的方式补充分配"。

2. 1993 年第 533 号立法法令第 8 条修改如下：

"第 8 条

——1. 意欲提交候选人名单参加参议院选举的政党或政治团体，须遵守 1957 年 3 月 30 日第 361 号总统令关于众议院选举的法律文件汇编的第 14、14—2、15、16、17 条法规及其之后的修改令的规定，在内务部将其标识备案，并声明以该标识代表本党或政治团体的候选人"。

3. 1993 年第 533 号法律第 9 条修改如下：

"第 9 条

——1. 提交候选人名单的声明须包含两名正式代表和两名候补代表。

——2. 第 1 款中的声明须有：a）在人口不到 500000 人的城市，应获得不少于 1000 不超过 1500 在选民登记册登记的选民的签名；b）在人口超过

500000 不足 1000,000 人的城市，应获得不少于 1750 不超过 2500 在选民登记册登记的选民的签名；c）在人口超过 1000000 人的城市，应获得不少于 3500 不超过 5000 在选民登记册登记的选民的签名。如遇参议院提前超过 120 天解散的情况，以上 a）b）c）三项中的签名数量减半。

——3. 在本届议会开始之初已经合法成立的并以议会团体形式进入两院的政党或政治组织无须签名。根据 1957 年 3 月 30 第 361 号总统令关于众议院选举的法律文件汇编第 14—2 条第 1 款规定，在本款第一句中提及的已经同至少两个政党或政治团体发表联合声明，并在欧洲议会上一届选举中获得至少一个议席，且根据 1957 年第 361 号总统令的法律文件汇编第 14 条已将自己标识备案的政党或政治团体，同样无须任何签名。在此情况下，根据 1957 年第 361 号总统令同一法律文件汇编第 17 条第 1 款规定，提名政党须由政党或政治团体的主席、书记或一位代表人签字。内务部负责通知所有选区选举办公室任命代表人还包括授予签发提交政党声明的权力。签字人的签名须由一位公证人员或者法院记录员鉴定核实。对于代表少数民族代表并且在众议院或者参议院上一届选举中获得议席的政党或政治团体也无须任何的签名。

——4. 在提交时，每份名单都包括一份按照一定顺序排列的候选人名单，候选人数不少于该选区议员议席的三分之一，不超过该选区议员议席的总人数。

——5. 按照 1957 年 3 月 30 日第 361 号总统令关于众议院选举法法律文件汇编的第 18—2、19、20、21 条规定，每个大区的候选人名单与相关的文件应提交到上诉法庭或法院的秘书处，或者交给大区选举办公室。

4. 1993 年第 533 号立法法令作如下变更：

a）第 1、2 款替换如下：

"规定的提交候选名单日期一过，或者接到全国中央办公室的决定通知后，大区选举办公室立即执行如下操作：

通过抽签的方式决定政党联盟和独立政党名单及相关政党标识的排列序号，以及政党联盟内每个政党名单和标识的排列顺序。按照上述抽签结果的前后顺序，每个政党的标识都印在选票上和宣传广告上；

通知各代表所作出的最终决定；

通过政府驻地方的办公室——省行政公署：

1）根据第 8 条印制选票，并且选票上的各政党的标识必须与在内务部备案的标识颜色一致；

2）印刷附有候选人名单、相关标识和排列序号的宣传广告，并把宣传广告寄送给选区的各个市镇的市长，由其负责在投票日之前 15 天内张贴在市政当局布告栏和其他公共场所；"

b）第 3 款修改如下：

"3．选票应质地坚硬，由内务部负责提供，应具有本法律文件汇编附件 A 和 B 表格中所规定的主要特点，并印出所有在选区按规定提交候选名单的政党的标识。选票上属于同一联盟的各政党的标识应按上下垂直顺序并保持对齐。联盟与非联盟独立政党或政治团体的顺序，以及联盟内各政党的标识的顺序，按照第 1 款 a）项所规定的抽签决定。选票上的标识按 3 厘米的直径刊印"。

5．1993 年第 533 号立法法令附件 A 和 B 的格由本法律附件 2 中的 A 和 B 表格所取代。

6．1993 年第 533 号立法法令第 14 条修改如下：

"第 14 条第 1 款，只能在票上用铅笔在所选定的一个名单的政党标识的方框内画勾以表达自己的投票。"

7．1993 年第 533 号立法法令第 16 条修改如下：

"第 16 条

——1．大区选举办公室根据 1957 年 3 月 30 日第 361 号总统令关于众议院选举的法律文件汇编第 76 条完成相应程序后：

a）统计每个名单在选区得到的票数。该名单得票总数等于拥有同一标识的政党在各个选片所获得的选票总和；另外统计每个政党联盟在选区的得票数，该总数等于组成该联盟所有名单在选区得票数的总和；

b）统计确认：

1）在大区范围内获得占有效票数至少20%，并且该联盟中至少有一位候选人获得至少3%的有效票数的政党联盟；

2）在大区范围内获得占有效票数至少8%的非联合的独立政党名单和参加政党联盟未达到1）中规定的比例但本身在在大区内获得至少8%有效票数的政党。

8. 1993年第533号立法法令第17条修改如下：

"第17条

—1. 大区选举办公室首先对符合第16条第1款b）项中的每个政党联盟或政党名单按照其各自在选区所得票数临时分配议席。为此用符合第16条第1款b）项的各个政党联盟或独立政党名单在选区获得的选票数总之和除以该选区要分配的议席数，从而得到该选区的选举商数。在求得选区的选举商数时不考虑可能产生的小数部分。然后用每个政党联盟或独立政党名单在选区的得票数除以选区的选举商数。如此得到的商的整数部分即是每个政党联盟或独立政党名单所应分得的议席数。剩下的议席分别分配给余数最大的政党联盟或政党名单，在余数相等的情况下，授予获得选区得票数最多的政党联盟或政党的名单；在后者同样相等的情况下，抽签决定。

—2. 大区选举办公室要核查在各选区获得有效票数最多的政党联盟或独立政党的名单四舍五入后是否能在相应的大区获得要分配议席的55%或以上。

—3. 如果第2款中提及的联盟或独立政党名单在大区内获得了至少55%的议席，则大区选举办公室统计确认在符合第16条第1款b）第1点的每个政党联盟内获得自己选区至少3%有效票数的政党名单。然后向参加该政党联盟的拥有议席分配资格的政党名单之间分配第1款中已定好的议席。为此政党联盟每个拥有分配议席资格的政党名单的选区得票总数之和除以按第1款确定的该政党联盟应得议席数，从而得到相应的联盟的选举商数。在求得政党联盟的选举商数时不考虑可能产生的小数部分。然后用每个参与政党联盟的拥有分配资格的政党名单的选区得票数除以该政党联盟的选举商数。所得商的整数部分代表该联盟内各政党所获得的议席数。而剩下来的议席则分别分给余数最大的政党。在余数相同的情况下，分给在选区内得票数最多的政党；在后者同样相同的情况下，则抽签决定。对于符合第16条第1款 b）第2点的每个政党的名单。按第1款中确定的原则分配议席。

——4. 如果第2款中的政党联盟或单个政党的名单没有获得到55%的议席，大区选举办公室则应在四舍五入后为获得有效票数最多的政党联盟或独立政党的名单增加一定数量的议席，使其达到该大区议席的55%。

——5. 剩下的议席分配给其他的政党联盟或独立政党的名单。因此，大区选举办公室用这些政党联盟或独立政党名单的得票总数之和除以剩下的议席数。在求得其商时不考虑可能产生的小数部分。然后用每个政党联盟或独立政党名单的得票数除以上面的商数。所得结果的整数部分即是每个政党联盟或独立政党名单的应得议席数。剩余的议席分别分配给余数最大的政党联盟或独立政党的名单。在余数相等的情况下，分配给在选区得票最多的政党联盟或独立政党的名单。

——6. 办公室根据第4、5款原则向每个政党联盟分配其应有的议席。为此，每个政党联盟名单均按照第16条第1款 b）第1点规定，用联盟中拥有分配议席资格的各政党面对在选区内的得票数之和除以该联盟的应有的议席数。在求其商数时不考虑可能产生的小数部分。然后用每个政党名单在选区的得票数除以上述商数。所得商数的整数部分即是参加联盟的每个政党的议席数。剩下的议席分别分配给余数最大的政党。如果余数相等，则分配给获得选区票数最多的政党。

——7. 大区选举办公室主席在每个政党名单有权得到的议席数限度内按照提名的顺序宣布同一政党名单内的当选候选人。

——8. 如果有政党在一个选区内被提名的候选人名额用完，却无法把原属于该政党的全部议席分给该政党，则大区选举办公室可按照递减的顺序，把这些多出来的议席分配给参加同一政治联盟的名单中未使用的商数小数部分最大的政党。如果有两个或以上的政党名单的小数部分相等，则抽签决定。"

——9. 在1993年第533号立法法令第17条之后增加如下：

"第17—2条第1款，莫利塞大区选举办公室根据第17条第1、3款分配该大区的议席。第17第2、4、5、5、6款的规定不再适用。"

——10. 1993年第533号立法法令第19条修改如下：

"第19条

——1. 无论任何缘由造成议席空缺，按照递增顺序分配给同一选区内名单里排在最前面的落选候选人。

——2. 如果该政党在一个选区内提名的候选人名额用完，却无法将剩余的空缺的议席分给该政党名单，则该议席在同一选区内按照第17条第8款规定进行分配。"

第五条

（对瓦莱·达奥斯塔和特伦蒂诺－上阿迪杰大区的特别规定）

1. 1993年12月20日第533号立法法令第七编标题修改如下：

"第七编 对瓦莱·达奥斯塔和特伦蒂诺－上阿迪杰大区的特别规定。

"第20条

——1. 瓦莱·达奥斯塔单议员选区和特伦蒂诺－上阿迪杰大区几个单议员选区的选举遵循前面各条可适用的规定和以下规则：

a）瓦莱·达奥斯塔大区的候选人资格提名须有该选区内不少于300名不超过600名选民的签字声明。如遇参议院在届满到期前超过120天提前解散的情况，候选人资格的签名数减半。候选人资格声明与相关政党的标识一起提交给奥斯塔法院秘书处办理。

b）特伦蒂诺－上阿迪杰大区团体候选人资格提名声明须有该大区所含市镇内不少于1750名不超过2500名在选民登记册登记过的选民的签名。每个团体须有不少于3名不超于该大区选片数的候选人。如遇参议院在届满到期前超过120天提前解散的情况，候选人资格的签名数减半。对于个体候选人，提名声明须有该选片不少于1000名不多于1500名在选民登记册登记过的选民的签名。团体候选人提名与个体候选人提名和相关的政党标识一起提交给特兰托上诉法院的秘书处办理。

c）这两个大区单议员选区选票的模板就是在1980年3月13日法律及其后的修正案所附带的表格F与G所规定的。

d）按照第7条规定，大区选举办公室内设立的奥斯塔法院由三位法官组成的并履行其职能。

第20—2条

—1.任何候选人不得在一个以上的单议员选区接受候选人资格，否则选举无效。

第21条第1款地方选区办公室在秘书处的协助下开展如下操作：

a）将各选举站送来的选票进行开票；

b）计算每个候选人在各选举站获得的选票之和并撰写纪要。

—2.根据所得到的结果，大区选举办公室主席宣布每个选片获得有效票数最多的当选候选人。在票数相同的情况下，年龄更高的候选人当选。

第21—2条

—1.为分配在单议员选区片有被分配掉的属于特伦蒂诺－上阿迪杰大区的议席，大区选举办公室确定每组候选人的选举系数和每组未能在第21条中当选的个体候选人的选举系数。

—2.团体候选人的选举系数就是该大区单议员各选区拥有同一标识的候选人所得票数的总和再减去第21条中已经当选的候选人的票数。个体候选人的个人的选举系数确定方式是首先用第21条中没有当选的每个候选人所获得的有效票数乘以100然后再除以该选片的有效票数。

—3.为了分配议席，大区选举办公室把逐个除以每个党团的选举系数，直至能按照从大到小的顺序从所得商数最高者中将所有议席都分配完毕。在商数相同时，议席分给选举系数较小的党团。如果一个党团的议席数超过其候选人数，则多出的议席按照商数的排序分配给其他党团。

—4.按照每个党团要分配的议席数，大区选举办公室宣布，在第21条中已当选的候选人之外，同一党团组内获得个人选票数最高的候选人当选。

第 21—3 条

—1. 无论任何原因造成的瓦莱·达奥斯塔选区或特伦蒂诺－上阿迪杰大区其中的一个选区出现参议院议席空额，参议院院长立即通知总理和内务部部长以进行相关选区的补选。

—2. 只要出现空额的日期与议会该届任期届满日期之间相距至少一年，可以由内阁做出决议，由总统颁布总统令召开群众大会。

—3. 在选举委员会声明空额之日起的 90 天内举行补选。

—4. 如果第 3 条中规定的 90 天期限是在 8 月 1 日到 9 月 15 日之间的，则政府有权延长该期限，但最多不超过 45 天；如果上述期限是在 12 月 15 日到 1 月 15 日之间的，则政府有权延长该期限，最多可达 30 天。

—5. 补选当选的参议员在宪法规定的期限或参议院提前解散时结束任职。

—6. 如果进行补选，在召开选举法令公布之后的七天内终止其个人所行使的职能的情况下，1957 年 3 月 30 日第 361 号总统令以及后来的修改案关于众议院选举的法律文件汇编第 7 条所涉的无被选举资格的规定无效。

—7. 无论任何原因造成特伦蒂诺－上阿迪杰大区的地方选区在按照比例计算后出现参议院议席空额，则大区选举办公室宣布同一党团内个人获得选票最多的候选人当选。

第六条

（对 1957 年第 361 号共和国总统令的进一步修改）

—1. 1957 年第 361 号共和国总统令第 15 条第 1 款中"前面一条"的说法替换为"第 14 条"。

—2. 1957 年第 361 号共和国总统令第 16 条第 4 款中"候选人"一词取消。

—3. 1957 年第 361 号共和国总统令第 17 条第 1 款中"在单一提名的选片的候选人"取消。

——4．1957年第361号共和国总统令第18条废除。

——5．1957年第361号共和国总统令第20条修改如下：

a）第1款中"或者在单一提名的选片的候选人"取消。

b）第2款中"或者在单一提名的选片的候选人"，"在单一提名的选片的候选人"和"在单一提名的选片的候选人应附有第18条提及的相关的接受声明"取消。

c）第3款中"在单一提名的选片的候选人，选片的市镇选举名单的注册，或者在选片只有一个市镇的情况下，该选片的投票站"取消。

d）第6款中"单一提名的选片的不止一个候选人"取消。

e）第7款中"单一提名的选片的候选人"和"或者单一提名的选片的候选人"取消。

——6．1957年第361号共和国总统令第21条第2款中"单一提名的选片的候选人"和"单一提名的选片的各个候选人"取消。

——7．1957年第361号共和国总统令第22条修改如下：

a）第1款中"单一提名的选片的候选人"取消。

b）第1款中1）项的"单一提名的选片的候选人"取消。

c）第1款中2）项的"单一提名的选片的候选人"取消。

d）第1款中3）项的"单一提名的选片的候选人"取消，并补充"并宣布包括有人数低于第18—2条第3款规定的候选人的名单无效"。

e）第1款中4）项的"宣布单一提名的选片的候选人提名无效"取消。

f）第1款中5）项的"宣布单一提名的选片的候选人提名无效"取消。

g）第1款中7）项废除。

h）第2款中"单一提名的选片的每个候选人"取消。

i）第3款中"单一提名的选片的候选人"取消。

——8．1957年第361号共和国总统令第23条第1款和2款中"单一提名的选片的候选人"取消。

—9. 1957年第361号共和国总统令第24条第1款内容修改如下：

a）1）项废除。

b）2）项修改如下：

"2）在名单的代表面前通过抽签决定政党联盟和非联合的独立党派及其各自名单标识的排列顺序，以及每个联盟内部加盟党派的名单的排列顺序。各名单的标识均按照上述抽签确定的排列顺序印制在选票和宣传广告上。"。

c）3）项中"单一提名的选片的候选人"取消。

d）4）项中"单一提名的选片的候选人提名及被接受的名单"修改为"被接受的名单"。

e）5）项中"分别"和"单一提名的选片的候选人的名字"取消，"将其转交选片市镇的市长"修改为"将其转交给选区市镇的市长"。

—10. 1957年第361号共和国总统令第25条修改如下

a）第1款中"第18条"和"单一提名的选片的候选人"取消。

b）最后一款中第1和第2句话中的"单一提名的选片的候选人"和"单一提名的选片的候选人"取消。

—11. 1957年第361号共和国总统令第26条第1款中"单一提名的选片的候选人提名中的每个候选人"取消。

—12. 1957年第361号共和国总统令第30条第1款修改如下：

a）第4）项中"3份含有单一提名的选片的候选人姓名的宣传广告"取消。

b）第6）项中"单一提名的选片的候选人"取消。

c）第8）项中"两个投票箱"修改为"一个投票箱"。

d）第9）项中"两个箱子或盒子"修改为"一个箱子或盒子"。

—13. 1957年第361号共和国总统令第40条第3款中"单一提名的选片的候选人"取消。

—14. 1957年第361号共和国总统令第41条第1款中"单一提名的选片的候选人"取消。

—15. 1957年第361号共和国总统令第42条修改如下：

a）第4款中"单一提名的选片的候选人"取消，"那些投票箱应规定在桌子上并始终看得见"修改为"投票箱应规定在桌子上并始终看得见"。

b）第7款中"，以及两份含有单一提名的选片的候选人的宣传广告"取消。

—16. 1957年第361号共和国总统令第45条第8款废除。

—17. 1957年第361号共和国总统令第48条第1款中"单一提名的选片的候选人"和"单一提名的选片的候选人"取消；"选片"修改为"选区"。

—18. 1957年第361号共和国总统令第53条第1款中"和候选人"取消。

—19. 1957年第361号共和国总统令第59条第2句话取消。

—20. 1957年第361号共和国总统令第62条中"卡片（复数）"修改为"卡片（单数）"。

—21. 1957年第361号共和国总统令第63条第1款中"一张卡片"修改为"卡片"。

—22. 1957年第361号共和国总统令第64条第2款中"投票箱和盒子（复数）"修改为"投票箱和盒子（单数）"。

—23. 1957年第361号共和国总统令第64－2条第1款中"投票箱（复数）"修改为"投票箱（单数）"。

—24. 1957年第361号共和国总统令第67条第1款修改如下：

a）第2）项的第3句话"单一提名的选片的候选人"取消。

b）第3）项的"在各自的箱子（复数）里"修改为"在箱子里（单数）"。

—25. 1957年第361号共和国总统令第68条修改如下：

a）第1款和第2款废除。

b）第3款中"完成了单一提名的选片的候选人的选举票的检票操作后"修改为"完成了第67条提及的操作后"；"为了按照比例分配议席"

和"含有按照比例分配议席的卡片"取消。

c）第7款最后一句话取消。

—26．1957年第361号共和国总统令第71条修改如下 i：

a）第1款第2）项中"单一提名的选片的候选人的投票"取消。

b）第2款中"单一提名的选片的每个候选人或单个的名单以按照比例分配议席"修改为"各个名单"。

—27．1957年第361号共和国总统令第72条修改如下：

a）第2款废除。

b）第3款中"单一提名的选片的候选人"取消。

—28．1957年第361号共和国总统令第73条第3款中"选片"修改为"选区"，"单一提名的选片的候选人"取消。

—29．1957年第361号共和国总统令第74条修改如下：

a）第1款中"单一提名的选片的候选人"取消。

b）第2款中"或候选人"取消。

—30．1957年第361号共和国总统令第75条修改如下：

a）第1款第2句中"单一提名的选片的候选人"取消。

b）第3款中"盒子，投票箱（复数）"修改为"盒子，投票箱（单数）"。

—31．1957年第361号共和国总统令第79条修改如下：

a）第3款中"选片"修改为"选区"。

b）第5款和第6款中《单一提名的选片的候选人"取消。

—32．1957年第361号共和国总统令第81条第1款中的"单一提名的选片的候选人"取消。

—33．1957年第361号共和国总统令第104条第6款中的"单一提名的选片的候选人"取消。

—34．1957年第361号共和国总统令第112条第1款中的"单一提名的选片的候选人"取消。

—35．1993年12月20日第536号立法法律"确定众议院单一提名的选片"废除。

第七条

（1994年1月5日第14号共和国总统令条例的适应）

1. 政府被授权在本法律开始实施之日起的45天内对于1994年1月5日第14号共和国总统令众议院选举事宜对1993年8月4日第277号法律实施条例做出必要的修改，以便符合本法律引进的规定。为此目的，政府可不执行1988年8月23日第400号法律第17条第1款，以及1994年1月14日第20号法律的第3条第2款的规定。

2. 如在确定的选举大会日期时政府还未能完成第1款所提事项，则执行1994年1月5日第14号共和国总统令提及的可以兼容的条例的规定。

第八条

（1993年第553号立法法令的进一步修改）

1. 1993年第553号立法法令第2条修改如下：

a）第1款第1句话"在单一提名的选片里"修改为"在大区的各选区内"。

b）第1款第2和第3句话取消。

2. 1993年第533号立法法令第2编题目中"选区的"取消。

3. 1993年第533号立法法令第6条废除。

4. 1993年第533号立法法令第3编题目修改为"候选名单的提交"。

5. 1993年第533号立法法令第10条修改如下：

a）第2款中"各个党团"修改为"各名单"。

b）第3款废除。

c）第5款中"候选的党团和个人候选名单"修改为"候选人名单"。

d）第6款中"候选的党团或候选人"修改为"名单或候选人"。

6. 1993年第533号立法法令第12条修改如下：

a）第1款中"候选的党团"直至"各个分区"修改为"候选人名单给大区选举办公室"。

b) 第 2 款中";候选人的代表"直至该款结束取消。

7. 1993 年第 533 号立法法令第 13 条修改如下：

a) 第 3 款中"代表"前面添加"名单的"，"选片的"修改为"大区选区的"。

b) 第 4 款中"单一提名的选片的候选人"取消，"参议院选片"修改为"大区的选区"。

8. 1993 年第 533 号立法法令第 15 条废除。

9. 1993 年第 533 号立法法令第 16 条被本法律第 4 条第 7 款取代，包括在第 6 和第 5 编中的也就随之废除。

10. 1993 年第 533 号立法法令第 18 条第 1 款引言如下：

"01. 在大区选举办公室主席宣布之后，向议员发出证书，并立刻通知参议院秘书处，以及省督－政府派驻大区的地方办事处，以使能通过市长告知当选人"。

11. 1993 年 12 月 20 日第 533 号立法法令第中"共和国参议院单一提名的选片的确定"废除。

第九条

（监票人的任命）

1. 1989 年 3 月 8 日第 95 号法律第 3 条第 4 款及其后来的修改中加引言如下"在每年的 1 月 15 日前"。

2. 1989 年 3 月 8 日第 95 号法律第 4 条第 1 款及其后来的修改中最后补充"在 2 月份之内"。

3. 1989 年 3 月 8 日第 95 号法律第 5 条及其后来的修改被如下内容替换：

"4. 完成了前面各款的操作后，市镇的选举委员会按照第 6 条提及的方式替换掉被消除了的人员。这样进行的任命要书面通知相关人员，请其在收到通知的 15 天内以书面表示愿意接受监票人的任命"。

4. 1989 年 3 月 8 日第 95 号法律第 6 条及其后来的修改被如下内容替换：

"第 6 条

—1. 在确定的选举日期之前 25 天到 20 天之间,市镇的选举委员会按照 1967 年 3 月 20 日第 223 号共和国总统令的法律文件汇编第 4—2 条及其后来的修改的规定,要在市镇的第一部分名单的代表面前,提前两天在市政当局的布告栏内张贴宣传广告,并进行:

a) 市镇每个选举站的监票人的任命,从监票人名册上挑选出所需人数;

b) 在前面提及的监票人名册上组成一个进一步的排序的后备名单,以替换万一 a) 项中被任命却拒绝接受任命或工作受阻的人;如果后备名单的排序无法得到选举委员会的一致赞成,则通过抽签决定;

c) 在监票人名册上的人数不足以完成 a) 和 b) 项涉及的操作时,从市镇登记的选举名单中挑选进一步的监票人。

2. 第 1 款的 a)、b)、c) 项要一致同意方任命。如果不是一致同意的任命,每个选举委员会的成员要投票选出两个人,那些得到票数最多的被宣布当选。票数相同的,年长者当选。

3. 市长或者特派员在尽快时间内,总之在选举之前不超过 15 天时,通知监票人被当选。如果遇到严重受阻者,则应在接到任命通知的 48 小时之内通知市长或特派员,使其能设法从第 1 款 b) 项提及的后备名单中找人替换被解除任命的监票人。

4. 在选举前不超过 3 天内通知相关人员有关任命"。

第十条

(在居住人口低于 15 000 人的市镇的市级选举委员会的成立)

1. 1967 年 3 月 20 日第 223 号共和国总统令关于规范选举和选举名单的管理和修改的法律文件汇编及其后来的修正案第 4—2 条修改如下:

第 4—2 条

—1. 按照本法律文件汇编的规定,选举办公室不择管理和修改选举名单。

—2. 在各市的选举办公室就是本法律文件汇编第 12、13、14 和 15 条规定的选举委员会。

—3. 在居住人口少于15000人的城市，选举委员会可以撤销选举办公室的职能并委托市政府秘书或一个政府官员负责。选举办公室的撤销和委托应该得到省督批准"。

2. 1967年3月20日第223号共和国总统令关于规范选举和选举名单的管理和修改的法律文件汇编及其后来的修正案第12条第1款中"在居住人口等于或超过15000人的市镇里"取消。第12条第2款被修改如下："委员会由市长和另外4名正式委员和4名候补委员组成，在市级议会直至50名议员的市镇，委员会由另外8名正式委员和8名候补委员组成"。

3. 在居住人口不足15000人的市镇，按照1967年3月20日第223号共和国总统令法律文件汇编第12、13、14和15条及其后来修改的规定，在本法律开始实施之日后不超过30天内组成市级选举委员会。

第十一条（开始生效）

1. 本法律在官方公报上发布的次日开始生效。

（吴菡 译）

二、关于补贴普选及全民公投费用、废除有关自愿捐助政治运动组织和政党相关规定的新规则

1999年6月3日第157号法律

公布于1999年6月4日第129号官方公报

第一条 对政治运动组织或政党承担的选举费用的补贴

1. 政治运动组织或政党因参与共和国参议院、众议院、欧洲议会和各大区议会的选举活动产生的费用应获得补贴。

2. 根据现行法律和众议院议长签署的法令，众议院内部预算承担众议院、欧洲议会和各大区议会选举所生之费用，以及本规则第一条第四款

规定的全民公投发起委员会的活动经费。根据共和国参议院议长签署的法令，共和国参议院内部预算承担共和国参议院选举所生之费用。欲获得补贴的政治运动组织或政党需要在本规则第一条第一款所列举机关的选举清单呈递期限届满后十日内根据各自的权限向众议院或者共和国参议院议长提出申请，逾期将不予补贴。

3. 作为本规则第一条第一款所列机关的延伸，由各有关选举费用的基金，支付本规则第一条第一款涉及的补贴，这些补贴在各个政治运动组织或政党之间进行分配。

4. 根据宪法第七十五条实施并经宪法法院准许的一次或多次全民公投，且全民公投中有效投票人数达到法定人数，发起委员会有权按照一个有效签名一千里拉的标准获得补贴，人数上限为满足有效公投的最少人数，每年的补贴金额不得超过五十亿里拉。根据宪法第一百三十八条实施的全民公投所需要的合理费用不得超过本款所规定的五十亿里拉。

5. 与本规则第一条第一款所列举机关有关的四个基金中每一个基金的总额与在众议院选举清单上登记的共和国公民数量乘以四千里拉所得的数额相等。关于1999年6月13日的欧洲议会中意大利代表的选举，本款规定补贴降至三千四百里拉。

6. 本规则第一条第一款和第四款规定的补贴于每年7月31日之前按年度支付，第一年的支付标准为应补贴金额的百分之四十，接下来四年，每年按应补贴金额的百分之十五支付。获得补贴不受有权政党、政治运动组织是否提供保证或一些银行担保形式的约束。如果共和国参议院或众议院提前解散，将中断支付与补贴有关的年度份额。政治运动组织或政党在共和国参议院或者众议院行使立法职能的年限内有权请求支付需要补贴的份额，即使未满一年，也应当支付基于本款合理的年度补贴数额，除非已经支付了年度补贴额的百分之四十。

7. 本法律生效后对欧洲议会和各大区议会在1999年和2000年的第一次选举，以及预定在2000年开展的全民公投的补贴应当一次付清。

8. 未履行1997年1月2日第2号法律第八条规定的职责，或者根据该法律规定的方式编制的财务报表不符合要求，众议院议长和共和国参议院议长可以要求各自权限范围内的基金暂停支付补贴直至恢复正常状态。

9. 1993年12月10日第515号法律第十条第一款中，将语词"二百里拉"替换为"八百里拉"。在同一款中，将语词"居民的"替换为"登记在选举清单上的共和国公民的"。

10. 在本法律首次实施期间和关于1999年6月13日欧洲议会选举的选举开支，第二款规定的期限从本法律生效之日起计算。

第二条 参与基金分配的条件

1. 1993年12月10日第515号法律第九条和第十六条以及1995年2月23日第43号法律第六条规定分配本法律第一条所列基金的分配条件和标准。

2. 1993年12月10日第515号法律第九条第三款首句中，将语词"至少百分之三"替换为"至少百分之一"。

第三条 推动妇女积极参与政治的经济保障

1. 每一个政党或政治运动组织将其从本规则第一条第一款和第五款规定的基金中获得补贴的至少百分之五用于采取措施推动妇女积极参与政治活动。

2. 第一款规定的政治运动组织和政党在1997年2月2日第2号法律第八条规定的内部财务报表中列出专门的项目，目的在于将实施第一款规定的措施耗费的补贴份额在账目中列明。

第四条 慷慨供给

3. 1986年12月22日共和国总统批准的第917号法律中关于综合所得税规定的第十三条附加项、第一款附加项及后续的修订中，将语词"涵盖五十万里拉至五千万里拉"替换为"涵盖十万里拉至两亿里拉"。

第五条 关于政治运动组织和政党活动纳税的规定及其便利措施

1. 在1972年10月26日共和国总统第641号法令的第三十条附加项及其后续修订中，增加下述条款：

"第一款附加项 依照宪法和法律从事的活动和法律或法规规定的政治运动组织和政党履行职责所从事的必要活动也免除政府特许税"。

2. 在1972年10月26日共和国总统第641号法令之附件B所规定的表格及其后续修订中，增加如下条款：

"第二十七条第三款 依照宪法和法律从事的活动以及法律或法规规定的政治运动组织和政党履行职责所从事的必要活动。"

3. 在1986年4月26日共和国总统第131号法令批准的关于准据文本规定的附表及其后续修订中，增加如下条款：

"第十一条第三款第一项 依照宪法和法律从事的活动和法律或法规规定的政治运动组织以及政党履行职责所从事的必要活动。"

4. 在1990年10月31日第346号立法令批准的关于准据文本规定的第三条中增加如下条款：

"第四款附加项 为政治运动组织和政党的利益实施的转让行为不课税。"

5. 根据1997年12月15日第446号法令的第六十三条第二款e项的规定，对于政治运动组织和政党开展活动而占用公共土地不超过三十天的行为适用市政收入条例中关于便利措施的规定。

6. 根据1990年6月8日第142号法律，市议会和省议会可以在其条例中规定城市和省基础设施的不奢侈使用方式，这些基础设施是政党举办游行示威和发起倡议的理想场所。城市和省条例为保证政党使用本款规定的基础设施应该在透明、多元和平等的原则下作出一般性的规定。使用这些基础设施所产生的负担由各机关的预算承担。

7. 在政治、大区、省、市镇或欧洲议会选举中有自己的选举代表的政治运动或政党有权适用本规则第五条第五款和第六款规定的便利措施。

第六条 1997年1月2日第2号法律第四条的完善和修改

1. 在1997年1月2日第2号法律第四条第一款之四之后，增加如下内容：

"第一款之五 根据第四条第一款之二享用1998财政年度税收的政治

运动组织和政党必须对已获得的补贴金额进行结算，此金额有可能高于实际所需要的金额。为此，从 2000 年开始，由国库同财政部决定在法令中规定的预算和经济计划中补贴是否超额并且批准一项金额分配方案，通过这个方案，第一款之二中规定的政治运动组织和政党以收入结算的名义返还超额补贴。超额补贴按年度分期付款的方式返还，但是还款期限不得超过十年。年付款额度不得低于超额补贴的百分之十。不享有补贴的政治运动组织和政党需要在五年内按年度分期付款的方式返还已获得的补贴，每年还款的数额以应还款总额的百分之二十为限。

第一款之六　如果根据第一款之五应当返还的补贴还清之前，一个或者多个政治运动组织或政党被解散，应返还的剩余金额可以通过 1993 年 12 月 10 日第 515 号法律第九条和第十六条规定的基金扣除。"

第七条　过渡措施

1. 1999 财政年度，国库同财政部在根据 1997 年 1 月 2 日第 2 号法律第三条第一款通过的法令规定的预算和经济计划中，基于纳税者根据 1997 年第 2 号法律第一条作出的声明决定在有权政党和政治运动组织之间进行分配的基金总额。

2. 根据第一款中提到的同一法令，在符合 1997 年第 2 号法律第二条第一款中规定条件的政党和政治运动组织之间分摊费用。基于上述分配而产生的合理金额的支付应当体现在 2000、2001 和 2002 年的财务报表中，此等金额不得超过实施本法律第九条所需要的流动资金。国库、预算部和经济计划部有权通过各自颁布法令对预算进行必要的修改。

3. 根据 1997 年纳税者根据是年第 2 号法律第四条第一款之二的结算规定发布的声明，政党或政治运动组织在 1998 财政年度内获得的超额补贴应当在根据本条第一款和第二款应属于每一政治运动组织或政党的金额中扣除。

第八条　准据文本

1. 在本法律生效后的一百二十天内，政府被授权颁布一部汇编准据文本的立法令，在该立法令中应当统一和协调涉及下列内容的法律规范：

（1）选举费用的返还和为政党、政治运动组织、候选人和选举工作人员利益的花费；

（2）第（1）项所规定主体所享有的便利措施；

（3）法律规定的监督和制裁。

2. 国务委员会在收到法令草案三十天内至少应当在第一款规定的期限届满后的六十天内协商后，内阁初步决定，立法令草案被送交两院审议决定是否接纳专业委员会在接到任务后四十五天内发表的意见；如果该期间届满后没有遭到反对，意味着专业委员会的意见被接受。

第九条 财务负担

1. 本法律实施所带来的负担，1999 年二千零八十亿里拉，2000 年一千九百八十亿里拉，自 2001 年起每年二千五百七十亿里拉，由根据 1981 年 11 月 18 日第 659 号法律、1993 年 12 月 10 日第 515 号法律、1995 年 2 月 23 日第 43 号法律和 1997 年 1 月 2 日第 2 号法律取消费用授权带来的经费承担。

第十条 废止

1. 自本法律生效之日起，下列法律失效：

（1）1997 年 1 月 2 日第 2 号法律中的第一条、第二条、第三条、第八条的第十五款、第十六款和第十七款、第九条第一款，本法律第七条规定的情形除外；

（2）1974 年 5 月 2 日第 195 号法律第一条和第二条。

第十一条 生效

本法自公布于意大利共和国官方公报的第二日开始生效。

（吴菡 译）

第二部分
主要政党内部规章制度

第一章 民主党

一、意大利民主党章程

经 2010 年 5 月 21—22 日民主党全国代表大会通过

(一) 党内民主的原则与主体

第一条　党内民主的原则

1. 民主党是由选民和党员共同组成的邦联政党,根据宪法第二条、第四十九条和第五十一条的精神建立在平等的原则之上。

2. 民主党信赖并依靠其所有的女性选民和男性选民参与党的重大决定,如政治方针、党内重要职务选举及推举主要公职的党派候选人等。

3. 民主党致力于消除阻碍女性充分参政的障碍。在党内的各级领导和执行机构中保证男性和女性数量均等,检察机关认定其资格无效的情况除外。在选举大会中坚持男性和女性候选人的地位平等,并努力达到党外公职与党内职务中男性与女性获选的数量均等。

4. 民主党努力推动年轻女性和年轻男性参政,努力推动在意大利居住并拥有居留证件的欧盟其他国家女性公民和男性公民参政,并保证所有人在各个层面的机会均等。

5. 民主党承认并尊重社会机构及劳动工作的自主性和多元化,承认并尊重私人经济运作和政治行动的区别。党的伦理准则所树立的行为规范和党内财务运作方式,都旨在避免特定利益集团在构建领导层和确立政治方针时对党形成操纵。

6. 承认并尊重文化选择和政治立场的多样性，是民主党党内民主的重要组成部分。承认无论性别、年龄、宗教信仰、性取向及种族或在其他各种人权条件下，所有党员尊严平等。

7. 民主党提出一套治理意大利国家的方案，并在承认各机构自主性的前提下，努力以协调和连贯的方式去实现该套方案。为达到该目的，在尊重多元性的同时，书记处和代表大会的选举方式均体现出鼓励各方人士积极参与并实现党的有效领导。代表大会的各级代表性机构和内部监督机构人员的选举，严格按照比例代表制的原则进行。

8. 民主党努力使得党内职务和党外公职选举透明化，积极推动换届改选。候选人及参选职务均要受到党的伦理准则和章程规范的约束。在各组织层级和各个机构领域中，除去在限制条件下的兼任和续任的情况，民主党努力使得所有职务都处于可供竞选的状态。在民主党机构中，在提名或任命提议中参选并当选的党员都应遵守同一价值准则，其能力应严格符合职务要求。

9. 民主党使用信息系统，以保证党员和选民通过电子信息手段进行政治参与、内部讨论以及为达到上述目的迅速传递必需的信息。信息系统使得选民和党员通过登录因特网能够得到信息，参与党内讨论和作出提议。通过这种方式，党的内部生活（包括预算）、会议及领导机构决议的各种信息可以被自由获取。党的领导层及当选人应通过信息系统将自己的活动和工作公之于众。

10. 民主党促进不同意见和思想的传播、政治方案的集体制订，通过共同讨论形成纲要，以及通过学习和培训达到政治领导能力的提升。

第二条 党内民主生活的基本主体

1. 对民主党的参与可以从各个层次、以不同方式进行。根据本章程，党内民主生活的主体目前分为党员和选民。

2. "男性党员/女性党员"是指，意大利男性公民和女性公民以及在意大利居住并拥有居留证件的欧盟其他国家男性公民和女性公民，签署接受民主党价值宣言、章程和伦理准则，除在选民公开登记薄上登记外，亦在党员登记薄上注册。

3. 本章程"男性选民/女性选民"是指，意大利男性公民和女性公民以及在意大利居住并拥有居留证件的欧盟其他国家男性公民和女性公民，已注册或未注册成为民主党党员，声明自己承认民主党的政治主张，支持党派选举，并接受在选民公开登记薄上登记。

4. 民主党的所有男性选民和女性选民拥有下列权利：

（1）通过参与对国家和大区各级书记和各级代表大会代表的直选，进行党派政治方针的选择；

（2）参与主要公职的党派候选人初选；

（3）自荐为候选人并履任公职；

（4）参与主题论坛；

（5）在向选民开放的民意测验中投票并参与其他形式的评议工作；

（6）有权获得党的组织生活的各方面信息；

（7）参与社团大会；

（8）如发现有违反本章程的行为，有权利也有义务向检察机关举报质询并在一定时限内获得答复。

5. 民主党党员拥有下列权利：

（1）参与大区以下的各级书记和各级代表大会代表的选举；

（2）对参与竞选的所有公职职务的候选人进行评议；

（3）在党员民意测验中投票；

（4）参与党派政治提案的形成及其实施过程；

（5）拥有固定的政治讨论场所；

（6）对党的内部生活有清晰完整的了解；

（7）自荐成为各个级别的领导成员候选人，签署全体选民直选出的候选人提议；

（8）自荐为候选人并履任公职；

（9）如发现有违反本章程的行为，可向检察机关举报质询并在一定时限内获得答复。

6. 民主党选民负有下列义务：

（1）在自己所处的社会行业中扩大民主党的影响力；

（2）支持本党派担任不同级别公职的候选人；

（3）忠于自己所在的民主党代表大会；

（4）保持自己与在签署选民公开登记册所声明的内容言行一致。

7. 民主党党员负有下列义务：

（1）积极参与党内民主生活；

（2）按期缴纳年度党费；

（3）在党派开放活动时帮助吸纳更多的选民或党员；

（4）遵守党章，违者将得到相应处罚。

8. 注册成为党员或登记成为选民可通过电子信息手段完成。参与者须年满十六岁。

9. 已在其他政治运动中注册或登记于其他政党者，以及参与不同于民主党的其他政党议事团体者，不得在民主党选民公开登记簿或者党员登记簿上注册。

在推举候选人的程序中，如果候选人自荐进入民主党的备选名单或由于各种原因未被党授权，在当年及下一年度不得在党员登记簿中注册。

（二）领导机构的职能、结构、选举方式以及政治方针的形成

第三条　书记与全国书记处

1. 全国总书记代表政党，在当选民主党的内阁总理候选人后，应在相应的政治平台上表达党的路线方针。

2. 若党的书记在任期截止前离任，代表大会应为剩余任期选举一位新书记，同时本届代表大会提前解散。如因反对代表大会或全国协调办公室通过的某项决议而辞职，代表大会应为剩余任期以三分之二多数赞成票通过选举一位新书记。在原书记提交辞呈之日起三十天后，由代表大会主席召集大会进行选举，如未有人选赢得三分之二多数赞成票，那么党的书记选举程序将重新开始。

3. 全国总书记在两届任期届满后原则上不再连任，但最后一届任期内未能同时在作为议会议员的第一个任期内担任内阁总理的情况除外。在这种情况下，全国总书记的任期可延续至根据宪法第二十二条第三款内阁总理任期延续的期限为至。

第四条　全国代表大会

1. 全国代表大会由一千人组成，由本章程第九条指明的方式选出。民主党大区书记拥有投票权，也是全国代表大会的组成部分。

2. 在任职期间，除了上述第三条第二款和本条第七款指明的职权外，全国代表大会还包括三百名大区代表，按照大区章程指明的方式在大区代表大会中由选民选出。每个大区有五个席位，莫利塞大区两个席位，瓦莱·达奥斯塔大区有一个席位。在选举商数的整数和最高余数的基础上，按照最近的众议院选举中民主党收到的选票比例就剩余席位在大区之间进行分配。全国代表大会中还有一百个席位在欧洲议会和意大利议会中的支持者中选出。一部分数额未定的全国书记处候选人也是全国代表大会的组成部分，根据章程第九条第六款这部分成员不由选民投票选出。全国总书记的候选人亦不由选票选出，并应声明放弃其他候选资格。总书记的选举根据本章程第九条第六款首先在党员间进行评议工作和预投票，如参选人取得了百分之五的有效选票即被提名为总书记候选人，通常候选人为男女各一名。全国代表大会及相关领导机构按照党的政治方针，有权组织和领导其他全国性领导机关，为大区联盟和特兰托、博尔扎诺的省份联盟自治制订基本准则。

3. 全国代表大会通过具体规章指明的方式进行动议投票、日常讨论和争议解决。具体形式为全体会议、常驻委员会会议或临时委员会会议。在必要或紧急的情况下，上述会议可通过秘书处或全国领导办公室明确规定的网络电子手段进行表决。具体规章在全国代表大会获绝对多数赞成票，方可通过。

4. 代表大会通过无记名投票选举大会主席。如果在首轮选举中没有任何一位候选人得票达到多数，则在得票前两名的候选人之间立即进行第二轮无记名投票。全国代表大会主席任期内仍担任全国代表大会代表。在大会选举的基础上，主席提名组建秘书处。

5. 代表大会一般由大会主席召集，每六个月至少举行一次。在非常规情况下，若有五分之一的大会代表提出请求，主席也将召集大会。

6. 在提出动议的情况下，代表大会可以以绝对多数赞成票提起对全国总书记的不信任案。如果不信任案通过，则应开始新一轮的代表大会和总书记的选举。

第五条 总书记及全国代表大会代表任期

1. 全国总书记任期与全国代表大会代表任期均为四年。

2. 全国代表大会主席在总书记任期截止前六个月提请大会进行选举。如遇前述第三条第二款和第四条第七款指明的代表大会提前解散的情况，由大会主席宣布在接下来的四个月中进行选举。

第六条 副书记

1. 全国总书记可以在任命宣布时，向代表大会提议选举一至两名副书记。

2. 副书记行使书记委任的职权。

第七条 全国书记处

1. 全国书记处是总书记领导下的机构，行使行政职权。

2. 全国书记处人员不超过十五人，由总书记提名，在全国协调办公室组织的专门会议上宣布任命。

3. 书记处由总书记召集会议，发布党作出的决定。

4. 书记处的其他相关任命和外部职能的行使需经过全国管理办公室的批准。

第八条 全国管理办公室

1. 全国管理办公室是全国代表大会政治方针的贯彻执行机构。根据其内部规章制度，以其成员绝对多数赞成票的投票结果和形式，通过动议投票、日常讨论和争端解决等方式行使对总书记和书记处成员的监督和质询权利。

2. 全国管理办公室由全国代表大会选举的一百二十名名成员组成,这些成员按照本章程第九条的规定,由代表大会选举后第一次会议按比例选出。另外,从党外参与全国代表大会的代表中选出四名加入到全国管理办公室。

3. 下列成员根据法律也作为全国管理办公室的成员:总书记,全国代表大会主席,副书记,司库,青年组织最高领导,民主党在意大利议会小组和欧洲议会小组主席,大区书记。

4. 在全国管理办公室选举之前,全国代表大会可以提名国家和地方级别的相关公职人选。全国总书记可以邀请二十名来自文化界、行业协会和企业界的代表加入全国管理办公室,并赋予他们投票权。

全国管理办公室可授权其内部机构开展活动。

5. 全国管理办公室由全国代表大会主席主持工作,每两个月至少召集一次会议。在总书记或者其五分之一的成员提出请求时也可以由大会主席召集会议。

第九条 通过对总书记或全国代表大会的直接选举进行政治方针的选择

1. 全国总书记和全国代表大会的选举受规章约束,此规章由全国代表大会以绝对多数赞成票批准通过。

2. 选举程序分为两个阶段。第一阶段,党的总书记和各级领导机构的候选人要接受党员们的审查并召开全国性会议。第二阶段为选举阶段。

3. 从召集选举的决议通过之日起,此前已经登记在册的党员基本信息符合相关要求者才有资格成为党的书记候选人或全国代表大会成员的候选人。

4. 选举第一阶段,全国书记的候选人必须获得即将卸任的全国代表大会十分之一的成员举荐,或者由分布在五个以上大区的一千五百名到两千名党员的举荐。

5. 规章第一条规定了社团会议、省级会议和全国会议的时间和方式。

上述会议中，各个总书记候选人提出自己的执政纲领，并在民主党所有选民面前进行公开辩论。

6. 同一规章也规定了党员对于总书记候选人的选举方式，保证在选举省级会议和全国会议代表时选票的秘密性和无记名投票的公正性。

将选出三位代表作为民主党总书记的最终候选人，他们需取得至少百分之五的全国选票或者在至少五个大区均取得百分之十五以上的选票。

7. 总书记候选人名单将和全国代表大会成员候选人名单一同公布。名单中的性别比例应保持公平。选区的席位分配应按照居住人口和最近一次众议院选举中民主党得到的选票数量进行比例分配。特兰托和博尔扎诺自治区各自构成一个选区。

除去瓦莱·达奥斯塔大区和莫利塞大区外，其余选区由不同小组构成，每个小组分配四到九个席位。每个小组可提交一个或多个候选人名单给秘书处。分配给每个小组的席位按比例在名单之间分派。没有分派完的席位在选区内部按照选举商数法分派。其余事项均由前述第一款规定，包括候选人之间的公开辩论。

8. 在投票时符合前述第二条第三款条件的选民，均可参加选举。

9. 如果全国代表大会第一次会议上某位总书记候选人获得绝对多数选票，大会主席可以当场宣布其当选；反之，则组织在得票前两名的候选人之间进行二次无记名投票，并由大会主席宣布某位候选人的较高得票数及当选全国总书记。

第十条　民主党在国外的组织形式

1. 为了保证在外国居住的意大利公民能够对当地政治、社会和文化领域进行积极参与，民主党在外国也设置了相应的机构组织。

2. 考虑到外国的选举规定，在必要时，民主党会寻求当地的政治联盟。

3. 民主党在外国的组织方式由外国选区章程规定，在符合第三章的规定的情况下，由相关代表大会绝对多数赞成票进行通过和修改。

4. 与当地政治和社会力量缔结联盟或协议需与全国协调办公室联系。

(三) 邦联结构

第十一条 大区以及特兰托省、博尔扎诺省自治章程的规定

1. 大区联盟和特兰托、博尔扎诺的省级联盟拥有各自的章程，和全国总章程保持一致，用以规范在各自辖区内的党派活动。

2. 大区联盟和特兰托、博尔扎诺的省级联盟的章程规定了任命方式，不可兼任的情况，检察委员会委员的任期以及保证区域自治的方式。

3. 大区联盟和特兰托、博尔扎诺的省级联盟的章程由相关代表大会绝对多数赞成票的形式进行通过和修改。在获得通过的三十天后章程产生效力，如果此日期前负责进行一致性审核的全国检察委员会未寄回审核后的章程，则大区联盟和特兰托、博尔扎诺的省级联盟须对章程作出相应调整。在此种情况下，如果大区联盟和特兰托、博尔扎诺的省级联盟不愿按照全国检察委员会的意见进行调整，则向全国代表大会提出申请，全国代表大会通过在六十天内进行投票并达到绝对多数赞成票的情况下进行最终决定。

4. 鉴于选区划分的特殊地域情况，通过实验性的或者固定的方式，大区联盟和特兰托、博尔扎诺的省级联盟的代表大会可以向全国代表大会提出申请，根据全国总章程的规定进行修订。

第十二条 大区级、省级及地方级机构的自治

1. 本章程确认，大区联盟和特兰托、博尔扎诺的省级联盟及地方级别的相关职能机构在处理与全国性机构的关系时其政治纲领、组织和财政的独立性，包括大区、省级和市级的政治及选举结盟。如果结盟对象不是民主党的联盟，地方的相应机构应提前向全国总书记报告，此结盟是否牵涉大区以下级别机构、大区书记或者特兰托和博尔扎诺的省级的书记。如果上级提出要重新审查结盟的意见，相关机构应做好尽可能翔实的回应审查的准备。

2. 全国机关不干预章程中规定的属于大区、自治省和地方权限的事务，只有当他们的行为违反了价值宣言和伦理准则时，全国机关才会实施干预。这种情况下，全国管理办公室有权通过绝对多数赞成票的投票结果，对大区联盟和特兰托、博尔扎诺的省级联盟及地方级别的相关职能机构作出的决议在施行十五天之内予以取消。

3. 如大区书记，特兰托和博尔扎诺的省级书记，或者相应级别的代表大会的多数代表认为某项全国级的决定违反了章程自治的精神，可以在决议通过三十天内向全国检察机关提出申请，此后三十天内检察机关将作出最终判定。

在必要的情况下，全国检察委员会可以预先终止已颁布决议的效力。

4. 大区自治和省份自治包括允许在大区联盟、特兰托和博尔扎诺的省级联盟之间签订协议，在章程规定的条件下进行。

第十三条　同盟协议

1. 在施行特殊章程的大区或自治省份，如有代表民主导向的政治选举力量，在地方性计划得以实践的条件下，民主党可以与其建立同盟协议。这项协议须由全国代表大会以绝对多数赞成票进行通过。

2. 同盟协议意指承认同盟，在民主党向意大利议会和欧洲议会提交的候选人名单内一并提出自己的候选人。对于大区和地方的选举，同盟协议意指向民主党声明放弃自己的党派候选名单，而和民主党共同提交一份候选人名单。

第十四条　社团

1. 社团是组织党员们参与党的生活的最小单位。社团的类型分为按居住地组织的地域社团、按学习和工作场所就近组织的单位社团和通过网络技术实现的在线社团，以方便人们可以不受地域空间的限制而参加社团活动。在某一地域范围或某一工作和学习单位一般只组织一个社团。如遇同时参加了一个地域社团和一个单位社团的情况，党员应指明除参与党内政治生活和领导机构选举的权利外，其余本章程涉及的党员权利具体在哪一个社团行使。

2. 参加在线社团的党员，应指明除参与党内政治生活和领导机构选举的权利外，其余本章程涉及的党员权利在哪一个地域社团或单位社团行使。

3. 选民除没有投票权外，可以参加社团的其他活动。

4. 地域社团和单位社团组织的标准由大区联盟、特兰托和博尔扎诺的省级联盟章程制定。一般来说，每个居民超过五千人的市镇应设有一个社团；每个居民超过十万人的市镇，应为每五千个居民设立一个社团。

章程应规定社团均拥有党员代表大会和书记。

5. 在线社团的构成方式、职能、下设机关及选举方式由全国管理办公室另行规定。

第十五条　大区章程不可违背的原则

1. 在本章程、价值宣言和伦理准则的框架内，大区联盟、特兰托和博尔扎诺的省级联盟的章程可以规范各自辖区内的组织结构和层次、大区和地方级别的领导机关的构成和职能。

2. 每个层次的民主党政治代表机构，都应设有相应的书记、代表大会和检察委员会。

3. 各个层级的管理机关的构成人数，均不得超过本章程第七条和第八条指出的相应国家级机关的构成人数。考虑到多元化原则，至少三分之一的省级机构领导人员应由社团书记或社团秘书处成员组成。

省级书记和代表大会的选举，社团书记和领导成员的选举，需通过党员个人无记名直接投票选出。

4. 大区书记，特兰托和博尔扎诺省级书记及相应代表大会代表的任期均为四年。

5. 大区代表大会通过的规章规定了大区选举会议的时间和组织开展形式，其中大区书记的候选人名单应在党员间展开预先的咨询评议。三名候选人应在预先的咨询评议中获得多数党员的认可，即获得百分之五的有效选票或者在本大区三分之一的省内都获得百分之十五的选票，随后在全体选民前展开公开竞选。

6. 代表大会，大区书记，特兰托和博尔扎诺省级书记以及相应领导机关成员的选举，在全国总书记和全国代表大会选举后两年，由全国协调办公室会同大区书记会议和特兰托、博尔扎诺自治省份书记订立日期，全体大区共同进行。

7. 大区书记和特兰托、博尔扎诺自治省份书记的候选人与相应代表大会成员的候选人根据政治竞争纲领组成共同名单。每个选举单位可以向秘书处提交一份或多份与各个候选人参选职务的名单。被动选举仅保留给那些在召集选举的决议通过之日，在党员登记簿上登记的个人信息符合要求的党员。主动选举适用于所有按要求在选民公开登记簿上登记并在投票时提出申请的人。

8. 如果大区书记在任期截止前离任，代表大会应为剩余任期选举一位新书记，同时本届代表大会提前解散。如书记因反对代表大会通过的某项决议而辞职，代表大会应为剩余任期按照绝对多数赞成票选举一位新书记。原书记提交辞呈三十日后，由代表大会主席召集大会进行选举，如未有人选赢得绝对多数赞成票，则大区书记选举程序将重新开始。

9. 大区代表委员会在提起动议的情况下可以通过绝对多数赞成票的方式对大区书记提出不信任案。如果不信任案通过，则大区书记和大区代表大会重新选举。

10. 大区和地方领导机构的选举规章由大区代表大会及特兰托、博尔扎诺省级代表大会通过，并应得到相应的检察委员会的支持。应注意维护代表的性别比例平衡和无记名投票的方式以外的选票的秘密性。

11. 大区章程规定在党的大区机构内选民参与的形式。

第十六条　大区书记会议和特兰托、博尔扎诺自治省份书记会议

1. 大区书记会议和特兰托、博尔扎诺自治省份书记会议是党的邦联代表机构，政治事务协调机构以及处在全国级机构与大区和自治省份机构之间的法律合作机构。其所适用的规章由其成员的绝对多数赞成票通过。

2. 本会议由其成员无记名投票选出的一位成员主持。会议由会议主席召集，与全国总书记或其委托人商议后决定议事日程。

3. 本会议就不同地区和不同层级之间的财政贡献比例进行讨论，并就大区自治领域有显著影响的政策制定进行讨论。上述讨论建议可以被相关的全国级机构通过绝对多数赞成票的决议进行否决。

4. 如本会议或会议主席认为某一机关行为没有遵守大区联盟和特兰托、博尔扎诺省级联盟章程，可以向全国级检察委员会提出申请，三十日内由检察委员会作出最终裁定。在特殊情况下可以预先终止已施行且被质疑有碍大区自治的行为。

第十七条　替代权力

1. 在需要或紧急情况下以及多次发生严重违反党章和价值准则的情况下，为保证党内民主的正常运行，经大区代表大会或自治省份代表大会百分之四十以上的代表申请，在征询全国检察委员会的意见后，全国管理办公室可以通过五分之三的多数赞成票通过，以召集会议提前选举新的代表大会或大区书记及自治份省书记。为尊重多元化原则，同时提名一个特派员主持委员管理机构。

2. 如发生多次违反本章程或严重玩忽职守的行为，在尊重多元化的前提下，可以提名组成一个集体委员会行使权力，该集体委员会存在时间不得超过六个月。

3. 在必要或紧急情况，以及多次发生严重违反党章和价值准则的情况下，在征询全国检察委员会的意见后，全国总书记可以提名一个集体性质的替代机构替代书记或书记处行使职权。在此后三十日内，全国管理办公室有权对此提名进行修正。

4. 在有明显异常、不完备和成员违规行为的因素下，党组织应当进行核实，并在必要时任命委员负责开展具体行政任务，对个别地区的党组织和团体进行名册编制。

5. 大区联盟和特兰托、博尔扎诺省级联盟的章程规定相应级别的替代权力。

(四) 公职候选人

第十八条 单一公职的初选

1. 市长，省份主席和大区主席的候选人由联盟初选选出。

2. 联盟初选的规章由所联合的政治力量通过协商达成，由相应级别和地域的民主党管理办公室绝对多数赞成票通过。这一规章应规定投票权利的行使、候选人陈述的方式和时间、评议工作的召集，规范从候选人陈述到正式选举期间的竞争行为，规定严格的投票人登记方式和投票形式。

3. 在联盟初选的情况下，民主党候选人如获得本级别代表大会百分之三十五的支持或本地域百分之二十的注册党员的支持，民主党党员则可以进一步被举荐。

4. 如未举行联盟初选但举行了党内初选，除与联盟力量协商采取其他方式外，联盟候选人应取得相应级别代表大会的五分之三多数支持。

5. 在党派初选的情况下，如获得十分之一的本级代表大会代表支持或本地域百分之三的注册党员支持，参选党员可被推举为市长、省份主席和大区主席的候选人。在党派初选的的情况下，市长、省份主席和大区主席的第一任任期即将截止时，如有本级代表大会百分之三十的代表推选或者本地区百分之十五的党员推选，该党员可以再次被推选为职务候选人。

6. 无论是联盟初选还是党派初选，市长、省份主席和大区主席的候选人均以获得相对多数支持的方式进行选举。

7. 在本条第二款提及的规章中规定的时间内，对于选举的目标职务只推举了一个候选人，则无须进行联盟或党派初选，此候选人直接成为民主党的党派候选人。

8. 如民主党参与的政治联盟赢得内阁总理的候选权，则民主党的全国总书记成为党内的唯一候选人。

9. 对于大区主席的选举、市长或大区首府所在省份的主席选举，民主党全国总书记基于贯彻党的方针路线的考虑，可以要求相应地域级别的领导机构重新审查关于政治联盟或候选人选举方式的决定。在这种情况下，相应机关应在此后七日内重新审查。

第十九条 代表制委员会的候选人选择

1. 每级代表制委员会的候选人的选举建立在广泛的民主评议基础上。对于国家议会或欧洲议会候选人的具体评议办法，按具体情况由全国管理办公室五分之三多数赞成票通过，并参考大区书记会议意见决定。

2. 为规范候选人的选举方式，本条第一款所提及的规章应注意遵循以下原则：

（1）所有党员和选民地位平等；

（2）男性和女性享有同等民主权利；

（3）尊重本章程所确认的政治多元化；

（4）多项兼任的情况下不可参选；

（5）候选人应具有社会、地域和政治的代表性；

（6）确保候选人有能力和丰富的经验，能够应对议会活动的不同领域；

（7）选举程序的公开性。

3. 在候选人名单提交截止期限后的三个月内，此规章应得到全国管理办公室的通过；在全国管理办公室提前解散的情况下，解散通知发布后三日内应得到通过。此规章应：

（1）指明负责收集候选人提议和制订选举标准的机构；

（2）规定注册党员或选民通过直接选举或代表性机构对候选人进行通过的方式；

（3）提名选举监察委员会，委员本身不参与选举，但对选举过程中的违规行为作出时效性和终决性的裁定。

（五）候选人和职务的主要原则

第二十条 伦理准则

1. 言行与民主党伦理准则不符的人不得作为选民或党员加入民主党，不得参与党内职务选举或政府公职选举。

第二十一条　不可选为候选人的情况和不可兼任的情况

1. 不可在民主党不同级别的机构中兼任书记一职。

2. （1）在担任下列公职期间不可作为民主党大区级别的书记候选人：大区及大区议会主席，大区其他机构工作人员，省份主席，省份或大区的首府所在地的市长。

（2）在担任下列公职期间不可作为民主党省级书记的候选人：国家议会或欧洲议会的议员，大区主席，大区其他机构工作人员，省份主席，省份其他机构工作人员，省份或大区的首府所在地的市长或市级机构，居民超过五万人的市的市长或市级机构。

（3）大区和省份书记的职能与本款前述（1）和（2）中提及的政府公职的职能不兼容。

（4）社团书记或公民书记的职务与市长或市级机构的职能不兼容。

3. 担任国家议会或欧洲议会议员满三个任期后，将不再能被推举为民主党的上述职务的候选人。

4. 最近三年中曾在本选区服兵役，而根据法律规定将未在服役期作为参选条件的职务，在各个级别的选举中不得作为民主党的候选人。

5. 民主党党员在政府单一公职或集体机构中的任期不得超过连续满任两次或同等的时间段。

6. 民主党党员不能同时在一个以上的代表大会或行政机构任职，由所担任的公职造成的特殊情况除外。在这种情况下，百分之七十五的主要公职补贴将上缴主要党内职务相应级别的金库。

7. 国家议会或欧洲议会的议员职务与一万五千名居民以下的市的市议员可以兼任。在兼任的情况下，市议员百分之七十五的公职补贴将上缴党内相应级别的金库。

8. 如有违反上述条款的情况（除去第二款和第四款的情况），由所担任公职级别的相应级别代表大会针对违规行为提起动议，由全国管理办公室成员以绝对多数赞成票通过。针对欧洲级别机构职务的违规行为，动议由全国管理办公室作出。

9. 违规兼任在特定情况下可以得到特许，特许的批准基于一份客观的分析报告。该报告应对违规兼任党员对工作的重要贡献、政治工作经验、工作能力和继续担任党内职务能够开展的活动进行分析。特许的情况不得超过同一届选举出的总人数中的百分之十。

10. 在大区和地方级别中不可选为候选人的情况和不可兼任的情形，除去本条第二款和第四款的规定，也应遵守大区章程和博尔扎诺、特兰托省份自治章程的另行规定。

第二十二条　当选者的义务

1. 当选者应与其他民主党成员以合法的方式通力合作，选择坚定的政治立场和纲领计划。

2. 当选者有义务向党的金库缴纳一定数额的津贴或者部分的公职津贴。根据规章第三十六条第二款的规定，欠缴或未足额缴纳费用会导致不得成为民主党对其他公职的候选人，本章程第三十九条和第四十条提及的规章里面也有相关规定。

3. 当选者有义务阶段性地向选民和党员通告自己的参政活动。

4. 如因能力不足造成参选者在技术或行政机构、机关办公室、顾问或专业人员职务提名中落选，他们应继续努力以这些岗位的标准要求自己。（若行政或技术职务、机关办公室、行政委员会成员、顾问和专业人员的提名的当选人进入自行处理权，当选者必须努力遵循这些岗位的标准和要求。）整个选举过程应保持最大限度的公开。

5. 民主党的每个小组都应通过并发布一个规章用以规范自己的活动。

（六）政治纲领的形成及参政的手段

第二十三条　主题论坛

1. 主题论坛的宗旨是：自由讨论，参与公共生活，选民与党员的培训和政治纲领形成的过程中公民的参与。论坛为民主党新政策和提议的酝酿提供有用的素材。

2. 论坛向所有男性公民和女性公民开放。参与者在自己确认的情况下可以被登记于民主党的选民登记薄。

3. 主题论坛由民主党各地区负责人和主题板块的负责人运营。一个新论坛的组建需要由十名以上公民提出申请，并由全国管理办公室以绝对多数赞成票通过。如果在一年的时间内活跃参与本论坛的人员不足一百人，则本论坛将被解散，并在下一年度内也不准重建。

4. 论坛由全国管理办公室成员以绝对多数赞成票通过的规章进行规范管理。

5. 当讨论或进行表决以通过某项论坛相关内容时，民主党各机构可以对论坛材料发表看法，按照前述第四款提及的规章所规定的方式。

6. 论坛中所有的音频和视频材料及文件免费对所有人开放，不涉及著作权问题。民主党可以自由使用这些材料进行选举计划的制订和政治立场的宣扬。

第二十四条　民主女性常务会议

1. 民主女性常务会议是在女选民和女党员之中以共同宗旨建立起来的会议。

2. 常务会议是制定性别政策，推动文化多元化，进行代际沟通，进行整治塑造，制订政治纲领，就特定主题组织宣传活动的场所。

3. 会议采取灵活自治的组织原则，具体组织形式由参与的女性以绝对多数赞成票通过的规章来规定。

第二十五条　全国委员会

1. 在全国总书记或五分之一以上全国代表大会代表提议的基础上，全国代表大会可以组织一个或多个临时委员会，在一定时间内赋予其职责对党内生活的组织和规范进行调研，或撰写政治纲领性的文件。

第二十六条　年度纲领会议

1. 民主党每年将根据全国代表大会以绝对多数赞成票通过的规章指明的方式组织年度纲领会议。

2. 在全国总书记提议的基础上，年度纲领会议的主题由全国管理办公室决定。

3. 全国总书记应在规章指明的时限内针对确定的主题提交简明的文件，以便作为在党内各个层次，以及党员和选民之间的讨论基础。

4. 大区代表大会和博尔扎诺、特兰托省份自治代表大会分别召开，就会议主题进行讨论，每个代表大会可以表决通过自己的具体解决办法。

5. 在党内讨论和大区代表大会及博尔扎诺、特兰托省份自治代表大会通过的解决办法基础上，全国代表大会在规章规定的时间内召开，就会议每个议题进行表决通过。

第二十七条　民意测验及其他形式的评议

1. 全国管理办公室以绝对多数赞成票批准通过一个专门的规章，用以规范党内民意测验开展、其他评议方式以及党员参与决策的形式，也包括通过信息系统进行参政的方式。

2. 在全国总书记提议，或全国管理办公室以绝对多数赞成票通过，或百分之三十的全国代表大会成员提出要求，或百分之五的民主党党员提出要求的情况下，可以组织一次党内民意测验。民意测验的提议中应指明：问卷具体构成，本次民意测验的评议或表决性质，是向所有选民开放还是仅向党员开放。

3. 在得到全国检察委员会合法认定的基础上，全国代表大会主席依照全国管理委员会通过的规章宣布进行民意测验。

4. 如果获得有效多数票，则交民意测验决定的提议获得通过。

5. 党内民意测验可以针对任何关于政治和民主党组织问题的主题展开。民意测验带有评议或表决的性质。如果是表决性质的民意测验，其结果带有终决性，且两年之内不应由新的民意测验就相同主题再次进行表决。

第二十八条　政治塑造

1. 民主党推动有利于领导阶层塑造的文化活动，推进民主性质的政治文化的传播。

2. 为达到这一目的，民主党同一系列研究和文化机构建立合作关系，包括研究中心、大学、基金会和文化联合会。民主党可以利用与独立的政治文化学院的合作关系（经过事前筛选确认的），保证意见的自由表达，教师和参与者的科研教学自主性，在获得高标准教学培训的同时注意节省开支。

3. 在全国总书记提议的基础上，由全国范围内对合作学校的确认由全国管理办公室决议通过，并提交文件分析此学校的资质和能够提供的教学项目。每次决议不得同时通过全国范围内三所以上的合作学校。

4. 与合作学校建立关系可能会给党的全国预算带来负担。这些花费不应超过分配给每个学校管理费的百分之三十。

5. 民主党合作的政治文化学校提供的培训向党员和非党员开放。

第二十九条　基金会，联合会和其他政治文化机构

1. 根据宪法第十八条，民主党支持结社自由和多元化，支持同基金会、联合会以及其他机构建立非营利性政治文化合作关系，无论合作机构是国际或国内性质，保证并尊重合作机构自治。

2. 民主党承认和尊重基金会、联合会以及其他机构传播知识的方式、进行科学讨论的自由以及所制定的政治立场纲领。

3. 基金会、联合会以及其他机构进行的科普、科研和出版活动均不受民主党意见的影响。

第三十条　青年组织

1. 民主党重视青年在党内生活中的重要性以及青年给党派带来的丰富活力，积极推动青年一代的政治塑造，支持青年参政以及各年龄段人群在国家机构中占有均衡比例。

2. 民主党接受在党内建立青年组织，该组织有自己的章程和管理机关。

3. 青年组织与民主党之间的关系，青年组织参与制定政策等党派活动的形式由本章程后附的公民守则规定。

（七）财务管理原则

第三十一条　司库

1. 根据本章程规定的职能，在银行业或公司中有过相似的工作经历并有着较高的声誉的党员可向全国总书记提交申请，总书记从申请人中遴选并提名，最后由全国代表大会以绝对多数赞成票的方式通过提名人选。

2. 司库每届任期四年，再次当选的情况下可以连任一次。

3. 在任期限截止前司库离任的情况下，由全国总书记提名一位新的司库接任工作，直至下一次全国代表大会召开并重新选举为止。

4. 司库对党派的行政组织和财务组织工作应充分参与和关注。

5. 司库对党内部经济、财产和金融事务负责，根据经济性原则开展工作并努力确保财政收支平衡。

6. 司库能够作为党派的法人代表，并在职能范围内有权利在所有相关文件上签字。鉴于此，司库可以使用常规的和非常规的行政手段，包括提供担保等以维护党的利益。

第三十二条　审查团

1. 全国代表大会提名一个由五名正式成员组成的审查团，并指定一名主席。同时提名两位候补成员。正式成员和候补成员均应从拥有良好声誉和股份制公司或银行从业经验的候选人中选出。

2. 审查团成员的权利和义务参见民法第两千四百零三条和两千四百零三条附加项。

3. 审查团成员每届任期四年，再次被提名的情况下可以连任一次。

第三十三条　财务

1. 民主党党员有义务通过交纳一定数额的党费来支持党的政治活动。

2. 党的财务来源由法律规定范围内的各种来源构成，包括党费、选民的自由赞助和通过宣传活动募集的自由赞助。

第三十四条　财政资源的联邦主义和资产管理的自主性

1. 本章程、大区和自治省份章程中划分的所有地域社团都享有资产管理的自主性。

每个划分的地域组织对自己的行为负法律责任，而无需为其他地域组织的行为负责任。

2. 每个地域组织内的选民赞助、民主活动收益、党费以及其他地方性的自筹经费收入均归当地组织所有。大区、省份和社团三级之间的收入划分由大区财务规章规定，并应与全国财务规章的原则相一致。

3. 如筹措经费是按照法律规定为选举活动而进行，大区和地方筹措的相关资金应迅速和完整地移交至民主党大区和自治省份的管理层。

4. 以选举经费名义移交的资金，按照大区财务管理规章确定的标准在联盟省份之间进行分配；在无此规章的情况下，按照每个省份的选举比例以转账或服务费的形式在联盟省份之间进行分配。

5. 鉴于外国选区的特殊性不适用于前述第二款，民主党将根据所在国家的选情，每年给予一定数量的经费进行政治活动。

第三十五条 预决算

1. 司库根据年度资产情况、账目收支情况和补充账目情况对账目管理出具报告，并根据相关法律对政党的专门要求作出决算。

全国管理办公室在5月31日前通过当年预算。

2. 每年10月30日前司库向司库委员会提交下一年的预算。预算将在12月31日之前由全国管理办公室通过。

3. 每年的决算由全国管理办公室审批通过后二十日内公布在民主党的网站上，根据本章程下述第三十八条规定的审计事务所出具的审计报告将一同公布。

第三十六条 财务规章

1. 财务规章由全国管理办公室以其成员的绝对多数赞成票通过。

2. 财务规章规范政党的经济活动和财务状况，确定党中央与大区和自治省份之间的财务关系，党费交纳的数额，大区和自治省份的经费报销和党的选举活动的金融支持。

第三十七条 司库委员会

1. 司库委员会由七人组成，司库负责管理和主持司库委员会。其余六名成员由全国管理办公室按照本章程第八条第二款，在尊重地域和性别机会均等的前提下，在符合本章程第三十二条第一款要求的申请人中于新一届全国代表大会产生后的第一次会议上选出。

2. 司库委员会监督司库行使职权，监督其账务管理、财务资源管理和经费分配管理。通过司库提交的预算报告和决算报告，并授权司库将报告提交全国管理办公室。

3. 司库委员会每届任期四年，再次当选的情况下可连任一次。

第三十八条 财务控制

1. 根据1958年2月24日颁布的第58号立法法令第一百六十一条，民主党聘用一家注册在特别登记薄上的审计事务所负责监督年度财务，对账目的周期性归档保管，账簿的审查管理，预决算是否与账目和成本评估相符，是否符合相关的规范等。审计事务所还应按照相关规定出具年度审计报告。审计事务所的选择由全国总书记决定。

（八）诉讼和检察委员会

第三十九条 检察委员会

1. 检察委员会的职能主要是监督党的章程和伦理准则是否正确适用，党内关系是否和谐，电子信息平台是否按照本章程第一条第九款正确服务于党员参政。这些职能通过全国检察委员会，大区检察委员会和特兰托、博尔扎诺自治省份委员会实现。

2. 根据本章程第十一条，大区和特兰托、博尔扎诺自治省份可以进一步下设省级以下的检察委员会以完成监督任务。但在相关问题上，即使省级以下的检察委员会已作出决定，仍可诉诸大区或自治省份委员会或全国委员会解决。

3. 不同级别的大区检察委员会从民主党认定的有能力和独立的选民和党员中选出。

4. 检察委员会的职务不得与民主党任何其他机构的职务重复。在任职期间，检察委员会的成员禁止向任何党内职务的竞选提交申请，禁止其签署同意第三方成为类似职务候选人的资格。在违反本条款的情况下，此监察委员会成员将被撤职，其参选的候选人资格将被取消，签字也将不能计入所要求的合法签字之内。

5. 全国检察委员会，大区检察委员会和特兰托、博尔扎诺自治省份委员会由相应级别的代表大会以限制票数的形式选出。全国检察委员会由九人构成。

6. 委员会内部选出一位主席，仅可当选一次。

7. 如确认有违反章程或者伦理准则的情况，检察委员会有权进行适当的处罚。由检察委员会提出，全国管理办公室成员以绝对多数赞成票通过的规章中规定了因违反本章程和伦理准则而应受到的处罚和通过处罚决议的方式。此规章也包含了召开不同级别的检察委员会，作出决议和宣传活动的方式。

第四十条 伦理准则的适用和透明性规范

1. 检察委员会负责监督选民、党员和民主党的各机构对党的章程、价值准则以及在章程基础上制定的各项规章的遵守和正确适用，对可能产生的对章程的理解问题给予权威解释。

2. 各级检察委员会应向全国检察委员会提交年度伦理准则适用情况报告。全国检察委员会应向全国管理办公室提交此报告以便对价值准则进行修改和补充。

3. 进入民主党候选名单的候选人，应在取得候选资格一个星期内向当地检察委员会提交一份选举收支的预算。另外，自选举之日起两个月内，候选人还应向当地检察委员会提交一份选举收支的决算。检察委员会将就费用的使用项目、支出透明度、是否超出法律规定的上限和是否符合民主党的选举规章进行检查。

4. 相应级别的检察委员会应检查除不得当选的条件外，民主党名单上的所有候选人是否符合伦理准则的要求和财务规章的要求，是否足额交纳了党费。

5. 民主党的选民、党员和行政机构的成员，如未按财务规章按时交纳党费，将被取消登记薄上的注册和民主党领导机构的职务。

6. 各级检察委员会应建立当选党员的资产状况登记薄。每名候选党员在当选后应向相应级别的检察委员会提交个人资产状况说明，并报告每年的变动情况。

7. 根据本条第一款，每个选民和党员都可以针对不遵守本章程和不遵守相关规章的情况向相应的检察委员会提出调查申请。

本章程第三十九条第七款规定了提交申请的方式，以及不接受调查申请的情况。

8. 大区联盟和特兰托、博尔扎诺自治省份联盟的检察委员会有权处理相应级别机关以及地方的选举和财务等相关问题。地方的财务问题仅当按照本章程第四十条第二款的规定，在大区联盟和特兰托、博尔扎诺自治省份联盟章程中明确规定由地方处理时由地方处理。另外，大区联盟和特兰托、博尔扎诺自治省份联盟的检察委员会在自己的地域内有权处理与代表大会选举相关的事宜，但并不排除交由全国检察委员会处理的可能性。

9. 除前述条款的情况，全国检察委员会是唯一有资质处理与全国性领导机关选举和财务问题的机构。

10. 当大区联盟和特兰托、博尔扎诺自治省份联盟的检察委员会处理的问题具有全国普遍性时，即适用的条款解释应保证全国统一时，则受理的检察委员会或相关部门可以将问题提请全国检察委员会处理。全国检察委员会作出的解释对各级检察委员会的裁定有约束效力。

第四十一条　登记薄的保管和保持登记薄的公开性

1. 由全国管理办公室以其成员的绝对多数赞成票通过的专门规章，在遵守现行规范和个人信息隐私性的基础上，对下列事项作出规定：

（1）选民名单和党员登记薄的组成、管理和公布形式；

（2）党内各级领导层，党内职务的候选人和党外公职候选人接触选民公开登记薄和党员登记薄的内容的方式；

（3）各级检察委员会对选民公开登记薄和党员登记薄的内容数据使用情况进行监督，预防和反对通过操作登记薄内容对党派活动、政治独立性和党的活动透明度造成干扰或控制。

第四十二条　章程和规章的修订

1. 本章程的修订应通过全国代表大会以绝对多数赞成票通过。

2. 全国代表大会至少百分之五十的成员签署提议的修订会提交至进一步的审查和投票。

3. 如关于章程和规章的修订未获全国代表大会三分之二多数通过，则应按照本章程第二十七条进行党内民意测验。

第四十三条　青年组织的构成

1. 青年组织由男性青年和女性青年直接构成。民主党机构和青年组织的推动者共同合作，通过专门的规章规定了青年参政和选举的条件、形式。

2. 青年组织的代表大会制订和通过自己的章程。

第四十四条　章程的贯彻

1. 在内容冲突或不一致的情况下，本章程的基本原则规范高于大区级别的章程和规章。

（六）临时性条款

第四十五条　规章

1. 全国管理办公室须在章程修改后六个月内，接受并落实新的规章要求。

第四十六条　省级和社团会议

1. 继 2010 年 5 月 21，22 日的全国代表大会召开后，省级和社团会议应最迟不晚于 2010 年 10 月 31 日前举行。为使修改后的章程更好地适用，特制定以下临时性条款。

2. 社团书记或社团管理小组其他成员的候选人名单应按照本条的实施条例在社团会议开始时提交。本条例是大区管理办公室在听取省级书记意见的基础上，以其成员绝对多数赞成票批准通过的。此条例应按照党员人数的比例指明社团管理小组的人数。

社团书记由党员代表大会选出，书记候选人与一个或多个社团管理小组候选人形成联系，这种联系应由书记候选人授权，且名单包含的管理小组候选人数量不得超过相关规定。除去不能选为候选人的情况，名单构成应注意性别比例的平衡。候选人选举时应按照名单上的排列次序进行。

联系多个候选名单的书记候选人，选举时只对其中一个名单中此党员的书记候选人资格进行选举。管理小组成员的席位分配按最大均数法分配席位。

通过管理小组绝对多数赞成票选举社团书记。如未有候选人获得绝对多数赞成票，则管理小组在得票最多的两位候选人之间以无记名投票的方式重新选举一次。

根据前述条款，实施条例规定了成为省级书记候选人和省级代表大会候选人提交申请的时间和方式。

实施条例规定省级书记候选人需要由百分之一到百分之三的党员签署举荐，并在社团会议开始前七日提交申请。

除去在单个社团提交申请的申请人下限，实施条例还应规定每省参选的人数下限，直到能够形成一个向省内各社团提交的名单为止。

实施条例规定了省级代表大会代表在各社团之间的数量分配，其中百分之五十应为党员，其余百分之五十根据民主党最近一次政治选举中在各社团所辖地域收获的选票比例进行分配。

省级管理办公室在尊重政治多元化的前提下，对同级各委员会机构进行选举，以便规范省级代表大会的运行。

省级书记由省级代表大会选出。书记候选人与一个或多个省级代表大会代表候选人名单小组形成联系，这种联系应由书记候选人授权，且名单包含的省级代表大会代表候选人数量不得超过社团报送的数量。除去不能选为候选人的情况，名单构成时应注意性别比例的平衡。候选人选举时应按照名单上的排列次序进行。

联系多个候选名单的书记候选人，选举时只对其中一个名单中此党员的书记候选资格进行选举。省级代表大会代表席位在各社团候选人名单之间的分配采取最大均数法,直至达到各社团预计的数目为止。

社团会议结束后,针对在省级基础上获得百分之五以上的候选名单进行比例再调整工作,需保证每个社团名单上选出的代表在有效选票的基础上比例相当。比例再调整工作需参考社团选出的代表之间的百分比最大正值差和获得有效选票的百分比。比例再调整得出的名单无须增添任何新的候选人,而是在所有候选名单中选出的代表间进行调整,并将在单独社团选举中除已当选的代表外得票最高的候选人补选进来。省级代表大会的代表总数将在比例再调整工作结束后确定最终人数,以确保每个名单上都有一定数量的代表为获得至少百分之五有效选票的代表。

省级书记由省级代表大会以绝对多数赞成票选出。如未有候选人获得绝对多数赞成票,则省级代表大会在得票最多的两位候选人之间以无记名投票的方式重新选举一次。

(张密 译)

二、民主党价值宣言

2008年2月16日通过

(一)民主党成立的原因

民主党的成立是意大利国家发展中伟大的转折。这种转折体现在政治、文化和道德等各个方面,标志着一股新的力量参与到国家建设中来,给国家发展道路带来了新的指引。民主党的成立带来了新的希望,使得人们重新对未来进行思索。这是一股强大的人民力量,它重视国家的政治改革和文化传统,发动人民的力量和智慧以使国家不断前行。创造一个崭新的意大利国家是民主党担负的历史使命:在全球化的背景下,不断调整国家的发展策略，在公民契约的基础上团结意大利人民，赋予他们作为伟大民族一员的荣誉感和使命感。

第二次世界大战后，当时的青年们从未像战后的时期那样如此明确地感受到对未来缺乏信心，对变幻无常的命运无力掌控。我们不能对这样巨大的疑问坐视不理；同时，努力从将要被法西斯主义窒息的社会中破茧而出，捍卫自己的劳动价值的时刻已经来临。让青年们发出自己的声音，因为正是他们提出将人们的才智和劳动价值化，要求社会的解放，这些都成为不可逆转的社会潮流。

改革发展的可能性和必要性都已显现。战后相当一部分社会机构、国家机关和经济体制已经不符合时代发展的要求，无法应对全球化带来的新挑战。争执不休和四分五裂的政治状况严重削弱了政府对于国家发展关键命题的决策能力。这种非常危险的"政治虚空"，给民粹主义和寡头政治都留出了可趁之机，也给虚弱的政府逃避法律和民主机构的监管提供了借口。

由此造成的后果即是，我们的国家丧失了发展的信心，无法激发出全部的发展潜能，无法在科研、文化和教育领域得到充分进步，无法满足年轻一代企业家大展拳脚的雄心。于是年轻人感到失望，女性的才智得不到发挥，国家的创造力日益枯竭。这一切演变成现实的风险：意大利在国际发展潮流中的退步，国内地域分化严重，即一部分地区的发展与欧洲水平持平，能够成功参与全球化的发展；另一部分地区则变得边缘化，各个阶层饱受煎熬，不得不重新与贫困作斗争。

民主党的成立就是为了证明，这一形势并非不可改变。我们的党传递出信心，使人民确信"国家的能量"是巨大的，是可以通过一系列对社会的深层改革和对领导阶层的重新塑造再次唤醒的。我们的国家有能力带领意大利人民回归到跟随世界发展的道路上来，正如过去许多个世纪我们伟大的民族以及文明所做到的那样。

民主党的成立正是为了解开这一几乎使国家发展窒息的症结：缺乏强有力的民主进行决策。原有的意识形态规范倒塌后，意大利社会迫切需要新的政治蓝图。民主党内部保留和汇集了各种优秀的传统力量，这些力量单独作为时都不能够实现这份蓝图。这些优秀的传统包括与法西斯主义斗争和争取国家自由统一等，通过这些政治历程，旧意大利完成了民主改革。然而面对今天的问题，如果我们想充分利用历史经验，就不能将过去的经验机械地堆砌在一起，而需要在历史的基础上以国际视野构建一个新意大利。

在这一艰难的过渡阶段，民主党代表着发展的力量和实现"橄榄树联盟"的计划，这一计划是在成熟的两极体制中代表中左派的计划。一个民主的改革的党派，并不应仅仅停留在精神指引或作出计划的层面，更应该积极地实践和推动政治体制的改革，使其朝着更具有竞争力的民主方向发展，这种民主基于公民和选民至高无上的权力，为政府的抉择扮演着仲裁者的角色。

民主党作为一个国家党派，一股伟大的民族力量，不断自我检视，包括自身的性质和政策。民主党不仅能够或多或少地拥有社会各个阶层的代表，对于由意大利历史的多元性和当代社会的复杂性而自发形成的公民、社会和各种机构也有着深层的依赖关系，从而以一种超越一般利益的更广阔的视角，对当下和未来的重大的问题给出适当的答案。

于是建立新的两极体制的需要产生了，这一体制建立在政府的联盟组阁上，而非之前以击败对手作为唯一目标的成分复杂的结盟。我们坚持自己的原则和价值观，为中左派的伟大政治纲领投入热情，同时尊重竞选对手，摒弃现实的和象征的暴力行为，承认政治的局限性和世俗性。

政治危机的跨越，只能籍由领导层选举方式的革新和推动产生新的领导阶层来完成。这种革新应在政治与社会间建立更直接和持续的关系，削减政治领导阶层和冗余的行政机构不合理的特权。

女性解放正在改变这个世界。女性问题一直是需要深刻反思的重点，尤其是对于女性在社会发展中扮演的角色的反思，这种反思也引发了人际关系的深刻变革。然而女性始终是家庭暴力和性暴力的受害者，我们有义务与这一切展开斗争。在意大利，女性在工作场合和社会领域越来越多地出现，代表着经济文化的显著发展，也左右着现代化进程。因此，现在是时候向女性敞开大门，不仅仅是赋予她们更多的权利，也应当在各个领域包括政治领域给予她们更多的机会。阻碍占国家人口一半的女性公民发挥她们的聪明才智，是不正确和不明智的。女性是政治变革中应当首先考虑的人群。因此民主党坚持在全国开此先例：在党的全国和大区级的议会中，女性代表比例高达百分之五十。

（二）向全球化的世界开放的政党

民主党是一个开放的政党，向意大利人民提供进行建设性对话的具体空间，提供验证他们的计划和创意的实验室。在这里，不同的政治理念和文化共同形成丰富党派的元素，并且彼此滋养成熟。总之，面对意大利、欧洲乃至全世界正在进行着的深刻变革，民主党是一股崭新的政治力量。

民主党的政治蓝图与全球化的国际背景密不可分。全球化的进程使国家、民族和文化在世界范围内的相互依存和相互联系变得更加紧密，这是一个不可逆转的趋势。人员、商品、资本、创意和资源的密集流通使得旧有的大陆、经济和金融的界限都突破了传统的制约。面对这一持久变化的发展过程，重新思考当代政治，重新定义国家权力成为必须要做的工作，20世纪曾主宰社会经济工业领域的大党派开始显得与时代脱节。现在，我们需要与行进中的历史文化进程相匹配，呼吁那些承担着共同命运的人民参与进来，面对和解决全球化中的重大问题，如气候变化和联合国等国际及多边机构的改革等。

人类的自身条件也开始变得不尽相同：根据遗传学和生物医学领域的研究结果，由技术革新带来的文化和人类行为的改变、民族和文化交流的全球化特征，使得人类本身发生了迅速的进化，不管是人类个体还是人类集体。"自然人"越来越表现出其独特性和脆弱性，因此我们应更好地看清事实，对未来的人类和自然负起责任。

另外，对于知识的掌握程度不同也使社会产生了巨大的不公。掌握知识的人和那些无法接触到知识的人之间的鸿沟恰恰包含了社会民主的巨大风险。在此背景下，民主党努力使得所有人都有公平的机会获得知识，构建一种新的人文主义：知识的民主计划，以帮助所有的公民了解科技发展的内涵以及这种发展带来的种族和人类学困境。

我们所有的目光都投向未来。在全球化的复杂背景下，出现的不仅有新的问题，还有新的机遇。全球化开启了一个新的时代，世界地理、政治和经济都为之改变。国际新势力如中国、印度和巴西的崛起，不但转移了经济发展的重心，同时其庞大的人口数量也迫使整个世界都开始考虑可持续发展的问题。这种考量将使世界迈向多数人的福祉，从而避免不可逆转的生态危机。

随着社会的发展，上百万人进入消费、需求和信息的现代网络，其中大部分是青年。他们都有着被认同的需要，因此在没有新价值观主导的情况下，这种认同感的虚空将被种族冲突、暴力和宗教战争填满。民主党致力于人权的普及，使其跨越宗教、政治和地理的界限；致力于消除给人们的生命和尊严带来威胁的暴力行为，消除阻碍经济发展的障碍，以及一切由种族、社会、政治、文化、宗教、性别和性取向带来的歧视和暴力。

建立欧洲的统一是20世纪留给我们的最伟大的政治计划，是建立新的人文主义的有利环境。尽管有过错误和挫折，欧洲人民在漫长的发展历程中仍然创造了先进的文化、理念和价值观，成为整个世界基本的发展目标：以民主高效的方式应对全球化；开放市场，同时缩小国家和地区间的经济差距；构建坚实的自由和法制环境；给可持续发展描绘出具体的前景。欧洲努力消除不同人民间的隔阂，将他们重新团结到共同的发展规则和共赢的机构周围，将旧时的对峙边界变为交流合作的新场所。在国际视野里，欧洲代表着共性中的个性。这也是民主党试图在党内实践，并期望在意大利全国推广的准则。这时刻提醒我们，意大利国家的重要作用之一是成为欧洲和地中海地区调解、会话和协作的重要枢纽。

欧洲统一的进程一直被民族主义者的自私心态重重阻碍，而民主党为建立一个政治和民主完整统一的欧洲与这些心态持续斗争着。这一建设过程将逐渐加速，欧盟的民主基础和合法性将得到加强。民主党力图在世界范围内为欧洲主义者和中左派人士建立和巩固一个改革者的广阔空间，与主要的社会主义力量、民主力量和进步人士建立良好的关系并共同为欧洲的未来行动起来。

（三）沿着宪法的轨迹：公共伦理和世俗化

民主党试图向意大利保证一种自由和强有力的民主，一种参与、包容、团结和自治的民主，同时也有能力作出决断，能够担负起维护人民共同利益的责任。民主党笃信民主是对人民的权利、女性的才智、青年的希望、老年人的经验和所有人的创造性劳动的承认和扩充。因为每个人越充分地享有自由，其权利才能越充分地得到保障。然而，民主党也清楚地知道，如果不建立一个共同认可的公共伦理，在意大利民众间滋养出高于义务的情操，新的权利领域的获得很有可能是昙花一现的。

共和国宪法在反法西斯斗争中诞生，是我们进行各种努力的基础性文件。宪法绝不仅仅是一些规则的汇编：它是意大利人民集体作出的，关于为什么以及如何共同生活在这个国度里的决定。宪法在今天的意义与过去同样重要。宪法是国家统一和社会团结最重要的因素之一，尤其是宪法在国家内部树立了共同生存的原则和调解不同意见利益冲突的原则。民主党承认宪法的精神，承认欧盟基本人权宪章和联合国人权声明，并以此作为对所有人有效的原则，不论其出生、教育、收入和其他个人条件造成的不平等。

每个人自由和权利的维护都仰赖于宪法的稳定，仰赖于确信这一稳定不是因为多数人的仁慈冲动，仰赖于宪法是合法性的源头、对所有权力都有所限制。因此，民主党致力于重建宪法的威严，捍卫其稳定性，终止对大多数人的利益造成伤害的宪法改革，但推动必要的宪法修订。宪法能够并且应该与时俱进，在伟大的欧洲民主运动经验的基础上，在人民共同参与的改革过程中，在1948年宪章原则指引下进行修订，在2006年民调中得到了民意的肯定。

要拥有一个强有力的能够作出决断的民主形式，首先，需要保证各级政府间的依法合作；其次，在作出机构的共同决定时得到必要保护；再次，是有冲突解决的规则，这些规则划定民主运作的界限，在涉及国家利益的决策时,归还国家政府相应的权威和给予必要的授权。

宪法的原则之一,即国家的世俗化,也是民主党的基本价值观。国家的世俗化保证了对每个人的尊重,保证了每个公民同样的权利和同样的义务。不管是在古代、近代还是新的历史文明时期,国家的世俗化保证了国家机关属于所有人,民主决策应以自治自由的方式作出。

世俗化意味着自由交流的公共空间:我们并不把世俗化视为一种中立,而是对多元文化倾向的尊重和价值化,对公共领域内宗教、哲学和种族信仰以及不同的意识形态的重要性的承认。来自于文化经验、精神经验和宗教经验的道德力量,以及多元价值和对话精神,都代表了民主的关键元素。

正在人类面前展开的新时代画卷提出了一系列伦理困境和新的问题。世俗性是一项重要条件,因为不同的文化和理念不但共生,而且相互倾听学习,能够产生新的视野和图景。

(四)更加自由、公正和繁荣的意大利

我们希望建设一个更加自由、公正和繁荣的意大利。指引我们的精神原则,一方面是将人民的才智和贡献价值化,一方面是推动团结平等的社会网络的构建,在这个网络中没有人会迷失或落后。我们认为应当在生产体系中进行深刻变革,鼓励创新和企业成长,在社会网络中将人们的劳动和才智价值化,这个网络也一直哺育着新企业的诞生,维护着我们伟大的手工业传统。在全球经济竞争的背景下,我们要建设一个意大利,懂得利用自身最大的优势资源,即创造性、环境和文化的质量以及社会的内聚力。我们要建设一个在社会经济层面更统一和同质化的意大利,更加现代化,力争缩小全国地区之间基础设施的差异。

为了达到这一目的,我们提出发展南部的战略计划,使意大利南部地区丰富的文化资源价值化,抓住机遇努力使其发展成为地中海和欧洲地区连接亚非的纽带。

重启国家的发展需要可持续的和高质量的经济增长,这正是近年来我们所缺失的。为了这一发展目标,我们应该动员意大利社会所拥有的一切

力量。开放市场是发展的基本要素。国家的任务不是干预经济活动,而是为市场的良好运行和公平竞争制定规则和自由化政策,创造竞争和共生的条件,以推动创新和提高质量。

我们需要一个开放的社会,这个社会以人的品质来考量人,消除社会经济障碍,奖励有贡献的人而非有特权的人。我们希望每个人根据才能和爱好实现自我的权利都能够得到保障,不因其性别、社会出身、政治立场和宗教信仰而有所不同。除去经济的衡量外,公民观念的延伸是现代社会理念成长非常重要的组成部分。公民精神和包容精神是新文明的杠杆,是个人发展的新契机,例如对接受的教育和从事的职业的选择,come nella dimensione sociale e affettiva。在这个框架下,共同生活的人们的权利和义务得到法律的承认和规范。

受人诟病的不应该仅仅是贫穷,还有机遇的不公:贫穷的孩子无法接受教育,工作人员利用职务之便谋私;青年看着所有希望之门紧闭,女性不得不在工作和哺育后代之间作出选择。改变封闭社会在起跑线上给人们设置的不公,提供给所有人平等的机会,是社会发展的两大支柱。

重新赋予生产力、才智、创造力和文化以活力并非无痛手术。这将带来与特权阶级的激烈对抗。正因如此,国家需要一支政治力量有勇气面对错综复杂的形势,这些黑幕滋生了投机和灰色收入,纵容了黑工的存在,在生产活动中制定对妇女和青年的歧视政策。所有这些造成了服务业、学校、科研、司法和公共管理的发展的落后。我们准备承担这一艰巨的任务。

工作的尊严至关重要,应该得到严格的维护并被价值化。这是我们的任务,也是将民主党员聚合在一起的政治文化传统中的一贯目标。劳动是人类创造力的展示,通过劳动人类实现了自己的能力,人类的自主和尊严也得到加强。这是社会活力中不可替代的元素,传递经验和文化不可或缺的手段。尤其是女性的劳动,对社会的进步带来具体有效的推动。刺激女性就业的政策和性别之间收入的再分配工作是经济增长和国家现代化的关键因素。

诚然，工作与工作之间的差异非常巨大；同时，创新过程加速给人们的工作生涯带来更多和更灵活的变化。生产活动的本质属性要求越来越少的劳动力投入、越来越多的知识和才学因素的加入。这不意味着商品中劳动力比例的减少会面临持续的道德风险，而是劳动力的社会角色的得以维护和价值化。劳动是民族真正的财富，也是推动企业向高质量生产发展的有力杠杆。没有国家能立足在质量不稳定的商品和布满瑕疵的废螺丝丁上。民主党非常清楚这一点，"意大利是建立在劳动基础上的民主共和国"。

当今社会是全球化和技术化的世界，劳动力与企业之间的相互依存逐渐增加。新经济中劳动力的参与是必要的因素，包括重大的社会问题中以有效的具体形式参与和在企业中以经济民主的新形式参与。增长的培训需求，生产过程中知识的增加和将劳动者拥有的知识价值化的必要性，均要求劳动者在企业中的参与。

对于应对挑战并把国家带回到正确的发展的道路上来，企业起着关键性的作用。企业需要不断创新，需要在长期远景的激励下依靠质量不断进步；需要对企业员工负责任，保证员工的劳动安全和适当的工资收入，还需要对所处的社会和自然环境负起相应的企业责任。

竞争需要在一个尊重规则的环境里展开，以使企业能够充分地行使创造性和建设性的功能，公共空间的平等性、评价工具的有效性和"结果导向文化"都应得到尊重。规则应该在任何领域都适用。只有在根据规则并建立在劳动基础上的环境里，每个人才能通过自己的劳动实现个人的能力和理想。

面对全球化挑战中国家的大部分地区表现出来的不满情绪，民主党要给出的回答其深意正在于此。北部部分地区的公民和政治意识正在觉醒，但政治经常以不够充分的公共管理和民主出现。在这种不充分民主下，社会与企业的创造力和贡献都得不到价值化。这就是所谓的北方问题：在重建理性和公民契约的必要过程里，应拿出最大的追索的勇气去提出问题，而不是急于在短时间内给出答案。这对于现在的民主党来说是全国性优先的问题：将效率和能力归还给国家和整个公共空间，使它们能够完成自己的任务。

我们的改革任务是保证有效的机会平等，在一个越来越复杂和多元的社会中实施社会解放的政策。在历史的洪流中，我们将那些伟大的运动视为将人们从性别和意识形态偏见的旧枷锁里解放出来的巨大马达。但历史遗留的，并且某种程度上加重的一个巨大问题，是不平等正在加剧，在意大利和在全世界都是如此。巨额财富被金融投机敛去，真正劳动所得却越来越少。这一趋势是不可接受的，新改革的任务就是反对和逆转它。

市场开放是积极的，但是同时应得到规范。社会不能蜕变为人际关系只存在经济交换的市场社会。

在多元化的民主开放社会中，大众传播手段应作为文化和信息传播的自由自主的手段，通过这一手段人们能够进行对社会、经济和政治生活的参与，表达个人的计划和愿景。这种发展使得信息化的伦理准则不可或缺，只有在准则规范下人们的尊严才能得到更好的保护。

（五）多元社会，为了更强大和团结的集体

社会平等不应被视为一项负担，而是文化发展、经济发展和真正民主参与之间相互协同的关键因素。福利是对所有公民生活和活动有尊严地进行的保障，尤其是对相对弱势的群体和阶级。福利不仅是一种救济的形式，还应该是社会、卫生和培训服务的集合体，是使得公共行为更有效的工具，根据辅助的原则将人在文明社会的贡献价值化。社会事业部门、非盈利性机构、合作组织、志愿者以及个人和社区的义举，应该在合适的条件下通过适当的政治经济选择与国家达成合作，保证提供必需的福利服务，保证服务的质量。

但社会福利也需要改革。社会福利的角色不应该只停留在被动地提供保险上，而是应该向那些面临风险的人提供积极的支撑，使得这些人能够面对和适应全球化带来的不断挑战。这种支持应从教育和培训阶段起始，贯穿整个劳动生涯。劳动时间和生活时间的关系应该给予较大的关注，女性和男性照料家庭和子女需要花费的时间应得到考虑。兼职工作不应受到工资歧视或职业歧视。在这种视角下，福利以一种长期投资的方式推动了男性儿童和女性儿童的公民权。老人也应该被充分考虑为积极的和有创造力的，能够继续为国家和社会作出自己的贡献。

一种正确的社会氛围是注重个人的价值、责任和自治。家庭是其组成成员的责任和义务，对家庭负责是文明社会的新要求。家庭是人所要面临的第一重社会关系，是发展个性和融入社会的最初训练场所。家庭各有其具体条件，注定成为社会政治的主角。应通过适当的公共支持手段对家庭给予帮助，特别鼓励有子女的核心家庭的发展。

一种正确的社会氛围应是鼓励融合。融合是在全球化时代进行经济、科技和文化交流的必要过程，尤其当我国面临着移民潮的时候。移民问题不应被看做是一项需要解决的政治困难，而应是对移民加以了解和管理的机会，应将这一现象的出现和国家的需求协调起来。在意大利的发展和财富积累的过程中，移民以他们的劳动和能力作出了许多贡献。融合的问题应该在平等和权利义务共享的基础上来谈，目的是在尊重意大利和欧盟宪章精神基础上建立新的公民契约。

根据辅助性原则，民主党承认和推动地方自治，并努力使其价值化，这蕴含我们共和国的宪章精神。在这一层意义上，为了建设平等的社会关系，在我国这样复杂和不同的地域情况下，民主党支持自治和联邦主义，支持有能力进行自组织并保证社会内聚力的行动。

安全和法制是基本的价值，没有这些基本价值，社会融合与民主文明生活都将是奢谈。对法制的尊重和对权利的保障是个人和集体生活不可或缺的条件，也是机构与社会之间建立正确关系的不可或缺的基础。安全和法制文化在日常生活情境中通过倾听和包容来建立积极的关系结构而完成，并向那些滋生非法行为的社会和城市环境、腐败和有组织犯罪以及所有其他意大利的全面发展的障碍宣战。

（六）教育、培训和科研

教育和培训工作应当位于我们事业的中心。学校不仅是教授文化知识的场所，也是对人进行教育的地方。在学校里，民主文化教育正在成为不可或缺的部分，教育人如何在日益文化多元的社会中与其他人和谐共处。民主党支持一个包容的公共教育系统，将教师的教育角色价值化，以保证高质量的教育得以实施。学校应该认识到自己肩负的对所有学生的教育责任，应为学生学习提供有力的保障，因为"他们有能力学习也应该学习，即使没有足够的手段"。正如宪法所要求的，将所有人的才智价值化，推动教育的发展。面对全球化的挑战，学校是促进知识民主和社会文化融合的场所。

高效灵活的培训体系向所有人提供文化和技术培训的机会，提供更新知识系统和进行终身教育的机会。经常进行知识技术的更新是必要的，这种更新也包括对社会合作方式的新的理解和应用。

大学一向被视为进行科学和文化研究的主要阵地、诞生和发展各学科文化的中心、整个国家系统中创新工作的摇篮。大学及各种科研院所应成为各种创新思想的推进器，使社会和国家范围内的各种创新力量相互交织影响。大学的各个方面，包括财政方面，都在逐渐变得更加自治。但在享有最高程度的自治的同时，大学应充分发挥所拥有的资源的价值以便使青年们获取知识，并努力使教师的职业生涯价值化。大学的自由研究负有将我们的传统文化价值化的任务，应对社会变化对知识提出的新要求。

意大利文化遗产完整地向人们讲述了西方文化的演进，并且向意大利公民展示了意大利国家文明和社会特点的重要构成元素。这些意大利自然和文化遗产的集合是我们国家不可剥夺的基础的经济资源。

意大利在知识界的严重滞后是造成我们未来发展滞后的可能的重要原因。这是对我党提出的挑战。民主党坚定地支持建立在西方重大的社会和科技成就基础上的科研自由。科研自由是当今社会非常重要的战略举措，创新的必要性和应对全球化挑战的必要性日益凸显。为了得到创造性的共享成果，科学发展要不断从自身错误中总结经验，在时间和资金上都要给予相应投入。高端科研领域的进展可以使我们国家成功地应对全球竞争。在这一领域尽管有许多困难，也得不到相应的投资，但意大利持续取得了一些成果，如在能源转换和生态平衡、提高人类寿命的长度和质量的医学新问题等方面。

科技发展还不可避免地带来了新的伦理问题，以及科技创新和能源转换给环境带来的影响，生物医药和军事科技给政治、社会和人类带来的影响等。民主党试图在解决这些问题的过程中应用世俗性和民主共享的原则，使所有科技上可实现的事物并不都是伦理上可接受的事物，也并非都有益于环境、经济和社会发展的原则，与科研自由的原则相适应。抽象的可实现性和人类具体的共同利益之间的鸿沟，在经济资源日益匮乏的今天变得更加尖锐，人们有义务对这些问题的优先性和紧迫性作出选择。

（七）和平的希望：历史远未结束

民主党力图将前述的各种价值观化为现实，将这些理念贯彻在党派的施政纲领中。这份价值宣言的目的并非将政治和文化议事日程上的所有主题重复一遍，而是为了勾勒一个新政党的形象：面对如此深重的意大利国家旧体制的危机，民主党所想肩负起的政治角色，并提出了开启新的发展历程的问题。因为我们有能力在世界中喊出我们的声音，并做到了与人类的新发展相协调。

现在政界面对的最大目标是构建一个民主体系，以限制寡头政治的发展壮大，它们曾在人类历史上对权力和资源的分配造成过巨大的扰乱。并且，寡头政治的发展会给国际政治秩序造成悲剧的动荡。因此政治体系应该被重新规划，重新被扳回到能够集体作出重大决定的道路上来。政府的虚弱无力会滋生新的冲突和军备竞赛，甚至包括核装备的竞争。坚守和平的任务正在变得无以伦比的重要。

民主党在自我坚持的文化和伦理准则的指引下，试图推动一个积极的有胆识的和平政策，遵循意大利宪法的精神，遵循联合国和欧盟宪章的原则。根据宪法第十一条的内涵，民主党将肩负起在意大利政府中的国际责任，与国际法精神保持一致，通过跨国机构合力应对国际安全、司法公正与和平问题。意大利对国际社会的积极参与，重建正确的政治秩序，是避免战争的保证。

同时，我们明白，民主党已经到达一个纯粹量变的限制阶段。建立在初级生产资料和能源浪费以及持续消费基础上的发展模式，以消耗自然资源为代价的发展模式是不可持续的。因此，当代社会生活和消费方式的转变显得尤为重要。生态平衡、气候问题、能源枯竭、饮用水和食物来源的问题已经迫在眉睫。这是政治任务，也是文化任务。环境问题需要对我们的生活方式采取紧迫的手段，进行深刻变革。但首先需要明白的是，现在的发展方式已经逼近一个危险的阈值，一旦超越这个极限，连人类自身的存在都将成为问题。当人们庆祝原子时代的到来时，我们更应该倡导在当今世界的政治、道德和科学权威前展开关于环境问题的激烈讨论。

所有的一切告诉我们，历史远未结束。我们生活的世界正在不断的演进中变得越来越复杂，各种关系交织在一起。如果这种演进真的越来越被现代人的行为所左右、被现代人所掌握的超越以往的科学技术所影响，如果政治力量不参与到这种复杂演进中来，是不合时宜的。对这种状况的认识是管理我们所生活的世界的基本条件。如果我们不肩负起这项新的历史责任，如果一支伟大的改革力量不将这项工作作为自己的重要任务之一，那么我们的人民将无力在和平与公正的基础上构建一个和平的世界。

由团结多元的共存理念引领，对民族和世界发展都是十分必要的。民主党呼吁所有人民共享我们的政治愿景和伦理规范，为了在新千年中将我们国家的未来建设得更加美好，在欧洲乐章中奏出我们民族的强音，在全球化的世界中为和平与公正而努力。

（张密 译）

三、民主党伦理准则

由成立大会批准

2008 年 2 月 16 日

（一）前言

1. 民主党人以意大利宪法为政治共同体规则的首要根据。基于对基本人权与基本自由诸宪章内容的认可，基于促进公益、维护社会正义、倡导包容性的人类共存方式的政治使命，确定本党之原则。

2. 除须守法律，民主党人有义务依照本行为准则行事。

（二）涉及单独行动与集体行动的原则

1. 民主党人主张政治自治，政治自治值得信赖且能够加强与公民的信任关系。民主党人认为政治须执行公共职能而不是隶属于某个个人。同时，民主党人认为政治应当关注社会舆情及社会需求，尊重其他的自治，不能以自我为中心，尤其要远离插手他人事务及私分政治权力。

2. 民主党人视多元化为财富，并选择民主对话作为寻求共识的方式。民主党人认可并推动政治与制度的世俗化原则。差异并非参与的障碍而是对话与成长的机遇，权利与自由高于种族主义与暴力。民主党人反对假实质平等之名的各种歧视。移民贡献了民主党身份认同的特有特征，籍此民主党展现了开放和跨文化的政治经验。

3. 民主党人确保性别平等，对于妇女的政治参与予以尊重并予以充分实现。民主党人根据妇女的工作职责与家庭责任，安排她们参与政治活动的时间与方式。民主党奉对等民主为党内行事准则，在独断及合议机构均如此，并将之作为评估已通过决议和已开展活动的要素。为此，民主党的全国机构坚持落实与性别平等及上述内容有关的规定。

4. 民主党人负责任地参与政治生活，为此，应自我反省并解释自己的行动。民主党人提升能力，深信政治行动的质量取决于对优点、已开展工作、已获取经验的承认以及领导层的更新。民主党人主张基于倾听、对话、明确表达的交流方式。民主党人致力于以理解的意愿引导对话，寻求一种切实的交流。民主党人追求决策程序的透明化，以及最具包容性的民主参与形式。

5. 民主党人取法于其正直和朴实的政治风格。民主党人与公民维持一种不受选举期限限制的正确关系。民主党人不得滥用其职权以攫取特权；拒绝寡头统治或结党营私，权力寻租或不正当压力。

（三）个人责任和政治自主

1. 民主党人尤其应：

（1）拒绝或避免担任对其家庭或共同生活者、父母或子女的个人财产带来直接影响的职务；

（2）拒绝或避免担任影响民主党人行动的政党的执行职务（省会城市、省级、大区级和国家级城市独断机构的职务，大区级和国家级政党合议执行机构的职务），如果此等职务与在以营利为目的的企业、协会、团体、基金会中的职位有利益冲突，或与有经济或金融利益的主要头衔有利益冲突；

（3）不参加对法律上的平等原则和公共机构的不偏袒原则构成威胁的承担保密义务的团体，或以互助形式行动的团体；

（4）正确地开展选举活动，慎重和适度地使用资金，以透明的方式获得资助并且制作最终的财务报表，不为个人目的使用机构的广告和通讯。此外，为了城市的环境和市容拒绝侵略性宣传方式。

2. 各级领导、各级政府成员、民主党登记簿上的当选人应：

（1）按照党章要求，向有管辖权的区域保证机关（organo di garanzia）报告已有的或可能有的导致利益冲突的个人情况，或限制党的活动或损害党的公共形象的个人情况，特别是有刑事诉讼或采取措施避免提起刑事诉讼的情形。

在欧盟、国家、大区、省和省会城市任职的民主党人还应报告：

在以营利为目的公司或团体中的所有者权益、合伙、经营或管理；

管理或追逐金融利益的团体、组织、委员会、压力团体的一分子，及其在职位重合时的可能代表人、责任人或其支持者。

（2）竭尽全力、忠诚且严格地履行职能，不兼任阻碍完成受托任务的职务，尤其避免：

增加党内独断性的职务；

担任多个短暂性的国家选举机构职务；

兼任党内独断性的职务和相同或类似地域的独断性国家职务，但担任内阁总理的除外；

（3）用于政治活动、选举运动、党内竞选的费用，无论来自个人还是来自第三人的赠与，均应以细目的形式报告。

（4）避免为个人目的使用和浪费履行职务所需要的财产和资源。此外，避免对资源的不合理使用，例如为国家或政党的办公机构购买物品和陈设品的情形。

（5）避免与国家或政党职能之开展有关的个人或其他主体给予的既非出于使用也不是礼节的馈赠或其他好处。

（6）使用通信手段传播公民的有关政治和体制问题的准确信息。

3. 各级政府成员、民主党登记簿上的当选人应：

（1）放弃或避免在以经济、金融利益为主要追求的基金会、公共企业、参与公共事务的公司任职，但是与履行职能有关的职务除外；

（2）通过信息传输工具和/或公开活动，定期报告以对应形式进行的与公民和/或选民的政治活动及国家活动；

4. 民主党人的各级政府成员应：

（1）不将职务转给自己的亲属，或为自己的亲属获得职务提供便利；除自己合作的私人办公室外，也不能将职务转给有职业关系的人；

（2）仅在实际必要时才诉诸外部的咨询意见，但应说明理由，并采用完全透明的方式；

（3）不参加反对政府及其组成委员会的公共示威活动。

5. 民主党的任一财务负责人应在各个层面确保对公共捐助和私人

捐助的透明管理。捐助的实体及其利用要公开，相关数据应向所有人开放。

（四）真诚合作和推动政党发展

民主党人应：

1. 为政党的各项活动作出个人的经济贡献，其额度与个人作为当选者的职务收入成比例；

2. 采纳并尊重参与的、透明的、说理的、尊重政治立场多元及文化多元的决策过程；

3. 促进民主党人与其拥护者间的共享信息与共同活动，避免组织内部的僵化、排外、歧视、狭隘，确保政治文化的方向有助于党内的自由对话；

4. 推动和尊重参与党内竞争时的平等规则，在经费限制和利用经济资源的方式方面亦如此；

5. 推动公共服务、公共财产、公共资源的合理、透明、平等利用；

6. 鼓励志愿服务，应有意维持党内工作和政治职务的分离关系；

7. 工作态度、作风、优点、个人能力作为甄别和评价某人是否胜任某职务和/或承担职责的主要标准，不提倡和避免鼓励异常行为；

8. 没有正当理由，不散布或利用基于职务活动或作为政党成员知道或收到的保密数据、保密信息或保密文件。

（五）阻碍获得候选人身份的情形和辞职义务

1. 在任何形式的选举——即使在党内选举——中，民主党人不得被提名为候选人，因为这些人在公布召集选举大会时由于参加黑手党、组织犯罪或侵犯个人自由和尊严，从事按规定应现场拘捕的侵权行为，从事卖淫、违反劳动安全规定造成人员死亡。针对他们：

（1）颁布可以依之作出判决的法令；

（2）作出在上诉期间依然有效的人身性的预防措施；

（3）作出刑事判决，尽管不是终局判决或者只是根据谈判作出的。

2. 在公布召集选举大会时，由于出现下述情形，民主党人在任何形式的选举——即使在党内选举——中也不得被提名为候选人：

（1）由于营私舞弊和法律规定的各种形式的腐败行为而受到刑事判罚，尽管不是终局判罚或者只是根据谈判作出的；

（2）经终审判决有罪或其行为具有较大的社会危害性；

（3）根据反黑手党的法律，已经采取非终局性的人身或财产的预防措施，或者根据上述规定已禁止、中止和终止上述措施；

3. 如果终审判决无罪，或者解除上诉期人身限制，阻碍获得候选人身份的情形就不复存在。

4. 民主党人在任何形式的选举——即使在党内选举——中也不得提名下列人士为候选人：

（1）在全国范围内从事信息服务的企业主或在其中担任董事长或常务董事的人，或者他们的配偶、父母或子女；

（2）在某地方从事信息服务的企业主或在其中担任董事长或常务董事的人，如果当地保障机关认为他经营的企业会使其获得具有特权性质的优势，那么，此人也不得被提名为候选人。

5. 如果出现上述第（五）部分第 4 条规定的情形，当选人、担任党内职务的人或者获得政治任命的人要辞去相关职务。

6. 伦理准则的贯彻落实。党章规定有权机构认定和公布违反伦理准则的情形、处置程序和要采取的处罚措施。

（张　密　译）

四、关于保障委员会的条例

2010 年 9 月 23 日经全国政治局一致通过

第一条　适用范围

根据党章第三十九、四十条，本条例规范各级保障委员会（以下称"委员会"）的职能总则，主要涉及会议的召集、进行、决定的形成和公布；对违反党章和道德规范、以及相关决议行为的处分；按照党章第四十条第七款规定向委员会提起上诉的手续和不接受上诉的情况等。

（一）保障委员会

第二条　全国保障委员会

全国保障委员会是民主党内部民主最高一级的上诉机构，党章第十一条第三款规定不变。

1. 全国保障委员会

（1）监督党章、伦理准则以及基于上述规章颁布的规定得到正确执行；监督选民、党员、民主党机关、民主党机构内的当选者及选举大会的代表是否遵守党的章程、规范及规定，监督是否尊重和实行平等民主。全国保障委员会就党章及道德规范提出意见、作出说明和解释。

（2）就全国及大区政治机构形成的决议表达意见，判断其是否合法、是否符合章程。根据章程第十七条第一款，在因屡次违反章程或重大疏漏而造成严重损失的情况下，在派遣特派员和任命特派员时必须为保证内部民主的正常运行，听取全国保障委员会的意见。

（3）核查大区章程是否符合民主党党章第十五条规定的基本原则。全国保障委员会宣布非法的章程被视为全部无效，或被宣布的部分无效。根据民主党章程第十一条第三款，相关大区代表大会可向全国代表大会提出上诉，反对全国保障委员会对大区章程作出的修改；全国代表大会在六十日内，以绝对多数票作出最终裁决。

2. 当大区书记或特兰托和博尔扎诺的省书记或相关代表大会的多数代表认为全国性的决定侵犯了（地方）章程自治时，可自该决议被批准后之日起的三十日内，向全国保障委员会提出上诉，自上诉之日起三十日内，全国委员会作出最终裁决。在必要情况下，按照民主党党章第十二条第三款的规定，全国委员会可以其五分之三委员的赞成票暂时中止决议的效力。

3. 当大区书记会议或该会议的主席认为按党章设立的一个机构没有遵守大区联盟、特兰托和博尔扎诺省联盟的自治权时，可以向全国保障委员会提出上诉，该委员会在三十日内作出最终裁决。在必要情况下，根据党章第十五条第四款，全国保障委员会可以五分之三的委员的赞成票，提前中止已形成的决议的效力。

4. 全国保障委员会为了充分行使职能，有权参与全国代表大会、全国政治局的一切会议，并有发言权。

5. 全国保障委员会的权限范围包括：

（1）一次性裁决：涉及全国机关的选举及其正常运行；许可参选全国总书记的候选人提名及相关的选举；批准全国和欧洲范围内的当选人。

（2）二审裁决：批准大区级的当选人；审查国外党支部和青年组织因违反党章和道德规范的行为和原则而提起的上诉，并做出裁决。

6. 全国保障委员会应大区联盟保障委员会或特兰托和博尔扎诺省联盟的请求，对需要在全国范围内统一执行的规定作出解释。自收到申请之日起七日内，全国保障委员会向提出申请的委员会传达自己的意见。在这种情况下，大区联盟保障委员会的决议期限顺延至全国委员会意见下达之日。

7. 大区保障委员会应向全国保障委员会提交如下文件：

（1）每年12月31日前提交一份关于道德规范实施状况的报告，一份关于民主党名单内当选者的财产登记状况的报告。自12月31日起两个月内全国保障委员会向全国政治局主席提交一份报告，如有必要，提交修改或补充道德规范的建议。

（2）自全国或欧洲范围内的候选人签字之日起十五日内，提交一份关于候选人选举收支预算表的审核报告。

（3）自选举结束后四个月内，提交一份关于每名候选人提供的选举费用开支的明细报告。

第三条　地方保障委员会

1. 按照各大区联盟章程建立起的地方各级保障委员会，为充分保障党章的贯彻实施，对于民主党机构内的党员、选民和当选者的权力与义务加以监督和干预。另外，各级保障委员会如发现党员、选民及当选者的知情权和参与权没有得到充分保障，须在三十日内妥善解决。

2. 据党章第十五条第十一款，凡涉及大区及以下领导机构的选举条例，须听取大区保障委员会的意见。

3. 大区联盟及特兰托和博尔扎诺省联盟保障委员会的职权是负责相应地区及地方机关的选举和正确运行，（但）根据党章第三十九条第二款，大区联盟或特兰托和博尔扎诺省联盟党章已对其作出规定的事项除外。另外，大区联盟及特兰托和博尔扎诺省联盟保障委员会负责各自地区选举的全国代表大会代表，保留向全国保障委员会提起一审上诉的权利。

4. 大区联盟及特兰托和博尔扎诺省联盟保障委员会对大区当选者和大区代表大会代表及大区机关内人员违反党章和伦理准则的申诉作出一审裁决，对全国代表大会代表、省市级代表大会及机关内当选者和工作人员违反党章和伦理准则的申诉作出二审裁决。

5. 地方保障委员会成员有权参与相应级别的代表大会、领导核心的一切会议，并享有话语权。

6. 地方各级委员会：

（1）按照专门的条例规定，本着预防和阻止干涉我党组织活动、保障政治自治权的原则，对党员登记簿、选民册的内容及其使用情况进行认证和监督。

（2）地方各级委员会须编写一份关于道德规范实施状况的报告，并在每年的12月15日前提交给大区保障委员会，再由后者于每年的12月31

日之前提交给全国委员会。

（3）在接受候选提名前，核查民主党名单内的所有候选人是否符合道德规范的要求、是否已签署同意提名文件，并联合财务主管核查其财务条例规定的文件材料，凡不合格者不得被提名。各级委员会自核查后的十日内，编写一份报告提交相应一级的书记及书记处。

（4）自签署文件接受候选之日后的七日内，核查所有民主党名单中的候选人是否提交了选举收支预算表，该表中是否详细分项列出了个人使用的各笔款项或者从第三方收到的用于选举活动或党内竞选等政治活动的捐款；另外，自选举之日起两个月内，核查候选人是否提交了选举收支决算表，并核查各笔款项去处是否明晰、花费是否符合民主党道德规范和法律，凡不合格者均予以开除党籍。

（5）按照本条例、选举活动自律条例以及规范选举活动的其他规定开展工作。

（6）按照民主党章程第四十条和道德规范，建立民主党名单内当选者的财产登记簿，以保证每位当选者在选举期间提交关于自己的财产状况的报告，并每年申报个人所有投资或管理的以赢利为目的的公司、机构的变动；参与保护或获得财务利益的组织结社、委员会、集团，以及可能担任的代表权或负责人的角色或对它们的支持。民主党名单内当选者还应该[根据道德规范第三条第二款第（3）项]将各笔款项的报告或从第三方收到的、用于选举活动或党内竞选等政治活动的捐款告知相应级别保障委员会。

（7）就相应的级别政治局通过的条例是否符合相应党章表达意见。根据党章第十五条第十一款以及第二十八条第四款关于全民公投条例的规定，大区及地方领导机构的选举条例必须事先获得保障委员会的同意。

（8）在立案后不超过三十日内，研究上诉案并作出裁决，保证自程序启动之日起六十日内告知上诉的最终结果。一旦该保障委员会没能在上述期限内宣布裁决结果，案件将被上一级保障委员会审理，该上级保障委员会自接手案件之日起三十日内作出裁决，并将未作出裁决的下级保障委员会的失职行为通报党内领导机关。

7. 反对地方保障委员会决定的，可以向大区联盟保障委员会提起上诉，大区联盟保障委员会作出最终裁决，向全国保障委员会提起上诉的情况不受此限。

8. 反对特兰托和博尔扎诺以及瓦莱奥斯塔省联盟的保障委员会决定的，可以向全国保障委员会提起上诉。

9. 凡委员会无法运行的，无论何种原因，由其上一级保障委员会代行相关职能，直至选举出新的委员会。相关代表大会在九十日内选举新的保障委员会，如果代表大会没有重组委员会，则由相关一级的政治局代行职权选举新的保障委员会，相关代表大会批准该选举结果的情况不受此限。

10. 如果保障委员会因多次疏忽党章和本条例授予的工作，或不恰当使用个人资料，给我党造成严重损失的，可按照党章第十七条第三款予以解散。解散的提议可以由全国保障委员会或者与之意见一致的书记提交政治局，经政治局的绝对多数票赞成后形成决议。

第四条　保障委员会的构成

1. 全国委员会由九名成员组成。

2. 大区、自治省的委员会由九名以下（包含九名）奇数成员组成。省级及以下地方委员会由七名以下（包含七名）奇数成员组成。

3. 各级保障委员会成员从正常在党员登记簿和选民册登记的党员和选民组成，他们独立行使职权。每位成员任期四年。

4. 全国保障委员会、大区联盟保障委员会及特兰托和博尔扎诺省联盟保障委员会成员由相应级别的地方代表大会以不记名限额投票的方式选举产生。

5. 保障委员会成员无论因何种原因而终止履行职能的，由代表大会以多数有效票选举新的成员。

6. 保障委员会的成员不可同时在民主党内其他任何机构任职。保障委员会禁止其成员在任职期间获得民主党内其他任何职务的候选提名，也禁止其成员为第三人谋求同一任职而签名。违反本款规定的委员会成员将终止任职，所提交的候选申请不被接受，其签名也不被统计到候选提名签名人数之中。

7. 对于省级及以下地方保障委员会的成员，适用党章第三十九条第四款以及大区联盟或特兰托和博尔扎诺省联盟章程有关职位不可兼任的规定。

8. 在民主党和大区联盟网站上，必须公布相关保障委员会的通讯地址和成员姓名。

第五条 保障委员会的主席

1. 每个保障委员会须在第一次会议上，以无记名投票的方式，以绝对多数委员的赞成票从内部选出一位主席。

2. 主席任期四年。

3. 主席召集并主持保障委员会会议。

4. 在主席缺席或受阻的情况下，主席职权由最年长的委员代为执行。

第六条 保障委员会会议和决议

1. 除非紧急情况，应通过电子邮件或短信方式至少提前两日发出会议通知。会议通知应指明日期、时间、开会地点以及会议议题。

2. 委员会秘书须记录整理专门的委员会会议纪要。保障委员会的材料通常是保密的，这些材料可以通过该委员会的专门决议予以公布。

3. 保障委员会多数成员出席的会议才是有效的。成员通过电话或视频参与会议的，被视为出席会议。

4. 通常情况下，到会成员的多数赞成的决议有效。两种意见票数相同的情况下，主席的投票优先，若主席缺席，其代职者投票亦优先。

5. 决议须经所有参与决定的成员共同签署同意，并在规定的期限内在委员会所在地备案。应将备案一事即刻通知申诉人设为申诉人或其法定代表人。保障委员会作出的决议可以电子邮件或传真方式通知相关当事人和民主党相关地区的负责人。

（二）纪律规章和规范

第七条　总则

1. 每一位党员都有保护和维护自己名誉的权利。任何党员不得因行使党章赋予的权利所采取的立场而被予以纪律处置，但每个党员都有遵守党章和尊重其他党员权利的义务。

2. 每一位在党员登记簿登记的党员或在选民册登记的选民都可以向相关保障委员会提起上诉，起诉违反本章程、道德规范、党章规定的权利、领导核心批准的条例以及道德规范第二条第四款（8）项和第五款（9）项规定的行为。

3. 应该在提出审理申请和做出被告事实之日起七日内通知被起诉的党员或选民。须以书面通知书的形式，通过有回执的挂号信、传真或电子邮件进行通知。被起诉的党员或选民在审理的每一个阶段都有按照下述条文为自己的行为澄清和辩护的权利。一旦受到纪律处罚，被诉人有权向上一级保障机构上诉，直至向全国保障委员会上诉，该委员会作出最终裁决。

4. 被起诉的党员或选民首先由当地保障委员会进行初审，然后可由大区联盟保障委员会进行终审。

5. 在上诉时，原裁决的执行暂停，直到终诉结束为止。受理起诉的委员会可以在掌握被诉人明显违纪事实的条件下，对被诉人立即采取停止党内活动或停止任职的预防措施。

第八条　通知、投诉和上诉

1. 投诉书须以书面的形式提交，内容尽可能详尽，须准确指出（被诉人）违反了哪些规定，否则将不予受理。在认为有利于证实投诉内容时，可另附上证明的材料。文件须经投诉人签名，或经其专门授权的代理人签名，在第二种情况下须提供签名人授权文件的复印件。

2. 投诉书必须送达相关保障委员会所在地或办公地址，也可通过传真或电子邮件方式提交，否则不予受理。一旦起诉的行为或违纪行为可归答于具体的自然人，则投诉人在向保障委员会寄送投诉书的同时，须向被诉人寄送一份投诉书的复印件。

3. 自收到投诉书之日起三十日内，保障委员会须进行适当的核实、立案和听证。保障委员会必须保证自程序启动之日起六十日内作出对投诉案的处理结果。在相关预审过程中，当委员会认为审核的案例具有全国性的重要意义时，可以将此投诉案提交全国保障委员会，该委员会自收到投诉书之日起三十日内作出最终裁决。

4. 一旦大区书记、特兰托和博尔扎诺省书记或相关代表大会大多数代表认为，全国一级的决定侵犯了（地方）党章的自治权，则上述人员可以向全国保障委员会提出上述，如有必要，全国保障委员会可以提前中止该决定的效力。

5. 自相关保障委员会二审裁决宣布之日起六个月内，不得再次提交对同一内容的投诉书。

第九条　启动审理

1. 对违反党章和道德规范规定、未履行其规定义务的党员或选民，将由个人或党的专门机构对其提出启动审理的投诉请求。该申请应提交给提交者所属的支部，再由该支部提交给相关大区章程规定的保障委员会。对于网络支部的党员，申请应提交给省保障委员会。

2. 受理启动审理程序的投诉申请的相关地方保障委员会须在七日内按前述第八条规定的方式通知党员或选民。委员会对案件进行审理，要听取当事人和投诉人的申诉。若投诉申请属于没有根据或诽谤，则宣布免除该被诉党员一切责任并向投诉人发出谴责信。反之，自审查开始之日起三十日内作出决议并立即通知当事人、投诉人以及该当事人所属相关地方领导机构。

3. 在特别紧急和严重的情况下，尤其是党员因严重刑事犯罪或可能导致开除公职、限制人身自由的罪行而被起诉的，省联盟保障委员会应立即采取暂停其党内活动的措施，并同时通知当事人。该党员有权在一个月内向上一级委员会提交抗诉和辩护材料，上一级委员会在十五日内完成核查并作出决议。在审理被推迟期间，继续对当事人实施暂时停职的措施。

4. 委员会按规定协调投诉方与当事人的会面日期和时间并进行听证。拒绝听证或缺席听证的一方应提交相应的、含有委员会所有成员签名的证明文件。若当事人第二次缺席，则取消听证。

5. 为核实是否存在违纪行为，委员会启动预审，可以采取一切适当的办法，保证自程序启动或接到投诉之日起三十日内，作出适当的裁决。

6. 案件经过听证和审查后，委员会召开内部会议，作出说明原因的决定：宣布被告无责，或依本条例的规定采取纪律处分。

第十条　司法诉讼

1. 被刑事起诉的党员自被限制人身自由之日起将被暂时党内停职，除非有特别重大原因阻止该停职措施的实施。该暂时停职由相关一级保障委员会作出决定。

2. 被刑事审理的党员可以自行中止党内活动，但应通知相关的领导机构和保障机构，上述机构可以接受或拒绝该决定。接受该决定则取代保障机构做出的暂时党内停职的决定。

3. 被刑事起诉的党员，即使在未被限制人身自由的情况下，也可被暂时党内停职。这种预防性停职可由任何级别的领导机构提议，并由相关地方保障委员会决定。当事人可以对预防性停职措施提出抗诉。

4. 因触犯刑法而被最终判处刑罚的党员，将按照伦理准则第五条第二款被开除党籍（从党员登记簿中除名）并五年内不得再入党。五年后，相关一级保障委员会负责确定其再次入党的方式。

5. 若作出无罪裁决，则该党员立即恢复所有权利。相关保障委员会与当事人协商后，可广为告知其无罪的事实。

第十一条　从党员登记簿和选民册除名

1. 根据党章第二条第九款，禁止向以下人员发放党员证：属于其他政治党派或在其他政治党派登记注册的人，参加非民主党集会、选举大会的人。一旦相关地方保障委员会发现向有上述情况的人员发放党员证、在党员登记簿或选民册上进行登记，经核查并征得当事人理解后，在十五日内将其从党员注册簿或选民册中除名。因特别重要事项而推迟审理的，委员会可立即采取预防性暂时停职措施，停止其党内活动。相关地方保障委员会根据问题的严重程度确定必要的暂时停职的时间，一般不超过两年，之后便可再次申请党员证、恢复党员身份。

2. 据党章第二条第九款，在候选人选拔期间被选为非民主党名单候选人的，或未经民主党相关地方机构授权的党员将被除名，并且禁止其当年及下一年在党员登记簿注册。收到该党员所在地地方领导机构通知后，相关保障委员会立即实施除名措施。允许对上述决议提出抗诉，但除名措施继续施行。该措施可根据相关保障委员会说明理由的裁决予以撤销。

3. 在下述情况下，拒绝发放党员证：

被证实参加非民主党运动和结社的；

参加非法或暴力活动的；

或者出现与民主党道德规范不相容的因素的；

或者根据1982年1月25日法令关于秘密结社的规定，即"部分或完全隐瞒成员或成员相互隐瞒的，直接从事干预宪法机构、公共管理机构和公共经济机构及与国家利益相关的重要公共服务部门职能运行活动的"。

在上述条款规定的时间内，按上述条款规定的方式，可向省联盟保障委员会就拒发党员证的行为提起抗诉。

4. 一旦相关地方保障委员会得知党员属于前述第三款提及的社团，则该党员应提供该社团的章程、证明其透明的文件材料以及不干预公共管理的保证。在保障委员会推迟审理期间，暂停该党员一切党内活动。委员会在六十日内完成审核以决定其是否可以再次准入的决定。

5. 未经民主党批准加入非民主党候选名单的，参加非民主党选举大会和理事会的民主党选民将被从选民册中除名。

第十二条 不得兼任、不可当选、无候选资格

1. 各级保障委员会成员，在担任党章第三十九条第四款规定的职务期间，不享有党内任何其他职务的候选资格。另外，也不得为他人的候选申请签字，否则将被委员会开除职务并且该候选申请和签字均无效。

2. 选举保障委员会成员在担任党章第十九条第三款规定的职务期间，不得被提名为代表大会的候选人。

3. 据党章第二十一条规定，任何党员不得同时参加如秘书处等党内执行机构。

4. 一旦党员兼任党章第二十一条规定的职务，应在十五日内作出选择，否则将同时解除这两个职务。

5. 一旦保障委员会发现党员兼任党章第十九条四款规定的多个职务而不具备当选资格，为避免选举无效和重新召开代表大会，委员会须要求当事人以及领导机构排除不可当选的因素。

6. 一旦党员兼任党章第二十一条第一、二两款规定的职务，必须在参与竞选之前辞去该职务。相关地方保障委员会一旦发现党员兼任党章不允许的多个职务，必须请相关领导机构在三十日内排除阻碍党章施行的障碍，否则将撤销该党员的党内职务。

7. 近三年内在选区担任法律对候选资格有条件规定职务的人，不得在民主党任何级别被提名候选。相关上一级保障委员会应自其提交申请之日起四十八小时内做出宣布，否则其候选资格无效。

8. 按照道德规范第五条第一款，在选举大会召开日期公布之日有以下情形的人不得被提名候选：

被法律处罚的；在被告期间未被撤销限制人身自由措施的；因涉黑、有组织犯罪、破坏人身自由、侮辱个人人格，因犯有必须当场逮捕的罪行、嫖娼、未遵守劳动安全法而过失杀人被判刑或候审的。

若上述措施取消或最终宣布无罪，则重获选举资格。

9. 按照党章第四十条第四款，保障委员会审核发现未签署道德规范和财政条例的候选人将被取消候选资格。委员会在四十八小时内通知相关地方机构。

10. 按照党章第二十二条第二款，未按党章第三十六条第二款规定缴纳或缴清捐款的党员不享有民主党任何职位的候选资格。委员会应指出上述行为并在十日内请其参加听证会、调整自己的立场（即补交捐款）。若

（当选人）拒绝或缺席上述听证会，则委员会取消其候选资格并通知领导机构。

11. 按照党章第四十条第五款，基于财务处或相关领导机构的指示和预审，未按财务条例缴纳款项的民主党党员、当选人或执行机构成员将被从民主党党员登记簿和领导机构中除名。一旦相关保障委员会经听证确认其立即调整态度的意向，该党员可被重新纳入党员登记簿，但不可再重返领导机构。

12. 关于无候选资格和被从党员登记簿除名的决议，须在民主党网站和报纸上发布。

13. 按照党章第四十条第六款，未在财产登记簿上登记、未向相关保障委员会提交其财产状况及变化报告的当选人将被从民主党候选名单中除名。

14. 多次拒绝履行党章第四十条第六款规定的，将被取消候选资格。

第十三条 纪律处分

1. 根据党员行为给民主党带来的损失不同，分别对其给予纪律处分：

（1）由相关地方保障委员会给予其书面批评[①]；

（2）听取相关保障委员会意见后，由相关地方执行机构免去其在党内机构的职务；

（3）由相关地方保障委员会暂停其党内活动一个月到两年；

（4）从选民册和党员登记簿中将其除名。

2. 前述第一款第三项暂停党内活动系指撤销个人职务。暂停职务期限结束后，如果需要重新选举或任命该职务，可以在听取相关保障委员会的意见后，由授予该职务的机构决定。此外，暂停党内活动同时暂停参加选区机构。暂停职务期结束后，只要没有受到特殊处分，则该党员完全有权利恢复党内活动，重新加入其曾经当选的选区机构。在暂停职务期结束后，不得以停职处分为理由拒绝给予其党员证。

---

① 经全国保障委员会一致建议，由全国政治局于 2012 年 3 月 26 日修改。

3. 严重损害我党形象的党员或选民将被从选民册或党员登记簿中除名。

4. 对于损害我党形象、诬告或诽谤其他党员或选民的党员和选民，将根据本条第一款进行纪律处置。

5. 按照伦理准则第二条第五款，当选者一经证实有滥用职权、专权独断或拉帮结派行为的，将被撤销党内职务。

6. 无论何种选举的候选提名都依据党章及道德规范（第六条第一款）的规定。

7. 提名违反道德规范第五条第一、二款的党员为候选人的机构，将由其上一级机构取消该决定。

8. 违反道德规范的各级当选者必须辞去党内机关职务。若当事人未提交辞呈，则相关地方保障委员会或地方执行/领导机构，经快速审理，在当事人未提出辞职之日起四十八小时内撤销该违反道德规范者的党内职务。

第十四条　违反财务条例

1. 未按规定交纳党费的党员，经两次书面批评仍未按要求补交的，将被取消党员身份，并从党员登记簿中除名。

2. 党章第二十二条所指条件下的各级当选者，经财务主管或者相关组长通报，相关地方保障委员会将发出批评信告知当选者已违反民主党全国财务条例，并同时告知其所在地方机构。

3. 应财务主管要求，保障委员会可以通过在民主党网站上发布批评信，处分未实施本条例规定的领导集团。情节极其严重的，从中央财政应拨款中扣除相当于该当选者未交纳的金额。

4. 自决定之日起十日内，若无按下述第五款规定的方式提出的异议或上诉，将执行处分。但采取措施的保障委员会可以依据特别重大的动因，请求上级保障机构采取立即暂停党内活动的预防性措施。

5. 反对有关地方保障委员会采取措施的当事人或被执行措施的机构可以向大区联盟保障委员会提起上诉。在起诉期间，执行前面各条款规定的程序以保证委员会的运行。

第十五条 最终规定

1. 本条例的规定优先于民主党地方机构通过的其他条例。

2. 本条例自 2010 年 9 月 24 日起生效，也适用于正在审理中的投诉案，包括未作出最终裁决的、未开始审理或未结束立案的。

第十六条 过渡性规定

遵照党章及其原则，但在必要的情况下，经全国保障委员会成员一致同意，可以临时修改本条例以保障其顺利实施，但事后须经全国政治局批准。

（阮玉凤 译）

五、民主党全国财务条例

2008 年 7 月 18 日公布

参照党章第 37 条

党的财务条例的目的是规范经济和资产的购买方式和管理，以及相关花费和使用的方式，按照管理节省的原则执行，以保证财政和资产的持续收支平衡。

财务条例为财务官员行使职权的依据，目的是确保政党组织的正常运转，以及政党资源、资产的合理配置，保证财务预算实现收支平衡。

为此，财务条例确定了一种建立在遵守同样的预先约束基础上的审批制开支程序，对开支中心进行了详细组织，并定期进行核查。

行政和财务部门应遵守有关经济资产以及财政预算的共同体财务规则和惯例。

第一条 适用范围

按照党章第二章第三十七条第二款的规定，在尊重自治省份章程的基础上，此条例对党的经济、财务和资产活动进行规范，并确定同大区联盟与特兰托和博尔扎诺自治省份的经济、财务和资产关系。

第二条　财务主管，地方分支的财务条例及其与全国财务主管的关系

1. 每个地方分部选举出一个地方财务主管，作为该地区法定财务代表。

2. 大区章程规定该大区所采用的财务条例，并明确授予财务主管的权力。大区的财务条例必须符合全国财务条例和党章的基本原则。

3. 全国财务与地方机构财务关系的确定，执行全国党章的第三十七条的规定，对上述财务条例在各个地方财务条例得到批准或修改后的三十日内，全国财务主管验证其是否符合全国财务条例和民主党章程的基本原则。

第三条　自筹资金的原则

1. 在地方机构的财务条例的范围内，按照第二条第三款的规定，每个地方机构应该遵照党章第三十五条地方资产、财政和管理自主的原则，通过征收党费或其他自筹资金的方式维持自己的收入。

2. 为了与前款相同的目的，各地方机构的财务条例应确定党的不同机构之间的收入分配。按照下述第四条第一款第二项的规定，大区一级可分配的党费额度最高为百分之十。

第四条　收入

1. 民主党的收入由以下各项组成：

（1）党费；

（2）来自筹资活动的捐助；

（3）按照党章第三十四条规定，民主党名候选单上的当选人以及在党内机构任职的党员的追加党费；

（4）党组织的表演或庆祝活动的收入；

（5）有关对政治资助的现行法律所规定的收入；

（6）遗产，遗赠或其他的捐助。

第五条 党费

所有党员均有通过交纳党费从财政上支持政党活动的义务。全国政治局每年应财务主管的要求，听取大区书记会议意见，确定党费金额。该党费金额应被理解为最低额度。党费收入应由各个地方分部按照第三条的规定收取。

第六条 捐助

每个地方机构均可按照大区和自治省份的财务条例规定的标准和方式为实现具体的项目和自筹资金活动而接受捐助。

第七条 获选人员的捐款

1. 按照道德规范，属于民主党议会党团的国家议会成员必须按照财务主管和议会党团主席达成的协议所确定的金额交纳追加的党费。

2. 按照道德规范，属于欧洲议会党团的欧洲议会成员必须按照全国财务主管与民主党欧洲议会参议院代表达成的协议所确定的金额交纳追加的党费。

3. 按照伦理准则，属于民主党党团的大区议会和地方机构的当选人，必须按照地方财务条例中规定的方式，向相应级别的党组织每月交纳追加党费。

4. 在议会机构和/或议会党团内任职的当选人员，必须按照全国财务主管和每个议会党团主席达成的协议所确定的金额交纳追加党费。

第八条 表演、庆祝和其他的活动

1. 党的每个地方组织均可发起组织旨在筹措资金的展览、表演和娱乐活动。这些活动事先应与其他相关的地方组织共同协商组织，并与之商定对于所获得的收入的分配标准。

2. 全国财务主管委员会决定组织国家级别庆祝活动和其他活动的剩余资金交给国家协调委员会的百分比。

3. 党的地方机构可以使用党的标识，但党的全国法定代表反对的情况除外。

第九条　开支的方式

1. 党的开支按照财务条例的原则、规定和方式执行，同时应遵守共同体的规则和管理。

2. 根据党章第三十六条，全国财务主管制定政党的财务预算，并按照该预算，临时下拨每个开支中心有关经费。开支中心是党进行资源分配的组织单位，由全国财务主管确定。

3. 在每个开支中心的负责人提交该地方党的相关活动的开支预算之后，进行经费的下拨。

4. 开支经费的下拨由财务主管提出建议，财务主管委员会批准，并对开支中心形成约束力，使之必须按照党的活动计划开展活动。

5. 在开支中心的经费下拨得到批准后，就每笔开支的使用向财务主管提出提议，并经过财务主管批准之后，才能加以使用。

6. 每个季度的活动计划中应载明已开展的活动和开支，由国家财务主管对活动计划进行审计，并审核财政的收支平衡。

7. 还应由全国财务主管委员会按照总的预算计划进行上述审核。

8. 在本条例生效六十日内，全国财务主管制定含有批准计入党的预算的活动所需开支标准的须知。

9. 为了记账的准确性，在经济—资产的财务记账中，所有的开支均需具有符合所适用的税收规范的财务单据凭证（订单、合同、发票，账单等）。

第十条　大区财务主管会议

1. 大区财务主管会议成立的目的是尊重相互的自主性，协调党的行政和财务活动。

2. 财务主管会议有全国财务主管和（大区及特兰托和博尔扎诺自治省）地方财务主管组成。

3. 财务主管会议由全国财务主管召集，每年至少应召开四次会议，以说明全国财务主管的方针。

4. 在至少有五个地方财务主管提出了召集会议的请求，并明确会议需要讨论的议题的情况下，全国财务主管须应该请求召开会议。

5. 大区财务主管会议由大区财务主管主持召集，其任职期为一年。

第十一条　与银行和邮局的合同及资金的流动

1. 所有与银行和邮局所签署的合同均只可使用印有党名的专用纸张，并为党的利益而签署。

2. 由全国财务主管和地方财务主管所获得的收入和进行的支出均应通过银行转账和不可转让或流通的银行支票进行，同时遵守各个政党公布的财务条例、反洗黑钱法规和其他法律规定。

第十二条　行政和财务管理组织

1. 应遵照民法典中对股份公司规定的经济—资产财务管理的原则，使用复式簿记的方法，并符合相关的公共体规则和惯例。根据党章第三十六条规定和针对各个政党的专门法律规范，每年制定党的活动的财务预算。

2. 财务主管制定财务管理计划，通过该计划进行账目管理，该计划首先要获得财务主管委员会的批准，再（作为参照）向党的所有地区机构提出，以确保党在全国范围内管理的一致性。

3. 财务预算以及收支平衡管理的季度性修订都应遵守财务会计的规则，按照本条例第三条规定的开支方式进行核算。

4. 在政党制定年度预算时，需制定一份预算与决算结果的对照一览表，以核对党的财政状况与经济账目和资产的一致性。

第十三条　财政预算和决算

1. 从全国财务主管处领取了资助的地方机构，应在财务决算获得批准的十五日之内向全国财务主管提交该决算。

2. 财务主管应按照党章第三十六条规定，财务记账的原则、规则和基本方法制定财政预算，同时也要遵守共同体的相关法规和惯例。

3. 每年年底，在党批准决算前的一个月，财务主管与年度决算一起，制作第二条第四款提及的年度预算与决算结果的对照一览表，并提交财务主管委员会批准。

4. 在通过年度决算后，财务主管对当年的预算进行审核。

5. 为了符合第十二条第四款的规定，党的地方机构的财务条例中规定，年度预算的制定应符合各个政党的预算制定标准。

第十四条　工作报告

党和地方机构的工作报告由专门的人事条例加以规范。

第十五条　机会均等

按照1999年6月3日第157号法律的第三条规定，选举活动收入的百分之五用于促进女性积极参与政治的活动。另外，所有的各级当选人，如党章第五条第七款规定，都可要求他们将按照该本条例第七条的规定交纳的追加党费金额的百分之五用以从事此类活动。

第十六条　可适用的规则

本条例未作出规定的，适用党章和法律中的规定，特别是关于政党的公共融资和反洗钱的规定，采取共同的财务程序运行措施。

第十七条　生效

本条例自2008年7月15日起生效。

（孔倩倩　译）

六、竞选条例

（民主党大会2009年9月23日公布，5708号文件）

第一条　适用范围

按照民主党机构选举规则第十四条第三款的规定，2009年6月26日民主党全国领导机构批准，以及根据伦理准则第三条第四款确立的原则，本条例调整与民主党大区和全国机构的大会及初选有关的竞选活动，本条例也调整捐赠及候选人出资的费用限制及透明性问题。

第二条 民主党机构组织的宣传

1. 民主党大区联合会（Unioni）、省联合会、省级以下机构及团体组织的公开活动，可通过电子通讯网络及不被本条例禁止的其他工具宣传推广。

2. 如果活动中有书记职务的候选人参与，则必须邀请所有候选人共同参与，有一个人参加，就要全邀请每一位竞选人并将他们放在平等的位置。

3. 本条规定的公众活动和内部的宣传工具不能包含投票支持某些候选人或某位候选人的暗示。下述第三条对某些候选人或某位候选人举办拉票活动规定的限制不适用于本条规定的公开活动。

第三条 候选人竞选活动的一般规定

1. 每位候选人可以开展自己的大会竞选活动，但要诚信对待其他候选人，避免伤害后者尊严和民主党形象的举动，支持建立在倾听、对话、清晰表达和"理解意愿"基础上的沟通。

第四条 成本控制与许可的宣传方式

1. 候选人或者候选人团队（liste）的大会竞选活动应当符合朴素的要求。为了抑制相关的成本开支，在任何情况下都不允许候选人或候选人团队付费宣传或者在通讯工具上进行个人宣传，这些工具包括电视、信息通讯工具、报纸、杂志或者其他印刷和信息机构。

2. 允许通过大区或地方的媒体或海报公布和宣传辩论公告、圆桌会议、报告或其他候选人的讲话。

3. 允许在公共张贴的地方直接张贴宣传候选人、其团队及其活动的广告，只要其张贴的空间及张贴的方式符合现行法规的规定。

4. 通过网站、其他电子通讯工具或者印刷品的免费选举宣传，只要不违反相关规定。

第五条 费用的限制和报告

1. 每位候选人大会竞选的费用：

——全国书记的候选人不得超多二十五万欧元；

——大区联合会书记的候选人不得超过五万欧元；

——特兰托或博尔扎诺省书记候选人不得超过两万欧元；

——国家大会、大区大会及特兰托和博尔扎诺议大会的参会候选人不得超过五千欧元。

2. 大会竞选活动的费用包括：

——为了宣传制作、购买或租赁的材料和工具；

——a 项规定的材料和工具的分配和发放；

——在公共场所或者向公众开放的场所举办宣传活动，也包括具有社会性、文化性和体育性的活动；

——人员参与费用和竞选活动固有的支出及服务费用。

3. 与选举场所有关的费用、差旅费用、通讯费、邮寄费用等，按照统一(fortetaria)的标准计算，为可允许的经证实的支出总额的百分之三十。

4. 直接与候选人有关的选举宣传费用，外部赞助费用，按照第一款的限额规定，都应记入单个候选人费用。这些费用必须在规定的财务报表中量化列明，为了实施监督，相关的单据必须由当事人或他的代理人保存至少到 2009 年 10 月 25 日初选之后的三个月。

5. 在 2009 年 11 月 30 日之前，全国书记的候选人要亲自或者通过委托人向全国的担保委员会递交自其接受候选人资格时起至 2009 年 10 月 25 期间有关接受赠款和服务、承担的费用和工作的报告。大区书记候选人及特兰托和博尔扎诺省书记候选人必须向有对应权限的担保委员会（议事会）呈交相似的声明。有对应权限的担保委员会（议事会）根据他们收到的特殊请求，可以要求全国大会成员的候选人或/和大区会议成员的候选人提交他们的报告。

6. 上述报告必须载明向全国书记候选人捐助数额超过五千欧元的自然人和法人的名字和名称。如果为大区级书记候选人的捐助，此等限制降至三千欧元，如果为特兰托或博尔扎诺省级书记候选人的捐助，此等限制降至一千欧元。此外，银行的往来账户清单需要附在财务细目之后。

7. 担保委员会（议事会）监管相应的报告，并应在 2009 年 12 月 31 日之前起草一份报告提交给相应的大会。

第六条　通知、处罚根据与处罚措施

1. 任一民主党人可按属地原则向担保委员会（议事会）通知某候选人对本条例的违反并向保障委员会（议事会）递交处罚根据。与全国书记候选人的竞选活动有关的告知应当提交给全国担保委员会。民主党人提交的通知和处罚根据应当尽可能详细，对证明其内容和辨认行为人有帮助的所有书证材料都应附上。

2. 一旦收到通知，担保委员会（议事会）可以邀请相关人员——即使是非正式途径——进一步了解信息，但必须在收到通知之日起的五日内发表实质性的意见。如果通知在 2009 年 10 月 25 日之前的最后七日内收到，做出决定的期限缩短为四十八小时。

3. 一旦出现违反本条例的情况，担保委员会（议事会）可以对当事人采取必要的措施以制止错误行为和恢复候选人和/或候选人团体之间的平等关系，如果可能，向受害方采取补救措施。在之前发布的规定中，担保委员会（议事会）还规定了采取同样措施的期限，如果没有采取措施，委员会可以剥夺违反规定的候选人或候选人团体的资格；如果已经当选，宣告选举无效。

4. 如果担保委员会（议事会）剥夺大区级书记候选人、自治省的书记候选人或大会成员候选人的资格，或者宣布上述选举无效，利害关系人可以向全国担保委员会上诉，其作出的裁决是终局裁决。

5. 至少一半的成员出席担保委员会（议事会）的会议，该会议才有效。作出的决定必须获得出席会议的多数支持才有效。如果没有分出胜负，委员会主席的票胜出；如果主席缺席，可以任命委员会副主席履行主席职务，或者委员会中年龄最长者履行主席职务。

6. 如果在会议上审查根据本条提交的通知，必须撰写会议纪要，其中简要汇报审查的要素和作出裁定的动机。

7. 作出的裁定应该告知利害关系人，并且可以向公众公布裁定。

（张　密　译）

七、民主党全国书记和代表大会的选举条例

（2009 年 6 月 26 日公布）

民主党政治局于 2009 年 6 月 26 日开会，按照现行党章批准了下列关于全国书记和代表大会及大区书记大区代表大会的选举条例程序的条例

（一）全国和省级代表大会以及支部会议的召集与进行

第一条　进行选举的召集

1. 民主党全国第一次代表大会于 2009 年 10 月 11 日召开。

2. 省级代表大会在 10 月 4 日之前召开；大区代表大会于 10 月 10 日之前召开。①

3. 按照党章规定，在提交书记候选人及其有关政治路线和计划的基础上召开全国代表大会。

4. 书记和全国代表大会代表的选举，以及大区书记和大区代表大会代表的选举日期确定为 10 月 25 日。

第二条　全国委员会和省委会

1. 全国领导核心以四分之三多数票选举出十一人组成全国委员会，然后再每位候选人选择一名代表加入。全国保障委员会的主席或其代表作为永久应邀人参加委员会。委员会的第一次会议在其内部选举出一名协调人。

2. 委员会在开展其工作和作出其决定时力求遵循的原则是得到最广泛的认同。

3. 省级政治局在 7 月 22 日之内以四分之三的多数票选举出一个省委会，该委员会由十一人组成，然后每位候选人选择一名代表加入。保障委员会主席或其代表作为永久应邀人参加委员会。委员会的第一次会议在其

---

① 第 1、2 条指的代表大会是成立大会，而第 4 条指的应是正式的代表大会。——译者注

内部选举出一名协调人。

4. 在 7 月 22 日之前有一个或若干省未进行委员会选举的情况下，全国委员会在 7 月 30 日前进行任命。

第三条　全国书记候选人的提交

1. 在 7 月 23 日 20 点前将书记候选名单及其政治路线—计划交给全国委员会。

2. 所有的候选人名单应有至少百分之十的即将到期卸任的全国代表大会成员签署，或者由不少于五个大区的一千五百到二千名党员签署，他们应当分别隶属于欧洲议会的五个选区。

3. 全国委员会负责公布提交上来的政治路线—计划，并保证它们都具有同样的尊严和充分的平等权利。

4. 在省级代表大会和支部会议上，候选名单提交的顺序将作为介绍候选人及其政治路线—计划的顺序。

第四条　支部会议的开会方式

1. 地方会议在 9 月 30 日之前召开。

2. 在 2009 年 7 月 21 日所有正常登记入党的党员在支部会议上均有发言权和表决权（按地域和行业划分），可在领导和保障机构内当选，可被委托参加上级代表大会。

3. 正常在线登记的地方党员有权按照党章第十四条第二款规定参加其登记时注明的行使自己权利的地域或行业的支部的会议，并有发言权及选举与被选举权。

4. 在支部会议开始时，按照该支部书记的建议，设立并投票选出一个主席团，其任务是保证工作的正确进行和保证每个候选人至少有一名代表到场。省级委员会的一个成员或其派遣不属于该支部的一名代表参加主席团，协助会议工作，其职能是保证工作的正常进行。

5. 在支部会议开始时，介绍候选人的政治路线，保证每个人都享有同样的陈述机会，陈述时间不超过十五分钟。

6. 支部会议进行的方式和时间应该保证党员能有最广泛的发言。

第二部分　主要政党内部规章制度

7. 支部会议向民主党的选民和支持者开放。代表大会主席团在会议进行的具体时间和方式的基础上评估请求发言的选民和支持者的发言可能。

8. 会议进行期间，在主席团确定的时间之内，提交参加省级代表大会的代表名单。名单的组成应遵守交替的原则。属于同省其他支部的党员也可以当选为代表。可以提交与同一全国书记候选人相关的若干代表名单；在这种情况下，全国提案提交人应批准这些名单。

9. 应至少在开会前五日向所有党员发出召集会议的通知，并应说明会议具体日期，工作计划和起始与结束投票的时间，这段时间不得少于一个小时且不得超过连续六个小时，并应安排在非工作日，最好是周末的18点以后。要保证投票是无记名的和遵守规则的。验票是公开的，并由主席团在投票完成后立刻进行验票。

10. 制定支部会议上投票使用的表格模板是全国委员会的任务。

11. 在全国委员会规定的标准基础上，由省级委员会确定各支部会议应选出的代表人数。

12. 省级委员会收集各支部会议的纪要，首先负责分配与每位全国书记候选人相关的各名单的总体的席位。分配采用自然商数和最高余数的方法。每个名单的代表人数与每个全国书记候选人相关名单的代表人数是它的得票总数除以自然商数所得，或者是有效票数除以要选举的代表人数的商，将可能出现的无法分配的多余席位分配给余数最大的名单。在有若干与同一候选人相关的名单的情况下，这些名单的席位总数以同样的自然商数和最大余数的方式分配。

13. 省级委员会负责给每个支部分配各名单席位。为此首先要给每个支部分配该支部各名单应得到的自然商数的代表名额。支部的商数是该支部有效票总数与应得席位数相除的商。可能出现的多余席位按照各支部名单席位数的余数从大到小的顺序分配，直至分完为止。为此计算要从党员人数最少的支部开始。在分配席位时不再考虑已经根据十二款计算方式得到了所有席位的名单。在上述操作结束时，可能有的待分配给一个名单的尚余的席位交给余数最大的支部的那个名单。属于每个支部名单的席位都按照名单提交的顺序分配给候选人。

第五条　省级代表大会的开会方式

1. 省级代表大会由各支部会议选出的代表构成。

2. 在省级会议开始时，按照书记的建议，设立并投票批准一个主席团，其任务是保证工作的正常进行，主席团内要有每个候选人的至少一个代表。全国委员会的一个成员或其一名代表参加主席团，其职能是保证工作的正常进行。

3. 在省级代表大会开始时，介绍与候选人相关的政治路线，保证每个人都得到同样的陈述机会。

4. 省级代表大会开会的方式和时间应保证按照支部会议的方式给代表以最广泛的发言可能。

5. 在省级代表大会开会期间，在主席团确定的时间内向省级会议介绍与全国书记候选人相关的代表名单。

6. 应至少在会议召开前三日通知所有省级代表大会代表，通知应包括会议开始的具体日期，工作计划及投票开始和结束的时间。

7. 省级代表大会要选举的代表人数由全国委员会事前规定。

8. 在支部会议上所得票数基础上按比例分配，采用自然商数（总票数除以要选举的代表人数）和最佳余数的方式计算与每个书记候选人相关的代表人数。在每个名单得到认同的基础上，通过整数法和最高余数将代表名额分配给每个名单。

9. 每项动议的代表团的构成应遵守交替的原则。属于大区内其他省份的党员或者在大区当选的党员也可以成为代表。一个全国书记的候选人可以提交若干代表名单。在这种情况下，分给每项动议的代表人数不变，交替的原则不变，这些代表席位按照自然商数（所得的总票数除以要选出的代表人数）和最高余数的方式分给各个名单。选择参加全国代表大会的每项动议的代表，只能是与同一动议和同一全国书记候选人名单相关的省级代表大会的代表。属于每个名单的席位按照提交名单的顺序分配。

第六条　全国委员会的任务

1. 按照本条例第二条任命的全国委员会在 8 月 5 日前确定各省/地域协调办公室的代表人数，其中百分之五十是按照2008 年众议院选举所得票数比例分配，百分之五十按照党员人数比例分配。对没有在省/地方正常入党认证的党员不分配代表名额。

2. 全国委员会确定省级代表大会的构成标准，在此标准基础上，省级委员会确定各支部会议要选举的代表人数。

3. 全国委员会制定会议纪要的模板，在这个基础上记录支部和省级代表大会的选举结果。

4. 全国委员会保证有一名成员或其代表参加省级代表大会。

5. 全国委员会在第二阶段推动全国书记的选举和全国代表大会的召开。大区和全国书记的选举及大区和全国代表大会的召开日期确定为 10 月 25 日。

第七条　全国代表大会的构成

1. 全国代表大会的组成包括：

（1）一千名省级代表大会选举出来的代表。每个省/地域协调办公室均分配至少两名代表。

（2）职能代表：全国书记以及全国书记候选人，全国委员会成员，保障委员会主席。

作为应邀参加全国大会的还有全国保障委员会的成员。

第八条　全国代表大会的举行

1. 在全国代表大会开始时，按照书记的提议，设立并投票成立一个主席团，其任务是保证工作的正确进行，其中至少要有每个候选人的一名代表。

2. 在全国代表大会开始时，全国委员会正式通报支部会议的选举结果，在章程规定的基础上（第九条第六款）确定允许进入全国书记选举程序第二阶段的候选人数，即"三名得到最多人数党员认可并得到至少百分之五的有效票的候选人，总之，那些在至少五个大区或自治省得到至少百分之十五的有效票的候选人"。

3. 在全国代表大会开始时介绍与候选人相关的政治路线，保证每人都得到同样的陈述机会。

第九条　全国代表大会对政治路线和计划的讨论

1. 全国代表大会举行的方式和时间应保证代表有最广泛的发言机会。

2. 全国代表大会设立一个或若干专门委员会，其任务是制定修改章程、道德准则和价值宣言的草案，草案将提交10月25日的全国代表大会讨论。

第十条　全国书记和代表大会代表的选举

1. 按照章程第九条第七款规定，全国委员在9月5日前决定参加全国代表大会代表的地区分配（按照章程第四条第一款确定的一千人），确定各大区选区的代表席位数和选区数。这种分配百分之五十按照居住人口的比例，百分之五十在2008年民主党在众议院选举中得票比例的基础上分配。

2. 除瓦莱奥斯塔和莫利塞之外，大区的选区均分为选片，每个选片分配的代表席位至少四个，至多九个。特兰托和博尔扎诺自治省各自为一个选区。在名单构成上应遵守交替原则。

3. 全国委员会确定每个选片的分界，一般按照省份的省界或者党的地方协调办公室的地域界限。在听取省级委员会意见后，在相关省份的代表席位数有需要的情况下，全国委员会确定次省级选片的界限。

4. 每个大区的选区都设立一个大区委员会。大区委员会的职能是第八、九和十款的内容。按照大区书记的提议，大区领导核心在7月23日之前以四分之三多数票选举出一个大区委员会。

5. 在每个选片可以提交一个或多个与书记候选人相关的选片代表名单。大区的一个选区内至少有半数选片提交的代表名单被接受。代表名单应有每个选片内的至少五十名党员签署。

6. 以大区为基础提交代表名单，10月12日20点前将候选人名单存放在大区委员会处。每份名代表单应说明要跟哪个被接受的书记候选人挂钩。在提交名单后的两日内，大区委员会核对全国书记候选人是否接受与其挂钩。

7. 各大区委员会核对书记候选人与全国代表大会候选名单挂钩的情况后，按照全国委员会指出的标准制定每个选片的表格模板。

8. 各省级委员会在9月12日前在统一地域和人口标准的基础上确定选片的数量和范围，通常一个市镇为一个选片，超过三万居民的市镇除外。

9. 分配给每个选片的代表席位依各名单的比例按照自然商数的方法分配（选片有效票总数除以选片的席位数），每个名单所得的整数商为该名单的席位数。剩余的未使用票数划入大区选区，以同样的方式列入尚未分配的席位。未按整数商分配给名单的席位分给余数最大的名单。这样分配的席位分给还没有得到所有席位的选片和剩余选票与选片之商的比例最好的名单。

10. 在各选片选举工作结束时，要立刻编制纪要提交省级委员会，省级委员会则在收到所有纪要后提交给大区委员会，以便进行自己的数字计算。大区委员会结束了所有席位分配工作后将分配结果的纪要和当选的名单提交给全国委员会，宣布当选为全国代表大会的代表并通报全国委员会。

11. 全国代表大会代表按照在名单中的顺序选举。

第十一条 投票的权利和方式

1. 所有在投票时具备章程第二条第三款所提条件的，或者已在民主党选民登记簿登记，或者在表达自己意向前宣布或签署登记申请的男女选民，均可参加书记和全国代表大会代表的选举投票。

2. 全国委员会预先制定选民登记表模板。该模板包括选民的姓名、户籍信息和住址，以及电子信箱。登记表模板还包括选民明确地同意使用其地址以便收取民主党的信息和活动消息。

3. 每个选民为了能表达自己的投票意愿，必须缴纳两欧元的费用，直接用于为支部和选举组织的费用。

4. 每个选民只能在全国代表大会的候选人名单上的一个名单上画勾。

第十二条 选举结果的宣布和书记的任命

1. 收到所有选区的纪要后，全国委员会在十四日内通报投票结果，召集第一次全国代表大会的会议。

2. 全国代表大会在全国委员会的临时主席主持下选举自己的主席。全国代表大会主席候选人名单的提交和选举方式由全国委员会提出并交代表大会批准。

3. 全国代表大会主席宣布在全国委员会通报基础上获得与其名单相挂钩的全国代表大会代表绝对多数票的人当选为书记。

4. 在没有任何候选人得到绝对多数票的情况下，全国代表大会主席提出对在同一次会上得票最多的两个候选人进行无记名投票，并宣布在这次投票中获得票数最多者当选书记。

（二）大会的保障

第十三条 党员登记册

1. 民主党全国领导核心在设立民主党全国委员会时，授权该委员会负责查看并监管党员和选民登记册。

2. 党员登记册由省党籍办公室编制，由省保障委员会以其成员三分之二多数票批准党员登记册。认证后的党员登记册提交大区和全国党籍办公室。如果省保障委员会不予通过，即未得到其成员三分之二多数票，则将由大区保障委员会审查后再以其成员三分之二多数票予以批准。

3. 各省级代表大会的代表名额参照本条例第六条第一款的标准分配。

4. 党籍管理委员会，没有设立该委员会的，则由保障委员会，与地方协调机构以及大区联盟互相合作，以保证党员名单的建立，并将其递交大区和全国党籍管理委员会。这些党员登记册显示的党员名单，应允许所有具有表决权的人加以鉴别。

5. 获得党员名单是民主党全国委员会的任务。

6. 各支部必须将各自完整的党员名单提交给省/大区协调办公室。如果有任何不正常之处，党员可以在名单公布后的两日之内向省保障委员会提起正式投诉。省保障委员会需在两日内做出裁决。若反对省保障委员会做出的决定，可以向大区保障委员会提出上诉。

7. 国家保障委员会负责在 2009 年 7 月 21 日前按照民主党全国章程第四十二条编写条例，尤其要规定各级地方党的领导、内部竞选候选人以及竞选国家机构要职的民主党候选人查看党员登记册信息的方式，重点注意设立保证候选人与党员平等沟通的程序。

第十四条　保障

1. 民主党全国委员会尽可能广泛地宣传书记候选人提出的政治路线和计划，目的是保证选人机会平等，委员会确定保证宣传活动以及财务资源公平分配的方针和模式。

2. 各级代表大会都有义务保证民主党书记和全国代表大会的选举程序民主，并且按照本条例规定的方式，保证所有的活动及辩论的所有时刻都能做到所有的政治议案权利平等。

3. 在关于自我规范 2007 年 10 月 14 日大选的竞选活动条例的基础上，根据民主党伦理准则关于节俭的原则规定，民主党全国保障委员会于 2009 年 7 月 21 日批准了一个条例，主要规定了开支的限度，候选人交纳的资金及该资金开支的透明度。

4. 对支部会议和地方代表大会的管理及运行如果出现争议，则需找相关地方委员会寻求解决。

5. 因省级代表大会或由其作出的决定严重失常而提出的撤销申请，需要在该代表大会召开后的两日内先向大区委员会提出，再向全国委员会提出，大区和全国委员会则需在之后的两日内作出最终决定。

6. 关于支部会议及其作出的决定严重失常的问题，撤销申请需要以同样的方式先向省级委员会提出，再向大区委员会提出。

第十五条　大区书记的选举

1. 为与本条例保持一致，按照党章第十五、四十五条，各大区领导核心于 2009 年 7 月 23 日前批准规定大区代表大会召开的时间和方式的大区条例。

2. 在代表大会上获得四分之三多数票的候选人，可成为大区委员会委员，委员会最多可有十一名委员，然后每位候选人选择一名代表加入。大区保障委员会主席或其代表，作为永久被邀人参加大区委员会。在委员会的第一次会议中，在其内部选出协调人。

3. 在 7 月 31 日 20 点之前，大区书记的候选人以及相关政治路线和规划提交给大区委员会。所有的候选人应该获得大区代表大会百分之十以上代表或相当于百分之一的大区认证过的党员且不低于一百五十人的签字支持。

第十六条　省级书记和支部秘书的选举

1. 根据党章第十五条以及相应大区党章的规定，大区领导核心在 7 月 23 日内确定省级书记和支部书记的选举时间和形式，时间必须在 2009 年 11 月 15 日至 2010 年 1 月 17 日期间，或 2010 年 4 月 4 日至 2010 年 5 月 30 日期间举行。如果没有按照规定在 2009 年 7 月 23 日前批准条例，则由全国委员会作出决定。具有投票权的党员必须是在 2009 年 7 月 21 日前正常登记入党的党员。

第十七条　海外意大利人的参与投票

1. 全国委员会任命一个由七人组成的委员会，按照本条例提出的标准和方式，组织并促进在海外的意大利人参与投票。

第十八条

1. 全国委员会被授权按照已批准的条例专门的方针及规则（对这项工作）加以介入。

（邵颖超　译）

八、政府机构任职候选人遴选的框架条例

2008 年 7 月 17 日公布

本框架条例规范市长、省长和大区主席等在政府机构任职的民主党候选人的遴选，根据党章第十八条第四款规定，此类职务在任何情况下都需通过初选产生。

在补充完善之后，根据党章第十八条第九款，本框架条例也可以用于规范国家议会以及欧洲议会候选人遴选的其他协商形式。

根据第十八条第四款，其他代表性的要职（市议会、省议会以及大区议会）的候选人的遴选须遵照大区联盟章程以及特兰托和博尔扎诺省联盟的章程。

根据第十八条第三款和第二十条第二、三款，领导核心作出决定如下：

在联盟初选的情况下，由联盟的各党派地方一级协商制定规则，在本条例基础上，民主党应有一名自己的候选人参加。

另外，民主党还可以决定支持一名获得有关地方组织百分之六十以上的多数选票的其他党的候选人。

地方代表大会可以规定采取其他的、广泛协商的形式，但这些形式应报告民主党的全国领导核心。

在居民不足 15000 人的市镇，当地的地方代表大会可以指派获得百分之七十以上赞同票的民主党候选人参加党联初选；大区条例可以确定不同于本规定的时间；党的省级委员会也可采用其他广泛协商的形式，但最终确定的候选者人应获得三分之二以上的多数票。

通过初选方式的市长、省长以及大区主席的候选人遴选

第一条　术语释义

在本框架条例中，"初选"系指政府机构要职候选人的遴选；如不作

特殊说明,"选举"则指民众参与选择上述职务任职者的普选。

第二条 初选的组织与进行

初选时间与规定的选举日期间隔不超过八个月,不低于四个月。

按照现行规定,若于4月15日至6月15日期间进行选举,则初选应于11月15日至1月15日间的一个星期日举行。

第三条 组织委员会

若大区没有作出不同的规定,则组织委员会受本条规定制约。

1. 选举前一年的9月10日之前应成立初选组织委员会,其成员由当地的地方代表大会选出,成员至少十名,最多二十五名,遵守内部多元化以及代表相关地方的原则。

2. 组织委员会:主管各项工作的开展;监督操作的正确进行;提前准备好表格以便收集签名;核查候选人条件与收集到的签名是否符合规定;整理候选人入选名单及落选名单,并通过在民主党党部张贴布告将其公布于众。

3. 组织委员会还应确定各个投票站;任命监票人以及投票站主任;准备好进行初选的必要材料;确定各个投票站的具体位置;负责选票相关表格的打印、发放和收回;为资助选举活动的选民提供表格与收据;收集资金并记账。

4. 组织委员会成员,国家、大区或省级保障委员会成员以及初选候选人的身份不能重叠。

第四条 提交候选

1. 符合法律规定的市长、省长或大区主席任职条件可以被选举该任职的人,其候选不违背其签署的民主党道德准则、本条例、以及民主党道德准则和党章规定的公民,均可成为以上职位的候选人。

2. 根据法律以及民主党全国和大区的章程规定,可以再次参加竞选的任期将满的市长、省长或大区主席,在其竞选有效期开始前的九个月内,为防止现任职位与候选者身份重叠,需解除其当前职位。以正常任期为例，在选举前一年的9月15日前辞去任职。

3. 市长、省长以及大区主席的候选人可以由百分之十以上的地方代表大会代表共同提名，或者由各地区至少百分之三的党员联合提名。各地区党员人数参考上一年统计的党员人数。

4. 如果是市长、省长或大区主席在第一届任期结束后提出再次参加竞选，则必须获得相应地区代表大会百分之三十以上代表的支持或者获得相应地区百分之十五以上党员支持才可重新获得选举资格。党员人数参考上一年统计的党员总数。大区条例可以将地区代表大会代表的支持率提高到百分之四十。

5. 候选人应在组织委员会制作的专门表格上签名。

6. 接受候选人以及收集签名的表格都应带民主党的彩色标志，但也可以打印成黑白色的。

7. 在担任国家议员或欧洲议员，大区、省、市级议员和政府成员等职务的民主党员面前收集的签名，不需要进行认证。

8. 自10月15日之后的第一个星期一开始收集候选人报名，一直持续三个星期。

9. 持有符合党章及民主党道德准则要求的自我认证书进行报名，方能有效。

10. 有关的组织委员会要核对候选人提交的文件资料、签名是否有效，以及提交文件的数量和内容是否与要求一致。

11. 党办可以同意给候选人四十八小时的时间，补充条例规定所要求的文件资料。

12. 超过候选人资格审核截止时间四十八小时仍未交齐补充文件资料，且未作出声明或请求的，党办要在其初选候选人名下作出注释。

13. 如果候选人提出请求，党办可将其上报给上一级地方保障委员会，上一级保障委员会在四十八小时内作出最终决定。

14. 候选人申请提名程序全部完成后，党办在候选人或其代表面前进行抽签，确定每位候选人的候选排列序号。按照抽签结果，将候选人的姓名填写在候选人卡片以及用于宣传活动的各类其他材料上。

第五条 选民

1. 所有在举行初选时年满十六周岁,并在民主党选民册中已经登记的人,均可参加初选,另外,在市、省、大区辖区内居住的意大利公民和欧盟公民以及拥有意大利居留证的其他国家的公民,不论其是否加入民主党,只要承认民主党的政治主张,支持民主党竞选,并愿意在投票的时候在公共选民册上签名的,都可参加初选。

第六条 大区条例

1. 每个大区委员会在本框架条例的基础上制定各自的大区条例,其中要规范投票站的运作,投票的方式,在投票中候选人的代表形式,遴选出的候选人的声明,参加初选可能得到的资助金额等。

(张密 译)

九、民主党候选人条例

2008年2月20日由民主党国家协调办公室通过

鉴于第十五届议会提前解散,无法按照党章第十八条第三款采用框架条例;根据党章第四十五条第二款,第十八条第九款,第十九条第二款;根据党章十九条以及第一条第三款,第二条第四款 c 项和第二条第五款 h 项规定的原则;根据党章第十八条第九款参照大区书记以及特兰托和博尔扎诺省书记会议的意见;根据党章第二十一条和二十二条规定;2008年4月13、14日议会选举的候选人遴选将完全由本条例规范。

第一条 应以党员最大程度的参与为标准,参照本条例规定的协商方式确定候选人。

第二条 根据党章原第二十一条规定,违反伦理准则,当选者没有按规定对党作出经济贡献,或没有履行原组建党所规定职责的党员,不得提名候选。

第三条　全国协调办公室可以授权连续担任三届(十五年)党的书记、议会两院主席、部长、议会党团组长和议员的党员不执行党章第二十二条第二款关于以上职务连任期限的规定。

第四条　鉴于需要增加女性在议会中的比例,并鼓励年轻人和民间人士加入议会,协调办公室规定连续担任三届或四届的议员,即使其任期不足十五年,也不得再提名为候选人;但对于现任部长、议会两院主席和副主席、议会党团组长和副组长、并入我党的党派的书记、全国执行委员会委员、大区书记及议会委员会议员的党员,协调办公室可以给予其党章第二十二条第六款规定的特例。

第五条　根据党章第二十二条第六款,协调办公室可以对处于上述第四条提及的情况并在2008年2月22日之前提出申请的议员授予不执行党章第二十二条第七款规定的特例。

不执行党章第二十二条第七款规定的总人数不得超过2006年政治选举中左联盟橄榄树、左翼民主党和基督教民主党(雏菊党)候选名单入选人数的百分之十。

授予在任议员不执行有关规定,特例提名候选且再次连选连任时,构成考虑因素的还有欧洲议会代表、大区和在任政府代表的人数。

第六条　需遵照政治多元化原则,列入全国议员候选人提名的有重要的国家政治领导人;对表现意大利现实有重要意义的社会人士;被证明有能力、能够保证议会良好运行的人士,以及与民主党达成政治选举协议的党派所指派的人士。

全国书记听取设立的选举工作组的协调意见,提出候选人名单。遵照本条例规定的原则,该工作组由全国副书记主持,处于组织阶段的协调员参与,要保证男女均有代表参加。

全国众议员候选人提名是指各选区的名单,参议员候选人提名是指大区的名单,民主党候选人数为各地区议会中民主党可当选人数的三分之一，职位与 2006 年的选举相同。

所有候选人的总数不得超过最后政治选举中左联盟橄榄树和基督教民主党名单中的人数。

第七条　由于议会两院提前解散前，没有提出并通过党章第十八条第三款和第九款提出的初选框架条例，大区书记可以参考党章第十八条第九款规定开展一定的民主协商，征集所辖区域内新的候选人提名，并在 2 月 25 日前公布候选名单。

党章第二十二条第二款以及本条例第二条所提及的党员不得成为候选人。

第八条　在各支部讨论的基础上，省协调员需在 2 月 26 日前参考各支部意见拟定名单，并交给大区书记。

第九条　在收集初选名单的基础上，大区书记会议与本条例第六条第二款提及的选举工作组协商达成一致，于 2008 年 3 月 2 日之前拟定一份名单，即本条例第八条所提及的全国候选名单，并保证该名单中的女性人数至少占候选人数及可能获选者的三分之一以上，并且各个省的代表体现均衡。

国家协调办公室在 2008 年 3 月 3 日前批准两院的所有候选人名单。

第十条　候选人开展为党提供经费以便组织竞选活动，该笔经费在候选人在接受候选提名签字的同时缴纳。经费数额由全国和各大区的财务部门协商，并考虑到每名候选人在名单中的排名位置而定。

收集到的经费需严格按照大区书记制定的配额分发到各地并由各地组织支配。

参照党章第二十三条第二款，获选议员需每月缴纳一定金额，由全国财务部门和议会党团协商确定该金额的数量。

第十一条　依据党章第十九条第二款，选举保障委员会由以下成员组成，这些成员不得参加政治选举：

（1）斯特法尼亚·贝纳蒂

（2）皮埃罗·拉蒂诺

(3) 马可·梅洛尼

(4) 法比奥·梅里利

(5) 罗贝托·蒙塔纳利

(6) 卢卡·佩特鲁奇

(7) 斯特法诺·里巴尔迪

(8) 弗朗切斯科·西莫尼

(9) 弗朗克·托内里

(10) 玛丽娜·科斯塔

(11) 艾莱娜·蒙太奇

(张密 译)

十、欧盟选举条例

1. 在2009年6月6日和7日的欧盟选举中，民主党力求在票数和欧盟议会席位方面获得最好的结果。民主党的目标是向欧盟议会提供权威的、能胜任的、具有高道德水准的议员，这些议员在欧洲一体化进程中能够采取必要的推动措施以使所有人都感觉到欧盟的民主现实，并且能够改善人民的生活。

2. 民主党致力于向欧盟议会提名可以承担在任期内代表意大利选民的妇女和男士为候选人，并且他们一旦当选，不会导致市长、省或大区主席的委任的中断。

按照党章的要求，候选人的选择应严格遵守民主党行为准则，并符合性别平等原则的精神。

3. 民主党致力于寻找能够代表意大利整个社会的候选人。为此，民主党鼓励大区级和省级的广泛磋商，便于候选人能够反映最大程度的共识。

4. 经民主党的全国书记与各大区书记商议，推荐五个选区的领导人，五位领导人是经过透明的选择程序在精通欧盟问题的人中选择的。

同时，也可以推荐专业、劳动、文化、社会团体、志愿服务领域中有威望的人士。听取在欧盟议会的民主党领导人和相关大区书记的意见后，全国书记根据党章第二十二条关于合并委任的规定对已卸任的欧盟议会议员的再候选资格作出评估。

5. 民主党的大区领导人与省级领导协商后推荐代表本地区和至少百分之四十不同职业的候选人推荐人选必须在 2009 年 4 月 7 日星期三之前送达组织书记。

每一选区的候选人数量如下：

选 区	候选人数
意大利西北部	
（皮埃蒙特、瓦莱·达奥斯塔、伦巴底、利古里亚）	19
意大利东北部	
（特伦蒂诺、威内托、弗留利、艾米利亚－罗马涅）	13
意大利中部	
（拉齐奥、马尔凯、托斯卡纳、翁布利亚）	14
意大利南部	
（坎帕尼亚、普利亚、阿布鲁佐、巴西利卡塔、莫利塞、卡拉布里亚）	18
意大利岛屿	
（西西里、撒丁岛）	8

考虑到候选人的数量和大区居民与选区居民之间的关系，大区领导建议的人选数量不能超过指明的大区额定数量，但为了在候选人名单上体现民主党计划的丰富性及其多元主义，大区领导的建议的数量可以在大区配额基础上上浮百分之二十。必须根据交替原则确定的优先顺位列明候选人。

6. 适当的预审后，经与大区书记会议协商，民主党全国书记针对各选区依次形成推荐候选人名单，民主党国家领导机构在 2009 年 4 月 21 日之前审查和批准这份名单。

7. 接受候选人身份后，每位候选人必须遵守民主党的行为准则，在 2009 年 7 月 30 日前向全国担保议事会提交符合法律规定的报告。民主党候选人必须从事让所有其他候选人都无可指责的道德行为，每月向民主党汇报，根据内部条例的规定，候选人当选后必须在随后作出的经费使用决定确定的范围内共同活动，该决定规定民主党只承担大区级的费用。被选举人如果不遵守本条的规定，就不能作为意大利民主党在欧盟议会代表中的一员。

8. 本条例在大区书记会议宣读后，由民主党国家领导机构于 2009 年 3 月 23 日星期一批准，本条例将发表在网站上并且下发给所有的民主党地方机构。

（张密 译）

十一、关于国外初选的框架性规定

2008 年 12 月 19 日公布，3753 号文件

第一条　国外初选的举办

为选举国外地区和国家的民主党书记而举行初选活动。

第二条　女性选民和男性选民

所有居住在国外且在选举日之前年满十六周岁的意大利男性公民和女性公民都可以以选民的身份参加为选举民主党国家和地区书记而举办的选举活动。此外，外交和领事使团的成员、伊拉斯谟项目的学生、大学老师和研究人员、在国外的学校工作人员，以及所有在国外短暂停留的意大利都可以参与初选活动。按照民主党党章第十一条第五款被剥夺资格的女性和男性选民在国外可以参加只有唯一候选人的民主党国家和地区书记的选举活动。女性和男性选民只能在一个地区或一个国家投票。投票时，公民

应当声明其为民主党人。考虑到有些选民在选举日远离自己的住所，只要告知初选的地方委员会并且该委员会通告选民所从属的选区，就可以在与分配的选区不同的选区投票。只有向选举工作人员出示有效的身份证件或由选举工作人员证实身份才可以投票。必须明确同意将自己的姓名和联系方式登记在选举参与人列表中。

第三条 女性候选人和男性候选人

只要在选举日前的三十日内注册为民主党党员，即可作为地区和国家书记职务的候选人。

第四条 有效的候选人资格

为竞选而注册的党员必须在初选日之前的三十日内完成注册，在选举日之前的24小时内，与候选人资格有关的材料呈送初选国家委员会和国外委员会。上述委员会的任务在于核实户口登记信息、地址和注册的真实性。

第五条 参与费

民主党的初选地方委员会为了支付选举地点的组织费用可以让参与投票的选民交纳一定数额的参与费。国家和地方委员会确定可以由地区支配的费用份额。

第六条 国外初选委员会

建立各级国外初选委员会。这就涉及地区和国家的地方委员会。

另外，还要组建"国外初选委员会"（简称"国外委员会"），在尊重内部多元主义和代表有关地区的原则下，该委员会由以下成员组成：阿尔多·阿莫雷蒂（Aldo Amoretti）、毛里齐奥·凯奥科迪（Maurizio Chiocchetti）、罗米纳·克罗萨多（Romina Crosato）、佛朗科·达涅利（Franco Danieli）、玛利亚·安东涅塔·洛伦（Maria Antonietta Lorenzi）、尤金·马里诺（Eugenio Marino）、卢西亚诺·内利（Luciano Neri）、保罗·拉普奥利（Paolo Rappuoli）、芭芭拉·雷韦利（Barbara Revelli）、莫妮卡·帕特里夏·里佐（Monica Patricia Rizzo）、艾米利亚·维塔列（Emilia vitale）。

此外，民主党的海外选举的议员、在海外国家机构任主要职务的民主党人、也构成国外委员会管理的对象。

民主党初选国外委员会负责本规定的实施和正确开展选举活动，监督各个阶段的投票工作，根据本规定下述第九条，还可能介入地方未解决的争议。

第七条 担保职能

在地区和国家设立由三人组成的担保议事会。在国外选区设立由国外委员会提名的五人组成的类似议事会。担保议事会就争议作出裁决。

所有的选民可以向担保议事会提出诉求，议事会独立作出裁决。

与候选人资格有关的诉求必须在赋予候选人资格之日起的两日内向相应的担保议事会提出。

与投票和选举结果公告有关的诉求必须在二十四小时内提出。

担保议事会必须在二十四小时内就本段规定的问题表达意见。

控告人可以向上级协会提出上诉，后者以同样的方式作出决定。

上诉只能向上一级提出。

如果没有设立担保议事会，则由上一级议事会行使相似的职能。

第八条 国家和地区书记选举中候选人的产生方式

地区书记的候选人需要百分之十的相关地区党员的支持。

国家书记的候选人需要百分之五的相关地区党员的支持。

百分比的计算依据是前一年党员的总数。如果是第一次举行选举，依据是投票日之前的第十五日的党员数量。

国外委员会决定投票的方式。

主管的地方委员会审查提交的候选人材料。

候选人会可要求候选人在四十八小时内补全规定要求的材料。

候选人提交材料期限届满后的四十八小时内，如果没有反对的诉求和抗议，委员会向初选选民公布候选人姓名。

如果没有解决的地方争议，委员会马上将其转交上一级担保议事会，后者在四十八小时内做出唯一的且终局性的决定。

介绍完候选人后，委员会当着候选人或其代理人的面以抽签的方式确定分给每一位候选人的序号。候选人的姓名将根据抽签的顺序写在卡片上和任何其他的宣传材料上。

第九条 地区党员代表大会

地区和相关地方的所有党员组成地区党员大会。

书记一旦当选应在当选后的二十日内召开其负责地区的代表大会。

上述代表大会选出财务官和主席，主席有权召集并主持会议，主席在与书记商议后确定会议日程。

如果只有一位候选人，财务官和主席的选举应该公开进行；如果有较多的候选人，应该秘密投票。

第十条 地区党员执行委员会

由地区党员代表大会产生执行委员会。

除了书记、财务官和主席外的任何人都可以提议自己为执行委员会成员，但：

——如果拥有五十位以上党员的地区，至少需要百分之十的党员副署；

——如果拥有二十位至五十位党员的地区，至少需要百分之二十的党员副署；

——如果拥有二十位以下党员，则没有必要设立执行委员会。可以由一个包括主席、书记和财务官的更为精简的政治领导形式起到替代作用。

每位党员只能为执行委员会推荐和副署一位候选人。

根据书记的建议，执行委员会有权向其非成员的党员分配任务。

第十一条 选举程序

每次地区的初选至少设置一个席位。

每次国家的初选至少每个地区设置一个席位。

地方委员会可以为初选设置其他的席位。

席位列表应该由上级机构公告和批准，并且在网站 www.pdmondo.it 上发布。

第十二条 有关透明的规则

本规定公布在民主党网站的专门区域和可供人们自由浏览的网站。

此外，在上述网站也公布一切与选举有关的信息（时间表、候选人、席位的地区分配、结果等）。

第十三条 过渡规定和终局规定

从 2008 年 11 月至 2009 年 3 月末，地区和国家书记的初选依常规进行，并应符合选举地的需求。在特殊情况下，可以向国外委员会申请授权以不同的方式选举国家书记。

（张密 译）

十二、获取党员户籍和选民登记簿内容的条例

全国保障委员会 2009 年 7 月 14 日第 2 号决议

2009 年 7 月 22 日公布

1. 本条例由全国保障委员会编制，执行《关于书记和全国代表大会选举的条例》第十三条的规定，规范获取党籍和选民登记簿（以下简称为"登记簿"）、查询民主党内所有数据库信息的方式，以便保证大会选举候选人可以在平等基础上进行交流。

2. 说明原因的查询、使用登记簿及数据库的申请应提交给当地代表大会委员会，并应在四十八小时内得到回复。如若遭到拒绝，可以再提交给相关的保障委员会，该委员会应在四十八小时内作出最终决定。

3. 查询和使用应在登记簿和数据库存放处进行。可以自由使用民主党有关结构的地址和处所。

4. 因党务工作、民主参与游行和活动及其他涉及民主党利益的缘故，支部、省和大区联合会的书记和/或协调人可使用当地相关机构的登记簿

和数据库的数据。

5. 拟任全国书记的候选人可以本人或通过受托人查询和使用设立在罗马圣安德烈·德莱·弗拉特路 16 号的信息部的登记簿和数据库的数据。在邮寄时要向该机构指明索要者及候选人的名字。

6. 大区书记的候选人可以本人或通过受托人在登记簿和数据库所在地查询和使用大区的登记簿和数据库数据。

7. 大区或全国代表大会的候选人可以在登记簿和数据库所在地查询其所在大区登记簿和数据库的数据。

8. 党员或选民可以向相关地方机构的信息部门申请登录或变更个人信息。党员或选民要进行任何其他类型的查询，均应向当地代表大会委员会提交说明原因的申请，该委员会按照保护隐私的规则作出决定。如若遭到拒绝，党员或选民可以再提交给相关的保障委员会，该委员会应在七日内作出最终决定。

9. 应该按照现行的个人数据保密规则处置和提供有关数据。任何违反规则的行为均要报告相关的保障委员会。如果该违规系故意行为，对党的形象造成严重损坏，将向相关责任机构派遣特派员。

10. 按照 2003 年第 196 号法令第十三条规定，为收集党员和选民数据，可在信息收集处张贴布告。

（张　密　译）

十三、在线入党和在线支部的条例

2009 年 1 月 29 日公布

第一条　在线入党

1. 加入民主党的行为系个人行为，通过信用卡或在线转账付费完成，并加注已经进行支付的说明。

2. 当申请人从所在地支部或业界支部领取党证，并在该支部享有行使所有的权力的选择权（如同党章第十四条规定），或是从省级协调机构领取党证之后，入党行为生效。

3. 按照由全国组织部门制定的程序在民主党网站上进行入党登记。

第二条　在线支部的联系规则

1. 设立专门的办公室负责网上支部共存条件的界定，以及网上支部的运行与监督。该办公室可运用由网上支部代表组成的协调委员会开展工作。

2. 在党章有关支部"允许行使其他权力"的条款约束下，党员登记簿对每个党员可能参与的所有那些"允许行使其他权力"的支部加以注明。

3. 在线支部的运行由全国保障委员会负责。

第三条　在线支部的设立与终止

1. 设立在线支部需填写组织部门制作的申请表格提交组织部门，申请表应由至少四个省份的二十名成员签署，同时指定一个联系人及其代理人。

2. 尚未入党的申请人的有关信息应附有所在地支部或业界支部有关行使"其他权力"的说明。在向支部交纳党费之后，申请人的登记申请即予以接受。

3. 组织部门按照本条例约束对所制定的文件的可兼容性进行审核，并核实所在地支部和业界支部拟申请设立的支部没有违反党章第十四条规定的唯一性标准的虚假行为，并不造成党的机构的各部分运行的重叠。

4. 在提交申请后的四个月内，申请人应完成使支部运行的初步工作，并按照规定开展机构的选举和任命工作。在审查程序完成后，组织部门批准该支部，并为其在全国网站上提供专门的网页。如果驳回设立申请，则应说明原因。

5. 全国保障委员会可以撤销对支部的批准。

第四条 通过在线支部入党

1. 在线支部按照本条例第一条和组织部门的指示，接受和管理入党申请登记。

2. 在线支部按照组织部门的规定，在其活动范围内使用网上识别和认证的方式。

第五条 在线支部的模式

1. 每个支部自行制定组织和运行模式，设立支部大会，确定支部全体成员和协调人的民主讨论形式。协调人是由支部大会选举产生的，作为支部的代表，处理与组织部门的关系。

2. 考虑到通过网络方式开展活动的复杂性和特殊性，每个支部均可设立其他机构，负责协调管理各项活动的资源，财务主管的管理，党员和参加者的信息沟通，以及对各类规则的正式或说明性的保障，同时作为保证各个职能部门的持续运转的负责方。

3. 选举和决策的民主性应得到充分保障，尤其是要保证对待投票表决的事宜的明确描述，对选举和决策时间的提前知晓，以及利用信息通讯技术进行远程选举的便捷。

4. 支部采用远程信息通讯的应用手段以完成自己的任务，进行内部管理及党员与参加者关系的管理。一个在线支部的成员和参加者的人数没有事先规定限额，但必须满足内部有效开展民主生活活动的需要，并与所采取的运行模式和使用的信息通讯手段相适应。

5. 支部成员和参加者可在自愿的原则基础上，按照党章第九条第一款规定，为党的组织管理服务，并为支部活动提供支持。

第六条 监管

在线支部内部的沟通、选举、协商和决策活动通过远程信息通讯开展，按照有利于实现监管的方式进行。组织部门的监管活动目的是检查支部存在的持久性、活力，参与手段的有效使用，以及对党作出的贡献。

第七条 融资

由全国领导核心批准的财务条例，确定在线支部党员所交纳的党费的使用百分比，确定用于本支部活动的规模限度。

第八条　最终规定

组织部门在进行监管的基础上，对本条例的规定的影响力和合理性进行评估。在本条例批准后的十二到二十四个月内，组织部门将对在线支部的规章制度进行全面修订和确认。

（张密　译）

十四、关于党员证的条例

2008年7月15日全国领导核心批准

2008年7月16日发布

1. 入党是行使党章第二条第一、二、五、七款规定的权利，履行其规定的义务的前提条件。

2. 入党是个人行为。在入党登记时，即按照2003年6月30日颁布的第196号有关保护个人信息的立法法令的规定对待党员的个人信息。

3. 根据全国财务主管的提议，听取大区书记会议的意见，全国领导核心每年确定党员的党费金额。大区以及可能新增加的追加党费，并不影响党员的权利。

4. 党的组织部门每年进行入党宣传活动，保证适当的公开度。

5. 每位具备全国党章条件要求的个人，都可以按照党章的规定，在当地支部、业界支部或网上在线支部申请入党登记。

6. 可以向居住地所属的支部申请入党。在所属地企业、机构或大学学习或从业的人员，可以向自己的业界支部申请入党。

7. 在每个省/地方和大区的协调办公室，均设立了由相应级别的保障组织通过有限投票方式任命的人事办公室，该办公室负责编制党员登记簿。

8. 入党登记需在支部所在地签署并领取党员证。每个支部均制定了有入党登记的日程表，以保证在发放党员证的时间和地点进行适当的预先宣传公示。每个支部的协调人为支部负责人。在每个支部都设立一个地区协调办公室以三分之二以上的投票而任命的人事办公室负责人，辅助支部协调人开展相关工作和发放党员证。

9. 仅因被证明的理由，无法在自己的支部领取党员证的，可在省/地方协调办公室人事办公室领取，并即刻通知所在地支部该成员入党事宜。

10. 所有省/地方协调办公室的人事办公室保证本条例的实施，并编制党员登记簿，每月接受各个支部更新过的党员名单，并向大区和全国人事部报告党员证颁发进展情况的数据。每年年终，省/地方的人事办公室向大区的人事办公室报告党员名单。在召开全国、大区或其他基层党员大会的情况下，根据党章和有关上述大会的条例规定制定有投票权的党员名单。

11. 人事办公室编制的党员登记簿，由省级保障机构根据其成员的三分之二多数票予以批准。获得批准的党员登记簿交至大区和全国人事办公室。如省办公室不予批准，则该党员登记簿由大区办公室按照同等数量的多数投票予以批准。

12. 全国人事办公室对大区级党员登记簿进行审核。为了计算全国代表大会的席位，在党员登记簿中至少要包括姓名、出生日期和出生地，住所或居所地址，电话号码的信息登记的党员才能够入党。

13. 当党员登记簿信息出现不规范、不完整或是不规则迹象时，全国组织部将进行核查，在其认为必要的情况下，任命特派员对该地区机构的党员登记簿重新进行全面或部分编制。

14. 履行缴纳各级财务条例中规定的党费和追加党费的义务，是在机构中获选的人员领取党员证的前提条件。

15. 根据党章第二条第八款规定，不得向已经加入了其他政党登记或是参加选举机构的内部其他政治党团的人员颁发党员证。

（张密 译）

第二章 自由人民党

一、自由人民党章程

第一届全国代表大会 2009 年 3 月 29 日通过

（一）目标及组成

第一条 自由人民党

自由人民党是一场由相信自由并希望保持自由的男人和女人们开展的运动，他们承认欧洲人民党的价值，即人之尊严、家庭为重、自由与责任、平等、正义、守法、团结与辅助性。自由人民党源于自由、信仰自由并追求自由，目的是使意大利在尊重自身文明传统及国家统一的基础上，越来越现代、自由、公平、繁荣、团结。

自由人民党承认并推动人民更加广泛地参与到公共社会生活及机构活动中，保证尊重共和国宪法第五十一条规定的机会均等原则，嘉奖功劳，拒绝任何性质的个人及社会歧视。

第二条 外围党员

只要在价值宣言上自愿签字、提出申请并年满 16 周岁的意大利籍公民，不分性别，亦可成为自由人民党的外围党员。

支持自由人民党完全自由自愿。外围党员应遵守自由人民党的原则、纲领以及本章程，努力协助政党实现共同目标。

申请得到批准以后，外围党员可以自由参加自由人民党的一切活动。

依据党章的条例及常规章程，享有选举权，并参与第十条规定的协商及其他直接民主活动。

第三条　入党方式

外围党员应完整填写入党申请并签字，交纳外围党员的年费。

入党方式和程序、续约及年费交纳等均由专门的条例予以规定。

该条例也就网上申请入党的方式作出相关规定。

第四条　党员

根据特定条例所规定的方式与形式，提出申请，每年交纳一定数额党费的意大利公民，不分男女，即使已经成为自由人民党的外围党员，亦可成为自由人民党的党员。

入党以年度为单位，以自由、自愿为原则。党员应认同自由人民党的原则和计划，尊重党章和条例的规定以及领导机构的决定，为党的目标的实现努力合作。

每一个党员的行为都应尊重其他党员的尊严。

根据党章和条例的规定，入党申请得到批准后，党员能够自由参加自由人民党的一切活动和享有选举权，并且只有党员可以享有被选举权，被任命或被委派担任自由人民党内部职务。

党员应完整填写入党申请书并签字，固定交纳党员年费。

入党、续约、年费交纳由专门的条例予以规定。

该条例就网上申请入党的方式也作出相关规定。

第五条　保障委员会

主席办公室（第十六条）任命保障委员会。保障委员会对于外围党员及党员资格的争议享有最终决定权，当外围党员及党员拖欠党费时，可决定取消其外围党员或党员资格。

保障委员会由七名委员组成。

委员会按照专门的条例确定的程序开展工作。

第六条　外围党员及党员资格的丧失

自由人民党外围党员及党员资格的丧失立即生效，其主要原因有：

（1）退党，以书面方式提出申请并寄送至中央。人事部向相关地方组织发出通告。

（2）到期，在专门的条例规定的期限内没有按期交纳党费。

（3）开除，受到纪律处分。

同样，党员的退党也导致其从外围党员名单中除名。

在注册成为外围党员或党员之后三年间，由于拖欠党费、主动退党或纪律处分等原因而丧失党籍的，若想重新成为外围党员或党员，则应说明上述情况。在此情况下，外围党员或党员在重新注册后的十二个月内，对于自由人民党的内部职务不享有选举权和被选举权。

对于上述问题不加以说明，则可以作为拒绝接受其重新入党的理由；或者入党申请批准后一旦发现该情况，则该申请同样视为无效。

第七条　党员权利的行使

在地方大会和基层会议中，外围党员和党员在其居住的市镇及省级范围内行使选举权。

外围党员和党员可以按照条例规定的方式，申请在户籍所在地之外的市镇行使选举权，其前提是他们在所申请的市镇从事主要活动。在此情况下，只有申请被批准两年后，申请人才能开始在新的市镇行使选举权，在此期间，其在原居住地的选举权依然有效。

当户籍登记的住址发生变动时，外围党员和党员应通知人事部，人事部向原户籍地的地方组织及户籍迁入地的地方组织发出必要的通知。

第八条　年费

主席办公室在每年9月之前，决定下一年度外围党员及党员的党费总额。外围党员及党员只有按时交纳了本年度的党费，才能够在党员大会行使选举权。

第九条　外围党员与党员名单的更新及公示

外围党员及党员的名单不保密。

人事部按照人员信息处理的现行条例，统一开展所有与入党及党员名单变更相关的工作。

专门的条例确定了自由人民党人事部向地方组织以及各地区当选代表通告外围党员及党员相关资料的方式。

第十条 网上政党、因特网与直接民主活动

自由人民党也是一个网上政党。

自由人民党的决议及一切活动消息均发布在网站 www.ilpopodellaliberta.it 上,外围党员及党员可以通过网站完成申请注册。除此以外,公民、外围党员及党员可以定期参与自由人民党的重要主题活动,网站成为公民协商与直接民主的一种重要途径。该网站也支持并推动外围党员及党员加入社交网络以及其他形式的网上集会。

(二)组织与结构

第十一条 全国机构

自由人民党的全国机构有:

(1) 全国代表大会;

(2) 全国主席;

(3) 主席办公室;

(4) 协调委员会:三名协调员;

(5) 全国领导核心;

(6) 全国委员会;

(7) 全国及欧洲议员大会;

(8) 全国政务书记;

(9) 第二十三条所涉部门全国负责人;

(10) 专题政务会。

第十二条 全国代表大会

全国大代表会确定并引领自由人民党的政治路线。

全国代表大会正常每三年集会一次,由全国主席根据全国领导核心决议召开会议,全国领导核心确定会议地点、日期及议程。当全国委员会百分之四十以上的成员向主席办公室提出要求时，也应立即召开全国代表大会。

第十三条 全国代表大会的组成

参与全国代表大会选举的党员包括：

（1）在省级和大城市大会最近一次政治选举中获得自由人民党基层票数（四分之三选票）的代表，代表人数为党员人数的（四分之一）；

（2）全国委员会成员。

任何情况下，符合前款第一项的成员在人数上应多于第二项的成员人数。

第十四条 全国代表大会的运作

大会任命全国代表大会主席、主席办公室、权利资格审查委员会、席位成员及负责议程和秩序的议员。

决议应得到与会多数票的支持才能通过，与本章程规定的不同情况除外。

除非决议中明确规定最低与会人数或得票数，应推定法定人数。

全国大会章程规定选举、核定法定人数的方式及其效力。

第十五条 全国主席

自由人民党的全国主席由全国代表大会按照大会条例确定的方式，通过举手表示进行的专门选举产生。

全国主席是政党的政治代表，在一切机构代表党，领导党正常运行，确定党的政治及纲领路线，召集并主持主席办公室、全国领导核心及全国委员会，确定其议事日程。任命各党内组织人员，与主席办公室达成一致后，按照党章规定的方式作出决定。

如果全国主席辞职或履职长期受阻，主席办公室立即召集全国委员会，决定在下届全国大会召开前的必要时期内的临时主席替代人选。

第十六条 主席办公室

主席办公室具体执行全国代表大会和全国委员会的决议。协助全国主席履行其各项职能,与其协商,确定党内任命的人员与参与竞选的候选人名单。

主席办公室的成员包括全国主席、在参众两院的党团全国主席及副主席、自由人民党驻欧盟代表及其他三十名由全国主席提名并在全国主席选举后立即举行的大会投票中当选的代表。全国主席负责召开并主持主席办公室会议,在办公室成员中确定协调委员会的三名协调员,下一条将对此作详细解释。

在确定议事日程时,全国主席可以根据每次的讨论的议题,考虑个别人士在相关机构或党内的职务的特点,邀请其列席会议。

按照规定,由全国主席每月召集一次主席办公室,当其成员的百分之二十五以上提出要求时也必须召集会议。

第十七条　协调委员会:三名协调员

协调委员会由全国主席任命的三名全国领导核心成员组成,负责党的全国和地方机构,以及全国和地方机构的一切活动,执行全国主席和全国领导核心的决议,向全国领导核心和全国主席提交各领导机构的任命及参加竞选的候选人名单。协调员委员会可以在必要时审议地方机构的有关决定。

授予协调委员会在自由人民党选举时进行计票的排他性权力,委员会有权在全国和地方党委部门公布和保存候选人名单,必要时可以由协调委员会任命的特别检察员履行这项职能。协调委员会也可以临时委派其内部的一名或两名成员一起执行公布与保存候选人名单及任命特别检察官的权力。

协调委员会向全国政务书记提供指示与指导方针,主要涉及建党目标的实现、自由人民党的党务管理、财务账单的记录、制定预算计划,这些指示与指导方针都应提交全国领导核心审批。此外,协调委员会还应向全国政务书记及副书记提供有关选举活动的基金管理及资金筹集方面的指导方针。

第二部分 主要政党内部规章制度

第十八条 全国政治局

全国政治局由全国主席主持,其成员由全国代表大会选举产生的一百二十名委员构成,必要时全国大会可以使用锁定名单。除此之外,主席办公室的所有成员及本章程第二十三条中规定的部门全国负责人也是全国政治局的当然成员。

全国政治局在全国代表大会决议的框架下,参与制定党的政治及纲领路线。

全国政治局通常由全国主席每三个月召集一次会议,其成员的百分之二十五以上提出要求时也应召开会议。

第十九条 全国委员会

全国委员会由全国主席主持并召开会议。其成员包括:

(1)国家及欧洲议员;

(2)部长、副部长及副书记;

(3)大区协调员及其代表;

(4)省级、大城市及省会城市协调员;

(5)大区主席;

(6)大区议员与政府官员;

(7)省主席;

(8)大区首府市长;

(9)大城市与大区首府、省议会及市议会的党团组长与副组长;

(10)主席办公室、全国领导核心以及本章程第二十二、二十三、二十四条中涉及的其他全国机构的成员;

(11)青年运动的全国领导。

全国主席或党章的专门条例可以将重大的政治、纲领及组织问题移交给全国委员会。

按照规定,由全国主席每年召集一次全国领导核心会议,其成员的百分之二十五以上提出要求时也应召集会议。

第二十条　议员大会

自由人民党选举的全国及欧洲议员组成议员大会,每年至少召开两次会议,由全国主席召集,具有协商职能。议员大会对于有关政治形势及政府作为的相关问题表达意见,提出指导方针。

第二十一条　大区协调员全国会议

大区协调员及副协调员参加大区协调员全国会议,会议由协调委员会定期组织召开。党的全国各部门负责人也参加会议。

第二十二条　全国政务书记

在本章程第三十七条规定的职能范围内,全国政务书记及副书记作为自由人民党的法定代表面对第三方和司法界,享有一切行政管理的一般及特殊权力,其涉及国家与大区机构的行为在司法上不受任何限制。全国政务书记及副书记按照协调委员会的明确的方针指示行事,并有资格获得合法报酬。

全国政务书记及副书记由主席办公室的提名建议全国领导核心选举产生。全国政务书记及副书记参与全国领导核心及全国委员会的工作。

第二十三条　全国各部门负责人

根据协调委员会的建议,全国主席任命下列各部门的负责人并要求其立即直接与三名协调员合作,参与全国领导核心及全国委员会的工作:

(1) 组织部负责人;

(2) 地方机构部负责人;

(3) 选举部负责人;

(4) 人事部负责人;

(5) 机会公平部负责人;

(6) 网络及新兴技术部负责人;

(7) 宣传部负责人;

(8) 培训部负责人;

(9) 运动部负责人;

（10）海外部负责人；

（11）选票及名单代表保卫部负责人；

（12）发言人；

（13）青年负责人（根据第四十九条青年组织的条例规定方式，独立遴选产生）；

经各部门的负责人同意，协调员可以在各部门内部设立处室，并任命各处领导，各处领导与部门负责人一道，合作完成各项工作。

第二十四条　专题政务会

协调委员会组建十四个政务会，分别讨论众议院十四个常设委员会分管的有关事务。专题政务会的任务主要是深化问题讨论、提出意见、研究并形成提案。协调员任命十四位主席，确定政务会的结构并指定各机构负责人。此外，采取同种方式组建老年政务会，探讨老年人的相关话题。

第二十五条　候选人

（1）国家选举及欧洲选举

国家及欧洲级选举的候选人名单由全国主席与主席办公室协商确定，协调员组织程序。

（2）大区选举

大区主席的候选人由全国主席与主席办公室协商确定，经大区协调员同意，由协调员组织程序。按多数当选制进行的选举，候选人以同样方式产生。按比例代表制进行的选举，候选人经大区协调员与副协调员协商、省及大城市协调员同意，获得大区协调办公室三分之二多数票通过后方可任职。如果无法达成一致或者选举结果无法得到通过时，由协调委员会作出决议。

（3）省级选举

在听取大区、省及大城市协调员意见后，协调委员会指定省主席的候选人。由省及大城市协调员和相关副协调员提名，经省及大城市协调办公室以简单多数当选制通过后，大区协调员与副协调员确定候选人名单及省级选区。当省或大区级协调员无法达成一致时，以相关协调办公室三分之二以上多数票作出决定。如果仍然无法达成一致或获得通过，由协调委员会做出决议。

（4）大区首府城市选举

经大区、省级或大城市协调员协商，由协调委员会确定大城市或大区首府城市市长候选人。经省或大城市协调员及相关副协调员提名，省级或大城市协调办公室以简单多数当选制通过后，大区协调员及副协调员共同确定相关城市候选人名单。当省级或大区级协调员无法达成一致时，由相关协调办公室以三分之二多数票作出决定。如果仍然无法达成一致或获得通过，则由协调委员会作出决议。

（5）非首府城市的选举

按多数票当选制的非首府城市的市长选举，候选名单由省级协调员与副协调员协商一致确定。在无法达成一致时，由省级协调办公室以三分之二多数票决定。

按比例当选制的非首府城市的市长选举，候选名单由省级协调委员与副协调员协商一致确定。在无法达成一致时，由省级协调办公室以三分之二多数票决定。候选人名单提案须经大区协调员及副协调员批准通过。双方无法达成一致时，由大区协调办以简单多数票决定。相关城市的候选名单也照此方法产生。

（6）辖区选举

省级或大城市的协调员与副协调员在听取相关市镇及市辖区负责人意见后协商确定辖区主席的候选人。无法达成一致意见时，省级协调办公室以简单多数票决定。相关的候选名单也照此方法产生。

主席办公室可以任命直至各大区、省以及首府城市名额的百分之五。

当需要与其他政治力量就市长或省主席候选人达成谅解时，要在相应地域层级达到一致，并获得大区协调员及副协调员的批准。

第二十六条　大区协调员及副协调员

大区协调员及副协调员由全国主席经与主席办公室协商后，在其当选后数日内直接任命产生。

大区协调员与副协调员一道开展工作，主持大区协调办公室，协调省级及大城市协调办公室的各项活动。

第二十七条　大区协调办公室

大区协调员与副协调员在其当选后十五日内，协商任命大区协调办公室。该任命应获得协调委员会批准。

大区协调办公室应以相关地域的需求及规模为基础组成，其成员人数下限为十人，上限为五十人（其中最多任命五名副协调员）。

大区议会的党团正副组长、大区政务书记及大区青年负责人（根据第四十九条青年运动的条例规定方式，独立遴选产生）均为大区协调办公室的法定成员。

非大区协调办公室成员的省级协调员及常住在大区内的全国领导核心成员，均可参加协调办公室工作，但不享有表决权。

大区协调办公室通过地区内的选举纲领，确定自由人民党在大区议会内的政策方针。

在协调员与副协调员无法达成一致时，大区协调办公室以相对多数票决议。

当大区协调办公室无法以相对多数票通过决议时，则应将相关决定权移交给全国协调委员会。

第二十八条　各省及各大城市

每一个省都设有一个省协调办公室。

只有在罗马、米兰、那不勒斯、都灵、热那亚、佛罗伦萨、巴勒莫、巴里、威尼斯、维罗纳、帕多瓦、博洛尼亚、雷焦卡拉布里亚、卡利亚里、卡塔尼亚、墨西拿、佩斯卡拉、安科纳省（本章程中大区首府城市都被视作大城市），协调办公室区分为大城市协调办公室（仅覆盖大区首府城市区域）和省级协调办公室（覆盖其余地域），各协调办公室在其区域范围内行使职能。只有阿奎拉大省由两个省级协调办公室组成，其管辖地域范围由协调委员会确定。

第二十九条　省级和大城市的代表大会

省级和大城市的代表大会每三年召开一次，在全国代表大会召开之际同时召开。另外，在有重要且经证实的原因时，全国主席与主席办公室协商一致作出指示，协调委员会可宣布召开省级或大城市的代表大会。

省级和大城市的代表大会采取直接参与或代表制的方式，会议形式由大会条例确定。大会条例规定当选代表选票的权重，当选代表的人数不应超过有表决权人数的百分之三十。

按照大会条例确定的方式，省级代表大会选举产生省级协调员、副协调员以及全国代表大会的代表。

大城市代表大会也照此方法举行。

第三十条　省和大城市的协调员及副协调员

省和大城市的协调员及副协调员分别由省级代表大会及大城市代表大会按照专门的条例确定的方式选举产生。

省和大城市的协调员与相应副协调员协同配合开展工作，组织、领导、推动自由人民党的各项活动及其所辖领区的选举活动。如本章程第三十二条所述，听取相关的协调办公室意见，任命所辖领区内自由人民党的各市镇代表。

第三十一条　省级协调办及大城市协调办

省级协调办及大城市协调办按照专门条例确定的方式选举产生，该专门条例规定当选代表选票的权重，当选代表的人数不应超过有表决权人数的百分之三十。

省级协调办及大城市协调办应当以相关地域的需求和规模为基础，其成员人数下限为十人，上限为三十人。

省级议会或大城市议会的党团组长和副组长为大区协调办的法定成员，省级或大城市青年负责人（根据第四十九条青年运动条例的方式独立遴选产生）也是法定成员。

非协调办公室中成员常住在其所属领区内的国家议员及大区议员可以

参加协调办工作（但没有表决权）。

在省级协调办公室及大城市协调办公室内，协调员可与一名副协调员协商，任命最多五名其他副协调员。

省级协调办公室及大城市协调办公室确定自由人民党党团在本地区议会和政府机构的方针。

在协调员及副协调员无法达成一致意见时，省级协调办公室及大城市协调办公室按多数票决议。

第三十二条　市级协调员及党员大会

如果某市地域范围内住有三十名以上的外围党员或党员，且党员人数不低于十人，则应当设立一名协调员。如果达不到该条件，省级协调员与副协调员协商，任命一名市级代表。

市级党员大会通常每三年召开一次，当超过半数有表决权者提出要求时，也可召开市级党员大会。居住在市内的所有外围党员及党员，本章程第七条提及的主要居所在市内的外围党员及党员均应参加党员大会。大会形式按照大会条例确定召开，条例规定当选代表选票的权重，当选者人数不应超过有表决权数的百分之三十。大会选举产生市级协调员以及由不足十人组成的市镇级协调办公室，也可以选举产生参加省级代表大会的代表。市级协调员（或者市级代表）在当地组织相关活动。

市级协调员遵循国家、大区、省级机构的大政方针，在其所属辖区内领导、组织自由人民党的政治活动。

第三十三条　选区协调员

在大城市及大区首府城市下属的各个选区分设选区协调员。

每三年召开一次选区党员大会。居住在该选区内的所有外围党员及党员，本章程第七条提及的主要居所在该选区的外围党员及党员都应出席大会。大会采用直接参与制，其形式由条例确定。大会选举产生一名选区协调员及由不超过五人组成的选区协调办公室。

市辖区协调员及协调办公室在其领区内协助市镇级协调员与协调办公室开展相关工作。

第三十四条　地方党员的活动

外围党员及党员参与各项活动，根据条例规定，在市及选区内行使选举权。如果市内外围党员或党员人数没有达到本章程第三十二条规定的三十人，则按照条例确定的方式，在最邻近的市镇大会中行使选举权。

市及选区的各组织支持公民最大限度地参与到政党的政治和组织活动中来。

（三）不得兼任

第三十五条　不得兼任

专门的条例规定党内职务与其他机构和外部代表的职务不得兼任。

（四）行政制度

第三十六条　自由人民党活动的经费筹措

自由人民党的资金来源于：

（1）外围党员、党员交纳的年费；

（2）其他合法社团的入会费；

（3）代表大会中当选者的捐资；

（4）法律允许的一切其他筹资活动。

党费、入会费以及代表大会中当选者的捐资总额经与全国政务书记商议，由主席办公室确定。

主席办公室确定自由人民党国家及地方各级机构之间的资源分配标准，批准全国政务书记制定的分配计划。

根据有关条例的规定，党费应全部用于国家及地方组织的各项活动，并且在全国总部和地方部门间合理分配。

自由人民党地方各机构之间分配的总体规则及标准由专门条例加以规定。

第三十七条　全国政务书记的职能

全国政务书记及其副职是自由人民党的法定代表，根据协调委员会的方针与指示展开各项工作。主要包括：

（1）从事必要的法律行为以达到建党目的，开展并协调必要的活动，从而对政党进行有效的行政管理。

（2）执行主席办公室的常规及特别行政管理的决议。

（3）完成一切银行业务，包括任命代理人，请求互助金及信贷，执行付款，收取应收款。终止或签署交易项目，交纳法律规定的公共税费。

（4）每个财政年度结束，即12月31日之后的六个月内，全国政务书记和副书记编写并向全国领导核心提交财务账单以获得领导核心通过。

（5）制定财务预算，并提交给主席办公室以供审批。此外，配合完成会计工作，管理财务资料及账册。

（6）定期向主席办公室通告自由人民党的财务经济状况。

（7）按照主席办公室确定的标准及规章制度，准备资源分配的总计划。

（8）管理为竞选活动的投入资金，准备法律要求的财务报表。

（9）制定有关财务账目编写、筹集资金和自由人民党一切必要的行政管理活动相关的程序。

各个地方机构，即使拥有行政和法律行为自主权，也应当与全国政务书记的指示保持一致。

如果不遵守全国政务书记的规定，则可执行行政处分；情况严重的，派遣特派员。

凡是未授权给协调委员会的本条规定的一切活动，均由全国政务书记及副书记一同完成。

第三十八条　审计员

1981年11月18日659号法律第四条及其修正案1982年11月27日22号法律第一条规定的审计员，由主席办公室任命。

根据执行经济共同体第1984/253条指令的1992年1月27日第88号法令第一条规定，审计员必须依法注册，具有审计资格。

审计员一届任期三年，可以连任。

第三十九条　地方组织的行政自治权

由选举产生的地方组织在其所辖地域范围内，对其职能范围内的工作拥有行政及法律自主权，并对其决定承担法律责任。

按照全国政务书记及副书记提供的模版，编写预算和决算方案。

任何预算开支都应当附加有关经费来源的说明。

各国家级的机构对地方的法律行为及相关义务不承担责任。

地方机构成员对于其授权范围以外的行为承担个人责任。

任何情况下，都不允许进行下列行为：

（1）买卖不动产；

（2）买卖证券（国家债券、债务、股票等类似证券）；

（3）成立公司；

（4）在已有公司中购买股权；

（5）发放贷款；

（6）签订互助借款合同；

（7）向国外汇款；

（8）在国外开立活期账户和外汇账户；

（9）购买外汇；

（10）要求并开具背书担保或其他形式的担保。

除此以外，地方代表也不具备提交候选人名单和唱票的权利，提交候选人名单及唱票是国家级机关的专属职权，由专门的代理人执行。

第四十条　地方法定活动

为了实现大区的政治目标，由大区协调员直接负责，用于大区组织的大区基金由大区政务书记在全国政务书记及副书记的授权下，按照主席办公室作出的专项决定和有关条例的规定进行管理。

大区政务书记受权的项目不包括以下行为：

（1）买卖不动产；

（2）买卖证券（国家债券、债务、股票等类似证券）；

（3）成立公司；

（4）在已有公司中购买股权；

（5）发放贷款；

（6）签订借款合同；

（7）向国外汇款；

（8）在国外开立活期账户和外汇账户；

（9）购买外汇；

（10）要求并开具背书担保或其他形式的担保。

全国政务书记及副书记依据有关政党预算的法律规定，编写有关协调大区账目管理与全国账目管理的相关规则。

（五）内部司法机构—诉讼章程—上诉—派遣特派员

第四十一条　专属司法权

自由人民党的外围党员、党员以及社团的代表就自由人民党的活动、党章的适用、自由人民党与社团的关系、社团间的关系等问题产生分歧时，应当向纪律委员会请求帮助。

第四十二条　全国纪律委员会

全国纪律委员会由全国代表大会根据条例规定的方法选举产生，由九名成员组成。

仲裁员必须是年满四十周岁的党员，并且在党内不担任其他职务。

全国纪律委员会成员每届任期三年，可连选连任。

全国纪律委员会在其内部任命一名纪律委员会主席和一名秘书长。

全国纪律委员会负责处理：

（1）自由人民党全国委员会成员中的党员的纪律问题；

（2）与省级和首府城市大会相关的上诉；

（3）有关自由人民党大区和国家级机构行为与党章的适用问题的上诉；

（4）有关自由人民党机构间冲突的上诉；

（5）反对全国代表大会的选举操作及当选者发布的上诉，但全国主席和主席办公室的选举办公室成员除外。

关于以上事项的相关决定，纪律委员会是唯一的终局审判者。对于第一项所涉及的纪律问题，对判决时并未承认的事项，可向同一机构提起上诉。

第四十三条 大区纪律委员会

大区纪律委员会由大区协调办公室按照专门条例规定的方式，从年满四十周岁、不在当地自由人民党内部担任职务的党员中选举产生，由九名成员组成。

纪律委员会成员每届任期三年，可以连选连任。

大区纪律委员会负责在其地域范围内，听取大区、省级或大城市协调员意见，进行一审判决：

（1）自由人民党党员违反纪律的问题，属全国纪律委员会职权范围内的裁决除外；

（2）社团违反批准的规定；

（3）反对撤销社团批准的上诉；

（4）除隶属全国纪律委员会职权范围内的裁决外，与适用党章相关的所有上诉，包括机构间的争议；

（5）社团违反批准的规定、社团就与社会运动中的政治活动发生争议、反对撤销社团批准的上诉。

如果当事人对于大区纪律委员会按照专项条例所作的决议不满，可以向全国纪律委员会提起上诉。全国纪律委员会做出的二审裁决具有终审效力。

第四十四条 纪律委员会决议：起诉、辞职或履职长期受阻

全国纪律委员会按多数原则形成决议，至少有五人参与表决。

全国纪律委员会的裁决为终审裁决。

当全国纪律委员会有一名成员辞职或履职长期受阻，应由当届仲裁员选举时落选成员中排名第一的人替换。如果仍没有合适人选，由全国领导核心决定替换人选。一旦纪律委员会成员人数不足五人，则进行补选，产生其余成员。

全国纪律委员会是有权处理与主席及主席办公室成员选举相关问题的唯一机构，但处理问题时必须有参议院及众议院的党团正副组长及欧洲议会代表团长在场。

第四十五条 纪律诉讼程序

如果党员被认为违反了党章规定，或出现纪律问题，或作出任何有损于自由人民党的廉洁性或政治利益的行为时，可以对其以书面上诉的形式向相关一级的纪律委员会提起纪律诉讼。在尊重公开对质原则和辩护权利的前提下，按照主席办公室批准的条例规定进行纪律诉讼。

裁决机构的会议不应公开进行。

纪律诉讼中各级审判持续时间均不应超过三十天。

上诉的截止日期为裁决告知当事人之日起十日内。

决议放置在审判团秘书处，所有党员均可对其进行审查。

该原则同样适用于对其他合法社团内的机构提起诉讼的程序。

第四十六条 纪律措施

纪律措施包括：

（1）留党察看；

（2）开除；

（3）当社团违反规定时，撤销对其作出的批准。

当党员行为对政党运动的纪律造成严重破坏或者严重影响党的廉洁性或政策的完整性时，对其予以开除。

对社团撤销作出的批准的，与开除具有同等效力。

开除或撤销作出的批准的程序应向公众公开。

第四十七条 其他诉讼

可以由任何党员或直接利益相关人或下属社团的代表人提起纪律委员会职权范围内的诉讼。

诉讼应在争议发生后三十日内，以书面形式提交给有关纪律委员会秘书处，另有规定的除外。

请求省级、首府城市、市镇及辖区级大会决议无效的，应以包括传真等在内的形式，在大会截止日期起十日内提起。

主席办公室批准有关条例，在尊重公开对质原则和当事人辩护权利的基础上，规定接受上诉及相关决定的程序。

第四十八条　派遣特派员，中止运动活动

出于任何严重原因，主席办公室可以向政党运动内部组织的全国机构派遣特派员。

与此类似，出于任何严重原因，主席办公室经与大区协调员协商，可以解散地方选举机构，任命特派员在必要时期内负责机构的重建。

仲裁机构无法正常工作、委员会行政管理不正常并表现出不适合履行其相应职能的现象，均被视为严重原因。

在严重紧急情况下，主席或协调委员会可以即刻采取临时措施派遣特派员，该措施应在措施发布后主席办公室召开的首次会议中追加批准。

在情况特别严重的情况下，协调委员会可以立即决定终止某党员在政党运动中的工作。在留党察看情况下，应向相关纪律委员会提起启动对当事人纪律诉讼的程序。应在当事人停职后三个月内作出终审。留党察看措施应当在措施发布后主席办公室召开的首次会议中追加批准。

（六）自由人民党内部机构：社团

第四十九条　青年运动

自由人民党内部设有自由人民党青年运动，该运动是唯一的也是统一的。

按照欧洲人民党青年团章程规定，符合其户籍条件的外围党员和党员均可以参加青年运动的活动。

青年运动遵循自由人民党的目标，并集中关注青年，活动范围主要在学校、大学、劳动界，开展社会活动和社会互助活动。

青年运动的条例及其修改都应得到全国领导核心的批准。

第五十条　社团

自由人民党外围党员及党员可以成立主题社团,内容涉及各个领域,诸如社会、文化、职业、经济,以及共同的政治规划。

任何党员都可以发起社团,但社团的建立必须有不少于三十名自由人民党的外围党员或党员参加。

社团在法律形式上为非法人社团,并且不可以营利为目的。

所有社团都可以选择一个特定的名字,但需要按照协调委员会规定的形式,在前面标有"·自由人民党"。

社团的发起人向社团所在地的省级或大城市协调办公室提出申请,要求获得批准。该程序应在申请之日起六十日内完成。

应在社团所有活动开始之前提交批复申请。申请应包括明确的声明,表明接受本章程包括的所有规定,以及其他旨在规范社会运动活动的文件或条例。

批准申请的条件有:

（1）详细说明社团建立的政治方案,以及社团采取的主要方式与手段;

（2）说明地域范围,任何情况下都不应超出社团所在省级或大城市协调办公室的地域范围;

（3）社团采用与主席办公室通过模版相符的章程;

（4）规定可以自由加入或参与社团,并事先规定对于参与政治运动的外围党员及党员的不可兼容规定的限制,以及社团的发起会员与之后加入的会员没有权利和义务的区别;

（5）规定社团组织相关活动或参与相关活动时,确保社团内部政治讨论的最大化自由;

（6）一旦被撤销,立即放弃使用政党运动的名称和徽标,立即归还所有重要政治文件、宣传资料及所有涵盖政治运动标志的物品及书面标志。

社团获批之后,其发起人应立即召集社团的外围党员及党员,并预先通知省级或大城市协调员。

在社团第一次会议上，其外围党员和党员选举社团主席及章程或社团设立文件中规定的所有其他机构，现场需有一名省级或大城市协调员代表证明投票有效。

按照以上规定，有意愿加入一家或更多家社团的外围党员或党员，不应被计入社团成立不少于三十人的名额目标中，除非其所要加入的社团有这种效力。

省级协调员与大城市协调员在其管辖地域范围内，协调社团工作及社团政治活动。同时，也可以向相关纪律部门建议撤销对社团的批准。

社团拥有财务和管理的自主权。

社团获批意味着社团及其成员应当服从自由人民党的政治路线，接受相关全国和地方机构对其行为和政治活动的监督与协调。

依据本章程第三十二条、三十三条及三十四条规定，各地域范围内政治运动的政治代表属于其所辖市镇和辖区的机构。外围党员及党员按照第三十四条规定，参与政党运动，在市镇和辖区范围内行使选举权。

（七）最终规定

第五十一条　条例权力

如有本章程规定以外的情况，主席办公室可以发布一切必要的条例，以贯彻本章程。

第五十二条　章程的修订

章程的修订权属于全国代表大会，全国代表大会以三分之二多数票表决通过党章修订案。

在两次代表大会的休会期内，主席办公室可以向全国委员会建议进行可能的章程修订，全国委员会应以三分之二多数票通过修订案。

过渡性规定：

（1）全国领导核心：当全国领导核心出现可能的空缺职位时，可不执行本章程第十八条规定，由全国主席与主席办公室协商，对全国领导核心进行任命、整合或补全，使全国领导核心达到一百二十人。

（2）在全国领导核心正式选举之前，可不执行本章程第二十二条规定，由主席办公室任命全国政务书记及副书记。

（3）省级和大城市协调员：在自由人民党成立大会后成立地方机构时，可不执行本章程第二十九条、三十条、三十一条规定，由全国主席与主席办公室协商指定省级协调员和大城市协调员及其副职。

（4）省级和大城市协调办公室：在地方机构刚刚形成时，可不执行第三十一条规定，由省级协调员和大城市协调员与其副职协商任命省级协调办公室和大城市协调办公室。任命后十五日内，应获得大区协调员同意并得到协调委员会批准。

（5）大区协调员、市镇代表和辖区协调员：在地方机构刚刚形成时，可不执行本章程第三十二条、三十三条、三十四条规定，省级协调员和大城市协调员与其副职在其任命下达后三十日内，分别协商任命市级协调员或代表及辖区协调员。所在地居民人数超过三万的市镇协调员还应获得大区协调员及副协调员的批准。

（6）在自由人民党第二次全国大会之前，2008年2月27日公证书中具体规定的自由人民党成立社团及在党内机构的代表和候选人的标准有效。

（7）青年运动：自由人民党承认的各个青年组织的全国领导，在本章程生效后一年内，共同为自由人民党青年运动大会的召开就条例、组织结构、运作方式及时间等作出提案。该提案需得到全国领导核心的批准。

（8）在2007年和2008年意大利力量党及2008年民族联盟的注册成员，可不执行本章程第二条、第四条规定，只要提出明确请求并交纳相关党费，则将在2009年自动转为自由人民党党员。

（9）过渡性规定前面提及的人员，可不执行第七条第二款的相关规定，按照党证上的组织归属地，在其所属地范围内行使其选举权。

（10）在本章程通过后的十二个月内，可不执行本章程第五十二条规定，只有主席办公室有权提出章程的修订案，并以其四分之三多数票通过章程的修订案。该修订案自通过之时起生效，并应当在之后召开的首次全国委员会的会议中予以批准,该全国委员会也可以在上述期限之后召开会议。

(刘逸君、曾帅 译)

二、价值宣言

欧洲人民党,作为民主自由的大家庭,其价值观也赢得了我们的认可:人的尊严,自由和责任,平等,正义,合法性,团结和辅助性。

自由人民党源于自由,生于自由,为了自由,使意大利越来越现代、自由、繁荣和真正团结。

我们,自由人民党的全体成员,意大利的男女公民,为作为这个世界上最发达国家之一的公民而自豪。我们为属于一个千年文明,属于为人类作出最重要贡献的千年文明之一,而感到自豪。

为此,我们希望意大利能将其传统发扬光大,变得更加欧洲、更加西方。

欧洲犹太—基督教的根基,共同的古典文化和人文主义传统,以及启蒙主义的精华,构成了我们社会观的基础。

我们认可这样的价值观,尤其是那些为欧洲人民党的政治大家庭所广泛认可的内容:人的尊严,自由和责任,平等,正义,合法性,团结和辅助性。

民主多党制,法治国家,非歧视,宽容,私有制,社会市场经济是西方民主强国的基础,而上述原则就是其共同的价值观。

我们认为政治应为公民服务,而不是公民为政治服务,政治应更多地建立在价值观之上,而非利益之上。

我们认为人有其自身的价值和原则,有其存在和发展的理性与道德,是任何政治团体的起点和目标,也是政治团体合法性的唯一源头。

如果国家不把单个人的自由视为必要条件,则不存在真正的正义和团结。

我们对于人的概念摒弃任何形式的集体主义和自私的个人主义。

每个人都属于一个群体,都应该把个人利益置于群体的合法权威之下,接受保障他人基本权利和自由所必要的约束。

没有法律和秩序,就没有自由。

我们认为,真正的自由是和责任统一的自主,而非不负责任的独立。

真正的自由使每个人对自己的行为负责,本着良知面对自己的群体和子孙后代。

我们认为,后代人应该有条件和谐地生活在自然环境之中。每个人都被号召明智地管理自然财产,而不以个人特殊利益为基础行事。

个人,家庭,社会群体,团体,各国人民,各个民族和国家都应该意识到自己的行为对于每个个人、对于现在和未来的意义。

我们认为社会和国家应该为人和共同利益服务。

个人和团体应该有权利实现可以靠其活动而实现的一切。

那些因组织规模较小而无法实现的行为应交由更高层次的组织去完成:地方机构,大区,国家,超国家组织。

辅助性是分权、联邦主义、欧洲一体化的基本形式。任何社会活动都呈辅助性质。

我们认为政治有支持个人、家庭、中介团体生活和行动的责任,而不是破坏或者吞并他们。

我们认为我们所处的时代使得我们不得不改变前进的路线。如果我们不尽快改变,那么事实很快就会使我们变得更糟糕。

我们需要更强大的欧洲政治力量,我们与欧洲人民党(The European People's Party),拥有同样的欧洲精神:创建者的想法,也是欧洲(一体化)最初的想法。

我们前面要走的路还很长。这是一条为实现公民责任不断努力的道路,权利和义务是其中的两个方面。

我们需要所有意大利人的支持,所有热爱自由并愿意保持自由的人民的支持，我们恳请他们的投票，以保障这些价值和实现我们的计划。

我们想要一个真正关注贫困弱势群体的社会。我们不希望一个穷人和富人、强者和弱者相互分离的社会。

我们希望一个所有人都能享有适当生活水平的社会。

我们认为每个人都应本着负责任的道德原则，担负起养活自己的义务；同样本着负责任的道德原则，每个人都有义务帮助有困难的同伴。

我们认为，帮助没有达到这一目标的人是社会和国家的基本义务。

我们尤其认为需要采取强势的积极行动，保障男女之间事实上的平等，增加妇女入学、就业，并在公共及私人各界担负更多责任。

男女之间更高程度的平等将使我们的国家不但更正义，而且更繁荣。

我们认为家庭是我们社会的基本核心。如今家庭和社会的分裂日趋严重。

而我们认为有必要清楚地承认家庭的积极作用，并充分认识到家庭不能为其他任何社会团体所替代。

在目前的艰难形势下，家庭也是维持社会和经济稳定的宝贵要素，因为它和公共机构一道弥补社会政策实施中的缺憾。

我们不能忽视许多家庭无法拥有平静安定、具有尊严的生活的事实。

家庭必须得到捍卫，也因为这对最弱势成员、老年人、各类残疾人和失业青年极其重要。

不仅如此，我们认为家庭在教育儿童和青少年方面有无可取代的义务和责任。

在这方面，我们认为按照家庭人口数量、儿童数量减少家庭税负可以取得良好成效。

我们知道，人文主义与基督教的价值观和科学进步的成就，尤其是生物医学的成就相冲突。

这种进步以非比寻常的方式对全体公民的健康和福利作出了贡献。我们会尽量承认它。

我们认为自由和生物医学研究的进步应该得到捍卫，为此目的，应该同保护和推动人的尊严，生命权，每个人生命的唯一性，所有人生命的平等性，保护健康这些原则相结合。

事实上，承认人的尊严的原则导致科学应当为人服务，而排除人应为科学服务。

我们认为国际政治应该建立在自由的价值观与和平、自由、权利的基本关系之上。这就是我们迄今为止所努力做过、捍卫和推动的，也是我们认为各国人民都期盼并且可能实现的事情。

在这个受到恐怖主义挑战的世界，在这个受到不同文明冲突威胁的世界，构建各国人民之间的和平与对话是我们国际政治的基本义务。

我们的结盟和关系，我们对外的使命及更广泛意义上的在世界格局中的战略都与此义务紧密相连。

在这样的环境中，选择欧洲和北约尤为重要。

在这个范畴里，在过去、现在将来之间，生命观和世界观的差别就显现出来，分出左派观点和我们的观点。

我们认为自由之外还应再加上另外一种补充性的价值：在入境移民面前我们的身份安全。

正是为此，在不放弃自我，强化我们的传统、身份和自由的前提下，我们应该并且可以向新事物开放。

因为只有保存价值观、超越价值观危机，才能保持身份和安全，才能生活自由。

在这样的战略中，民族的和联邦的国家，我们共同的价值观加上我们共同的命运归宿，都起着非常重要的作用。在过去和未来、内部和外部之间发挥辅助平衡的作用。

这是我们施政计划的核心。

这是我们在意大利和欧洲的政治和经济计划的核心：捍卫我们世俗和宗教的道德原则和价值观，捍卫家庭和我们的根，促使入境移民尊重我们的文明，保卫我们的企业和工作。

自由人民党源于自由，生于自由，为了自由，使意大利越来越现代、

自由、繁荣和真正团结。

我们知道，我们的价值观植根于我们的国家和社会的优良政治传统。自由人民党真切地承认世俗中人和天主教徒、工人和企业家、年轻人和老年人，承认北方、中部和南方人。

我们为自己深得民心的特性而自豪，这点在我们的施政方案中得到了确认，这就是使意大利的社会得以统一，引导意大利社会朝着更美好的未来前进。

我们向意大利人倡导自由、经济发达和团结的社会。我们倡导的社会建立在自由化和基督教的价值观之上，建立在男女结合由婚姻形成的自然家庭上，家庭中生育抚养教育子女。我们倡导一个在世界上受人尊重和强大的意大利。

我们倡导一个所有意大利人相互认可、相亲相爱的祖国，因为这是大家共同的家园，彼此之间没有分别。

相反，左派总是给意大利带来不确定、分裂、社会仇恨和贫穷。左派的政策破坏家庭，不尊重意大利人民的道德价值观和我们传统的价值观。

为此，左派一直以来究其本质总是想让劳动者和企业家、男人和女人、父母和子女、年轻人和老年人、意大利南方人和北方人彼此分离。

左派到处看到的都是敌人。我们到处看到的则是和我们一样的同类。

尽管面对巨大的困难，我们仍然不划分左派右派地关注所有意大利人的福利。

因为政府是所有意大利人的政府，而不仅仅是那些为这个政府投票的人的政府。这才是真正的政治道德。

我们希望意大利的人民自由而有责任感，可以把未来掌握在手中，可以为自己选择好的工作，可以按照自己的价值观和意愿抚养孩子。

我们希望我们的社会中所有的年轻人不分社会阶层，都可以上学取得各种高等中学或大学毕业文凭。

我们希望社会中的年轻人都能有工作，工作能使他们迅速地独立，可以组建家庭。

我们希望我们的社会中没有人落后。因为每个人都有不可估量的价值，因为每个公民的福利意味着所有公民的福利、全社会的福利。

我们希望有强劲而有活力的经济，它建立在现代高效的企业基础上，建立在创造性和创新性的基础上。因为没有经济的增长就无法解决社会问题，就无法保障所有公民都有权得到的服务。

我们认为我们所处的时代使得我们不得不改变前进的路线。如果不尽快改变，那么很快事实就会使我们变得更糟糕。

我们需要更强大的欧洲政治力量，我们与欧洲人民党（The European People's Party），拥有同样的欧洲意识，即欧盟一体化。

我们前面要走的路还很长。这是一条民间社会不断努力的路，权利和义务是同一事物的两个方面。

我们需要所有意大利人的支持，所有热爱自由并愿意保持自由的人民的支持，我们恳请他们的投票，以保障这些价值和实现我们的计划。

三、关于不可兼任的条例

为执行自由人民党章程第三十五条的内容，以保障更好的职务分配，特规定以下几点不可兼任：

第一条　自由人民党内部职务

大区协调员或其副职的职务与下列职务不可兼任：

（1）全国各部门的负责人；

（2）全国委员会主席；

（3）省协调员和副协调员。

省或市协调员或其副职与下列职务不可兼任：

（1）全国各部门的负责人；

（2）全国委员会主席；

（3）大区协调员和副协调员。

第二条　自由人民党职务和机构职务

大区协调员或其代理人与下列职务不可兼任：

（1）政府成员；

（2）大区主席；

（3）大区政府成员或党团组长；

（4）大区代表大会主席；

（5）省主席或省政府成员；

（6）作为首府都市的市长和政府成员；

（7）居住人口过一万五千人的市镇市长。

省市协调员或其副职与下列职务不可兼任：

（1）政府成员；

（2）大区主席；

（3）大区政府成员或党团组长；

（4）省主席或政府成员或省党团组长；

（5）作为首府都市的市长或政府成员；

（6）居住人口过一万五千人的市镇市长。

第三条 其他的不可兼任

大区协调员或其副职与下列职务不可兼任：

（1）国家、大区或地方机构参股的公司的董事会成员；

（2）自由人民党工作人员。

省市协调员或其代理人与下列职务不可兼任：

（1）国家、大区或地方机构参股的公司的董事会成员；

（2）自由人民党工作人员。

第四条 成为选举候选人的条件

省或大城市协调员及其副职，如欲参加欧洲、大区政治选举或行政选举（居住人口少于一万五千人的城市除外），应在自己要参加竞选的机构换届到期前六个月中止自己的党内职务。如果选举提前进行，欲参加上述竞选的协调员为使其中止职务立即生效，应在自己欲参加竞选的选举大会解散法令公布之后七日内发表（解职和竞选）声明。

第五条　适用

在大会工作开始的时候，省或大城市协调员及其副职的职务的候选人要向主席办公室提交声明，以表明自己知晓前面第二、三条所涉的不可兼任事项，并为自己是否存在规定的那些不可兼任的情况加以认证。

如果在省或大城市协调员及其副职大会举时存在前面第二、三条所涉的不可兼任的事项，则不得宣布出现兼任情况者的协调员及其副职的职务，全国政治局书记给当事人三天时间改变这一情况。如当事人未在规定期限内做出选择，则终止其党内职务，如果是党内的两个职务冲突，则终止后担任的职务。

在其他不可兼任的情况由全国纪律委员会核查。如果被查实有一人身兼两职的情况，则全国政治局书记会给当事人十五天的时间做出选择。如当事人未在规定期限内做出选择，则终止其党内职务，如果是党内的两个职务冲突，则终止后担任的职务。

附则：

1. 在更新任命或职务时实行不可兼任条例。

2. 因在目前阶段议会还在讨论有关省政府成员和国有公司的董事会成员的措施，就这些职务的不可兼任性，全国领导核心书记在三名全国协调员辅助下负责保留不执行规定的可能性。

同样，担任省主席或首府城市市长之职的和已经提交了辞去行政职务的申请书但辞职手续尚未办理完毕的议员也可以不执行规定。

（刘逸君、曾帅　译）

第三章 绿 党

一、绿党联盟新党章程

(修改内容于 2012 年 1 月 14 日和 15 日全国会议通过)

(一)原则

第一条 宣言

环境须臾不可离弃,人类与其他物种同处在自然与社会关系所建构的体系中。

绿党,正如它的名字所蕴含的,担负着生态保护的使命。这一点在其纲领和文化中也有深刻体现。绿党的行动,包括制度性行动,符合生态学的政治性、透明性和法制性原则。

在建立在对自然和人类劳动最大程度和最广泛的盘剥利用基础上的经济增长中,绿党看到导致我们这个星球堕落的本源,看到包围着工业化国家及其居的民生态失衡和环境污染的本源,看到四分之三的人类处于残酷和悲惨境遇的本源。这种盲目、失衡且不公正的经济增长,是数百万人受到社会压迫的根源。他们被剥夺了工作,失去对自己命运的掌控权,成为社会从属阶层中的一员,成为边缘阶层中的一员,成为外来者中的一员。

绿党认为,人类的大规模迁徙以及不断发生的地区冲突和宗教战争的根源在于发达的北半球和落后的南半球之间、富裕地区和贫穷地区之间、富足世界和悲惨世界之间的不平衡发展。

绿党拒绝一切形式的种族主义和歧视。复杂性、多元化和差异性——至少种族之间和个人之间的联系、统一和团结——是财富的源泉，是自然进化和社会演进的源泉，也是生命的源泉。

绿党按照这些原则进行政治实践，按照发扬合作和团结互助的组织形式组建机构。绿党致力于加强联合国的力量，崇尚非暴力，批判等级制度和官僚主义，拒绝战争和战备。

人类对自由和公正不可遏制的渴求是一笔财富。绿党正是这笔财富的使用者。绿党信仰民主、公民自由、政治自由和宗教自由的基本原则。

绿党努力保护和捍卫其他动物的权利，并发表广泛申明支持联合国教科文组织于1978年10月15日通过的动物权利法案。

绿党承认性别差异的价值及其带来的财富，推动女性和男性在各个级别的组织和选举中行使真正的代表权。绿党承认社会上和党联盟内部性取向差异和性别身份差异的价值及其带来的财富。并认为在决策中尊重差异是生态意识的集中体现。

绿党为建立在民主联邦和互助原则基础上的欧洲政治统一而奋斗。

第二条　加入绿党

加入绿党是个人的自由行为。

无论男女、国籍和宗教信仰，都可加入绿党。入党后颁发全国统一的党员证和入党宣言。

加入绿党意味着接受绿党党章一切条款和党内一切规定。

党员有权参加绿党的活动，并在活动中就各个级别的讨论议题自由阐述观点、作出评论。党员有权在投票地点按照党章和规定确定的方式投票，决定政治路线和选举各个机构。党员有义务尊重绿党的启示性原则。

申请入党的方式和入党资格审核标准由全国联盟党委制定。

第三条　论坛

党员可以发起主题论坛。论坛以详尽阐述某个主题和提出纲领性建议为目标，可向非党员开放。全国联盟党委批准设立全国主题论坛，并以确保论坛具有广泛的、良好的社会和文化代表性为原则，规定其设立方式、运行方式、资金来源、磋商方式和审核活动的方式。

第四条　命名和总部

绿党联盟，也称为"绿党"。党徽象征微笑的太阳，党徽上有"绿党"字样。绿党的总部设在罗马。

（二）组织结构

第五条　地域组织

绿党地方组织分为：大区联盟，省联盟，有时还有市镇联盟。

可以通过市协会、城际协会和地方支部（片区支部和主题支部）将党员组织起来。

成立大区联盟、省联盟和市镇联盟需获得全国联盟的批准。全国联盟按照全国联盟党委制定的规则，根据该地区人口和党员的比例以及选举中绿党在该地区获得的票数对地方联盟进行资格审核。

全国联盟党委为市协会和城际协会制定规则，规定其成立、资格审核和保障民主运行的方式。

市协会和城际协会在相应级别的区域内行使绿党的政治代表权。如果市协会或城际协会的辖区内有地方支部（片区支部和主题支部），则支部的政治代表权亦由相应的市协会或城际协会行使。

地方支部（片区支部和主题支部）需按全国联盟党委制定的规则建立，方可获得批准，开展活动。

第六条　大区联盟

大区联盟由大区中加入绿党的居民组成。在该大区内有稳定学业或工作、并可提供文件证明的党员也可申请加入大区联盟。对于特伦蒂诺大区联盟和上阿迪杰大区联盟，根据其大区辖区的大小，所有党的章程有所调整。

大区联盟负责绿党在大区的政治决策。成立大区联盟需获得全国联盟批准。审核标准为：大区党员数量、选举中绿党在大区获得的票数以及大区内获得批准的省联盟的数量。若大区没有满足或不具备上述某个条件，全国联盟可进行干预，以助其满足获得批准的条件。

大区联盟致力于推动省联盟的成立，巩固绿党在大区内的势力。

市协会和城际协会的成立需按照全国联盟党委制定的规则，并获得其所在大区的大区联盟的批准。

第七条　省联盟

省联盟由省内加入绿党的居民组成。在该省内有稳定学业或工作、并可提供文件证明的党员也可申请加入省联盟。省联盟负责省内绿党的政治决策，并参与其所在大区内绿党的政治决策。

成立省联盟需获得全国联盟批准。审核标准为：省内党员和人口的比例、选举中绿党在省内获得的票数。

第八条　市镇联盟

在必要时成立的市镇联盟，由都市内加入绿党的居民组成。在该都市内有稳定学业或工作、并可提供文件证明的党员也可申请加入市镇联盟。市镇联盟负责都市内绿党的重要政治决策。

成立市镇联盟需获得全国联盟的批准。审核标准为：都市内党员和人口的比例、选举中绿党在都市内获得的票数。

全国联盟负责解释市镇联盟与其他地方党组织之间的关系。

第九条　大区联盟、省联盟和市镇联盟的机构

大区联盟、省联盟和市镇联盟包含以下机构：

会议；

两个不同性别的发言人；

财务主管；

执行委员会；

联盟党委（对大区联盟为强制性，对省联盟为非强制性）。

所有省会议和都市会议均召集所有党员参加。大区会议在下列情况下可召集代表参加：为了修改规定或作出纲领性政治决策；大区内注册党员超过五百名；为了选举大区联盟机构。参加大区会议的代表由省会议选出。各省的代表名额由省内党员数量和选举中绿党在省内获得的票数决定。

上述机构的职权、选举方式和其他涉及这些机构的规定或措施由全国联盟党委制定。全国联盟党委应本着互助的原则，制定相关规定。

第十条　全国联盟机构

以下机构为绿党确定政治方向、作出政治决策：

全国会议；

两个不同性别的发言人；

全国执行委员会；

全国联盟党委。

第十一条　全国会议

全国会议通常召集代表参加。参会代表由省会议选举产生。各省代表名额取决于该省的注册党员数量和选举中绿党在该省获得的票数。当全国注册党员数量等于或小于一千名时，全国会议召集所有党员参加。

应全国联盟党委要求，全国会议至少每两年召开一次。全国会议必须讨论纲领性政治问题。

全国联盟的两名发言人、全国执行委员会和全国联盟党委的半数委员均由全国会议选举产生。

全国会议上通过的政治提案对绿党联盟的所有机构均有约束力。在选举全国联盟发言人时，政治提案中应包括两个不同性别的发言人候选人提名。

当全国会议召集代表参加时，参会代表最多一千名，由省会议选举产生。

全国会议由全国执行委员会通过常规或临时召集。若全国联盟委员会三分之二的委员同意，或至少三分之二的大区联盟同意，则临时召开全国会议。

至少三分之一拥有投票权的代表或党员出席会议，全国会议的召开才有效。

全国会议的职能由会议上的多数票决定。

第十二条　两名发言人

两名发言人负责向党内和外界传达全国执行委员会和全国联盟党委的决定。年龄较长的发言人是绿党的法定代表,可授权他人履行某项职责。

两名发言人可任命活动部门和工作团队的负责人。

需由至少全国三十分之一的党员提名或二十名全国联盟党委委员的提名才能获得发言人候选资格。全国联盟需在发言人发表竞选演讲至少三十日前将候选人的数量告知所有党员。每个党员只能提名一对不同性别的候选人。

当按上述方式无法选出候选人时,全国联盟党委进行投票,以多数票原则确定至少两对发言人候选人。

候选人必须发表演讲,阐述其努力实施的工作计划的核心内容。获得超过半数有效投票的一对候选人即当选发言人。若任何一对候选人获得票数均未达到半数,则在得票最多的两对候选人中进行投票决选,得票多者当选。若在决选中,两对候选人得票数一样,则重新进行选举。

若发言人被三分之二的全国联盟党委委员投不信任票,则将被撤职。若发言人被撤职或辞职,则由执行委员会临时履行其职责。同时,执行委员会立即启动新发言人选举程序。该选举程序必须在原发言人停止履职后六十日内完成。

同一对发言人的任期不得超过两届。

第十三条　全国执行委员会

全国执行委员是执行绿党政治路线的机构,负责全国联盟的政治组织和行政组织。

全国执行委员会是绿党党徽的持有者,有权力根据全国联盟党委制定的准则授权使用党徽。执行委员会可以委派一名或多名委员负责党徽使用或禁用的相关事宜。只要遵守民主原则和党章规定,绿党的协会和联盟有权在职责范围内使用党的标志。

执行委员会的成员,分别负责政治和组织领域的具体事务。

执行委员会由两名发言人和其他七名成员组成。这七名成员由全国会议选举产生。

执行委员会由两名发言人召集并领导。他们也是意大利国家议会中绿党团体的主席，但不享有投票权。他们也是绿党在欧洲议会的代表和绿党在意大利政府中的代表，但均无投票权。

执行委员会的决议由委员会多数票决定，未达到多数时，由两名发言人的投票决定。

第十四条　全国联盟委员会

全国联盟委员会制定绿党的政治路线，确定基本的民主制度，同时拥有党章赋予的其他权限。此外，党委还可以提出修改党章的议案。

全国联盟党委最多由一百人组成。其中一半委员由获取资格的大区联盟选出（每个大区联盟选派的委员数取决于该大区注册党员数量和选举中绿党在该大区获得的票数），而另一半委员由全国会议选举产生。

全国联盟党委每年至少召开三次会议。会议由两名发言人召集并主持。担任议员的绿党党员，也是全国联盟党委成员，但没有投票权。两名发言人和全国执行委员会也是党委组成部分，且享有投票权。

全国联盟党委根据执行委员会的提名，任命一个保障党章实施的机构。

如果党委中某个成员因任何原因辞职或停职，其职位由落选名单中的第一名接替。

全国党委不仅要制定审核地方党组织的方式和选举各级机构的方式，还要确定大区联盟、省联盟、市镇联盟、市协会、城际协会以及地方支部（片区支部和主题支部）的职能和一切有关上述机构的规定和措施。

全国党委要规定每年绿党新党员人数，并制定申请入党和审核入党资格的方式和标准。

全国党委应确定每年拨发给地方党组织的经济物资。

全国党委应订立绿党"微笑的太阳"候选人选拔标准和有绿党参加的其他联盟机构的绿党候选人选拔标准。

全国党委应规定全国主题论坛的建立方式、运行方式和讨论方式。

全国党委应制定党徽的使用原则。

第十五条　财务主管

全国联盟财务主管由两名发言人提名，在全国执行委员会中挑选。

财务主管参与和协调必要的活动，以保证绿党实施正确的行政管理，即为所有机构的每一笔支出安排资金。财务主管负责绿党的金融、财产、不动产和管理事宜。财务主管负责使用和管理绿党的财政收入，预先制定年度财政预算和财政决算并使其获得全国联盟党委的通过。

财务主管应保证会计工作合法有序地进行，保证各机构的开支决议符合实际预备金的情况并且包含在预算项目内。财务主管如果认为某项开支数额超过实际预备金或不在预算项目内，可以否决该不符合条件的开支决议，并要求重新审核该决议。

财务主管可以操作一切银行业务，包括任命签字代表、增加抵押、申请信托、履行支付和收回欠款；可以放弃买卖特权，也可以批准交易。财务主管可以任命代理人和代表，可以领取竞选筹集到的资金、国家拨款或绿党按照法律应得的一切款项。执行委员会可委托财务主管行使临时管理权。此外，财务主管还可签署抵押合同和担保合同，可以执行委托申请，可以申请、优化和使用银行信贷，可以签订各种性质的合同，签署由全国执行委员会详细叙述并将由绿党联盟署名的经济工作决议。

第十六条　公共条例

绿党大区联盟、省联盟和市镇联盟的机构选举实行党员普选制。如果大区联盟的党员超过五百名，则其机构选举可以在党员代表中进行。

入选机构的党员和执行委员会的成员亦是相应级别更大范围的组织机构的成员，但在此类机构中，他们不享有投票权。

全国性机构中职位的任期为四年。大区联盟、省联盟和一些特殊的地方机构中职位的任期由相关规定决定，但最多不得超过四年。

在任何一个机构中，若有至少五分之一拥有投票权的成员要求召开会议，则会议必须召开。

为保证机构成员性别比例平衡，候选人名单中同一性别的候选人不能超过半数。

代表机构要求照顾到多方利益，因此在其选举中，根据性别平衡原则进行投票。贯彻这一原则的具体方式由全国联盟党委决定。在集体机构的选举中，如果某个机构需要某个性别的人员偏多，则投票时需要优先考虑这个性别的候选人。

如果至少十分之一的党员要求召开党员会议，则会议必须召开。

为发挥机构的最大功能、便于机构人员的更替，机构候选人提名由相应级别的党组织按照党章中的原则和特别制定的《全国联盟党委规定》评估和批准。《规定》在候选资格的定义中强调了绿党联盟的原则，详细阐述了挑选候选人的标准和限定条件——从最多连任两届到禁止兼任两职。《规定》还指出候选人应该担负的职责。

绿党作出的决策应符合互助原则。

绿党联盟承认各个级别党组织中少数派的权利，保证其活动、思想表达的自由和提出议案的权利。

（三）资金来源

第十七条　绿党联盟的资金来源、份额、数量

每个地方组织都有各自的党员自筹资金的标准。

临时捐款式的公开筹资和其他转移到绿党名下的各种名目的必收费用，被拨给获取资格的大区联盟和省联盟。拨款额度根据全国联盟党委制定的特别规定，各个联盟的份额则根据最近一次意大利政治选举或欧洲选举中绿党在该联盟区域内获得的票数。对于还未获得资格的大区联盟，为其拨款的份额和形式由执行委员会确定。

地方组织有义务按照透明、公正、公开的原则，制定年度财政预算和决算，并使其通过审核。大区联盟和省联盟应向执行委员会提交年度财政预算和财政决算，否则全国联盟将暂停向其提供经济支持。

第十八条　支持者

支持者，即不想加入绿党，但希望支付一定金额与绿党合作的人。

绿党与支持者群体的关系，在全国层面，表现为互通信息，在地方层面，表现为共同组织参加活动。

绿党与支持者群体的关系，是绝对公开、透明的。

第十九条　审计机构

应绿党联盟财务主管请求，罗马经济贸易博士公会（Ordine dei Dottori Commercialisti di Roma）为绿党联盟任命三名审计师。审计师每三年更换一次。

三名审计师被委托承担政党预算法案规定的审计职责。

（五）党员纪律和担保规范

第二十条　党员义务和担保规范

未能履行党章和入党宣言所规定的义务、不遵守绿党启示性原则的党员将面临纪律处分。

根据情节轻重，适用处分如下：

（1）谴责；

（2）暂停行使党员权利；

（3）免除绿党党内职务并要求辞去由绿党任命的职务；

（4）开除党籍。

下列任何一条均可作为开除党籍的理由：

（1）出现在绿党的竞争者或绿党加入的同盟的竞争者的宣传资料和/或候选人名单中；

（2）因严重侵犯他人权利、严重危害环境和公共管理、加入黑手党性质的团体、贪污腐败和严重的歧视行为而被判刑；

（3）多次严重违反启示性原则且因此立即受到上述纪律处分。

第二十一条　纪律处分

有关纪律处分和执行处分的主管机构的规定应由全国联盟党委三分之二委员投票通过。

第二十二条　仲裁条款

全国仲裁委员会负责按照全国联盟党委多数票通过的程序，保护绿党赋予党员的权利，解决一切因实施或违反党章和规定引起的争论。仲裁委员会遵守党章和规定，充当仲裁者的角色。

仲裁委员会由五名法学家组成。法学家从至少有五年从业经验的律师以及地方法官和大学老师中挑选。

全国仲裁委员会成员，先由全国执行委员会提名，然后由全国联盟委员会投票，获得三分之二票数者即当选。如果连续三次无人获得三分之二的票数，则获得过半数票者当选评审委员会委员。

评审委员会任期三年。在此期间，其履行相应职责直到选举新委员。

如果其中一个委员辞职或无法履行职责，从全国联盟党委委员会辞职生效到有人继任这段时间中，评审委员会的决议由其余的成员和委员会主席投票决定；如果主席票与其他三票不一致，则由多数票决定。如果委员会有超过半数的成员辞职，则应准备重新选举委员会。

若在最近一年中担任过绿党党内职务或绿党委任的职务，包括由选举产生的职务，则不能当选评审委员会成员。

第二十三条　修改党章

修改党章的议案可由全国联盟委员会提出，或由十个有资格的省联盟提出，或由三个有资格的大区联盟提出，或由全国二十分之一的党员提出。该议案可按全国联盟党委制定的方式通过，或由全体党员投票公决通过，或由全国代表大会通过。

在代表大会上，需有三分之二的票数赞成，方可通过党章修改议案。

过渡性规定：

在首次贯彻本章程第十六章第十六条规定时，应向时任机构人员宣布适用该规定。

二、入党程度和资格审核

（原《党章》第二条）

第一条　加入绿党是个人的自由选择。加入绿党意味着接受绿党的党章和规定。党章赋予党员的权利属个人权利，不可转让和委托。

申请人可向下列绿党的地方组织申请加入绿党联盟：市协会、省联盟、大区联盟，或者全国联盟。

第二条　绿党全国执行委员会，本着遵守党章和规定的原则，监督绿党各级党组织的党员申请方式和方法；监督选举权和被选举权以及其他由入党带来的权利的行使。

第三条　全国执行委员会从其成员中任命一个担保委员，委派其评估入党申请。如果担保委员不批准从未成功申请过的申请人或此前几年申请成为党员但在最近一年未注册的申请人，则其应将此否决结果通知当事人。

在向最高一级党组织递交入党申请并获批准的情况下，若担保委员认为有重大理由否决其申请，则其应将写明否决理由的书面通知发给当事人。当事人可根据相关规定确定的期限和方式向国家评审委员会要求复审此否定决议。

在上述两种情况下，担保委员负责处理退还入党申请费事宜。

第四条　担任党内职务的党员必须在党员全国招募活动截止日之前重新注册，否则将被撤职。

第五条　行使退党权利或被开除党籍均可使当事人失去党员身份。

三、地方组织①

（一）大区联盟

第一条　资格②

大区联盟具备下列条件方可获得国家联盟承认，获得联盟资格：

1. 大区内注册党员和居民的比例达到1∶30000。

2. 在最近的一次意大利政治和/或欧洲选举中，绿党在该大区内得票率至少达到全国平均得票率的一半。

3. 大区内获得资格的省联盟应达到后附表格所列数量。**下辖四个或四个以上省份的大区，应至少有两个获得资格的省联盟，其中一个须是大区首府所在省的省联盟。**

若大区联盟不具备或不能满足上述某个条件，全国执行委员会可介入，采取一切恰当有利的措施，帮助该联盟满足获取资格的必要条件。

各大区联盟获取资格所需的省级联盟数量

大区	下辖省份/个	大区联盟获取资格所需的省联盟数量/个
阿布鲁佐	4	2
巴西利卡塔	2	1
卡拉布里亚	5	2，其中一个为大区首府所在省联盟
坎帕尼亚	5	2，其中一个为大区首府所在省联盟
艾米利亚－罗马涅	9	2，其中一个为大区首府所在省联盟
弗留利－威尼斯－朱利亚	4	2
拉齐奥	5	2，其中一个为大区首府所在省联盟
利古里亚	4	2

---

① 这部分内容中黑体字系2011年9月18日由联盟委员会修改。

② 参见本规定结尾处之"总则"。

（续表）

大区	下辖省份/个	大区联盟获取资格所需的省联盟数量/个
伦巴底	12①	2,其中一个为大区首府所在省联盟
马尔凯	5	2,其中一个为大区首府所在省联盟
莫利塞	2	1
皮埃蒙特	8	2,其中一个为大区首府所在省联盟
普里亚	6	2,其中一个为大区首府所在省联盟
撒丁	8	2,其中一个为大区首府所在省联盟
西西里	9	2,其中一个为大区首府所在省联盟
上阿迪杰	1	1
托斯卡纳	10	2,其中一个为大区首府所在省联盟
特伦蒂诺	1	1
翁布里亚	2	1
瓦莱·达奥斯塔	1	1
威内托	7	2,其中一个为大区首府所在省联盟

第二条　大区会议

大区会议分为党员大会和党员代表大会。为修改党章或作出纲领性政治决策须召开党员代表大会。举行大区党员代表大会时，到会代表至少三十名，至多一百五十名，均由省会议选出。选举办法与选举全国党员代表大会代表相同。

若大区党员少于二百五十名，则该大区只能召开党员大会。

通常，大区会议一年至少召开一次，由执行委员会通过常规以及非常规方式召集。若大区联盟至少三分之二的成员召集会议，则只能通过非常规方式，并须严格遵守党章中关于召集会议的规定。

---

① 新省份成立后的更新数据。

大区会议以普选方式选举会议主席、大区执行委员会和大区选派的全国联盟党委成员。拥有超过五百名党员的大区联盟，可以通过获取资格的省召开的省会议按照每二百五十个党员一个投票站的比例设立投票站，并委托大区执行委员会制定投票站设立办法。

大区会议通过的规定，只要不与党章和全国性规定相悖，可包含以下内容：

1. 大区联盟、省联盟、市协会和城际协会各个机构职位的任期，任期最长不能超过党章规定的三年。

2. 若大区联盟、省联盟、市协会和城际协会各个机构还未确定选举方式、运行方式和筹资方式，则可通过包含上述内容的规定。

3. 大区、省以及市执行委员会的组成人数，包括主席在内至少五人，至多十一人；大区联盟党委的组成人数，至少十一人，至多三十五人；省联盟党委的组成人数，至少七人，至多二十一人。

若某个规定未获得大区联盟通过，或只有部分获得通过，则大区适用相关的全国性章程和规定。

大区会议的职能由具有投票权的与会者的多数票决定（通过或修改规定除外，这需要至少三分之二票数通过）。

大区会议通过的政治动议对大区联盟各机构均有约束力。

第三条　大区主席

大区主席代表执行委员会和大区联盟委员会行使职权。

大区主席可以任命各活动部门和工作团队的负责人。

要获得主席候选资格，必须在大区会议召开前十五日（若在投票站举行会议，则在会议召开前五日）（见本规定）获得大区党委中至少二十分之一的党员的提名，或大区联盟委员会四分之一委员的提名，或者在会议上获得至少十分之一参会者的提名。在投票中获得超过半数的有效票数的候选人，即可当选主席。如果没有候选人的票数超过半数，则立刻在获得票数最多的两个候选者之间进行决选投票。如果决选投票通过投票站举行，则投票需在十五日内进行。在决选投票中获得多数票的一方当选主席。若在决选投票中两人获得相同票数，则需按上述方式再次进行投票。

若大区联盟党委中三分之二的成员对大区主席投不信任票，则主席可被撤职。

如果主席被投不信任票或辞职，那么大区所有机构解散。由全国联盟行使大区的政治代表权，并准备尽早召集新会议，按照日程重组所有大区机构。

第四条 大区执行委员会

大区执行委员会是贯彻党的政治路线的机构，负责大区联盟的政治组织和行政组织工作。

委员会成员分管政治和组织方面的各项具体工作。

委员会由主席和一定数量的委员（四到十人）组成，具体人数取决于各大区联盟制定的规定。主席和委员由大区会议选举产生。

委员会由主席召集和领导。委员会是大区绿党领导层的组成部分，但在其中不享有投票权。委员会也是绿党在大区政府的代表。

委员会的所有决策由多数票决定，否则由主席票决定。

若委员会多数委员辞职，则大区所有机构解散。全国联盟行使大区的政治代表权，同时准备尽早召集大区会议，按照日程重组所有大区机构。

第五条 财务主管

大区财务主管由大区主席提名，由执行委员会在其成员中选举产生。

大区财务主管负责开展和协调绿党大区联盟开展的各项必要的、涉及财政开支的活动，以保证规范的行政管理。大区财务主管负责大区联盟的金融、资产、不动产和行政管理事务；在获得大区联盟党委批准后，使用和管理财政收入，制定年度财政预算，进行年度财政决算。大区联盟有义务本着透明、公正、公开的精神，准备年度财政决算和预算，并使其获得批准。大区联盟应向全国联盟提交大区年度财政预算和决算，否则全国联盟将暂停给大区联盟拨款。

大区财务主管应保证会计工作合法有序地进行，保证各机构的开支决议符合实际预备金的情况并且在预算项目内。大区财务主管如果认为某项开支数额超过实际预备金或不在财政项目内,可以否决该不符合条件的开支决议,并要求重新审核该决议。

大区财务主管可以操作一切银行业务,包括任命签字代表、增加抵押、申请信托、履行支付和收回欠款;可以放弃买卖特权,也可以批准交易。大区财务主管可以委托代理人和代表领取绿党全国联盟给大区联盟的拨款。财务主管可以申请、完善和使用银行信贷;可以签订各种类型和性质的合同。

财务主管在履行法令机构要求的职责时所承担的责任也是绿党联盟须承担的责任。

第六条 大区联盟委员会

大区联盟委员会负责制定大区绿党的政治路线,修改大区的规定。大区联盟委员会的职权行使由党章及其实施条例予以规定。

大区联盟党委由主席、执行委员会、财务主管和其他十一至三十五名委员组成。这十一至三十五名委员由省会议按照选举全国会议与会代表的方式选举产生。党委的成员亦是大区议会议员和政府成员,但不享有投票权。

大区联盟党委每年至少举行三次会议。会议由主席召集并主持。

注意,若委员会中某个成员因任何原因辞职或停职,其继任者必须是在未能当选委员者中得票最多的一位。

委员会的所有决议由多数票决定,否则由主席票决定。

(二)省联盟

第七条 联盟资格①

省联盟具备下列条件方可获得全国联盟承认,获得联盟资格:

1. 居民多于十万人的省份,按照党员同居民一比三万的比例,注册党员必须达到三十名。如果一个省份绿党的得票率达到全国平均得票率的

---

① 参见本规定结尾处"总则"部分。

两倍,那么该省必须拥有的党员数可以减少百分之十;如果得票率达到全国平均得票率的三倍或更多,那么该省必须拥有的党员数可以减少百分之二十。居民少于十万人的省份,党员数不应少于二十名。

2. 在最近一次意大利政治选举和/或欧洲选举中,绿党在该省的得票率至少达到全国绿党平均得票率的一半。

若省联盟不具备或不能满足上述某个条件,全国执行委员会可介入,采取一切恰当有利的措施,帮助该联盟获取满足资格的必要条件。

第八条 省会议

省会议为党员大会。省会议一年至少召开一次。会议由执行委员会通过常规和非常规方式召集,并且须严格遵守党章中关于召集会议的规定。

省会议通过普选方式选举主席、执行委员会、党委、大区和全国会议代表、省临时党委。

注册党员超过五百名的省份可按照每二百五十名党员一个投票站的比例设立投票站。投票站设立方式由省执行委员参照大区相关条例确定。

大区联盟各机构的选举方式、运行方式和筹资方式均遵守大区会议通过的相关条例。

省会议的职权由具有投票权的到会代表的多数票决定。

省会议通过的政治动议对省联盟各个机构具有约束力。

第九条 省主席、省执行委员会、省财务主管和省联盟临时党委

省主席和执行委员会由省会议选举产生。其选举方式、职责和工作与相应的大区机构相同。省联盟临时党委由省会议通过选举其他机构的方式选举产生,其职责和工作则与相应的大区机构相似。

第十条 全国会议参会代表选举办法

全国会议参会代表由具备联盟资格的省份的省会议选举产生。此类会议在省会举行。

选派参会代表需遵守以下原则:

1. 每个获取资格的省联盟可选派至少两名代表;

2. 二百四十个参会代表名额按照绿党在各个省获得的票数分配给获取资格的省联盟。得票数为最近一次选举（国家政治选举/欧洲选举/大区选举）中绿党在该省获得的票数。

一百六十个参会代表名额按照各省党员数量分配给获取资格的省联盟。党员数量以最近一次党员招募活动后党员数量为准。

未获取资格的省联盟，只有当党员数达到获取资格所需的党员数的百分之五十时，才能选派一名参会代表。

身为政府官员的绿党成员（国家议会议员、前议员、各级政府官员和地方议会议员、大区级政府机构的提名官员），如果其所在的省联盟没有达到上述要求，不能参加全国会议投票，也不能被选为参会代表。

（三）市镇协会、跨市镇协会、地方支部

第一条　市镇协会

满足下列条件的市协会方可获得大区联盟承认：

按照党员和居民一比一万的比例，党员至少达到十名。

此外，需由大区联盟核实，正在筹备成立的市协会和已经成立的市协会或城际协会之间没有重合的管辖区。

一个新的获取资格的市协会，其发起委员会需举行党员会议，宣布市协会成立，并在会议上选举协会各机构。

新的市协会成立并且其各机构选举完成后，大区联盟需立刻呈报全国联盟。

市协会由居住在该市辖区内的所有绿党党员组成。在某个市有稳定的学业或工作，并能提供相关文件证明的党员，通过书面申请，也可成为该市协会成员。在同一个市的辖区内不能成立两个市协会。

市协会负责市一级绿党的政治决策。

市协会负责审核当地是否具备成立地方支部（片区支部或主题支部）的条件，并组织地方支部。

市协会由会议、主席和执行委员会三个机构组成。

市会议一年至少召开一次，由执行委员会通过常规和非常规方式召集。召集会议需严格遵守党章中的相关规定。

会议负责选举协会各机构以及作出政治决策。

会议的职权由会议上的多数票决定。

主席和执行委员会由会议选举产生。其选举方式和职责与相应的省级和大区级机构相同。

如果主席或执行委员会多数委员辞职，市协会所有机构解散。大区联盟行使市协会的政治代表权，并准备召集新会议，按日程重组市协会各个机构。

第二条　城际协会

满足下列条件的城际协会方可获得大区联盟承认：

按照党员和居民一比一万的比例，党员至少达到十名。

此外，需由大区联盟核实，正在筹备成立的城际协会和已经成立的市协会或城际协会之间没有重合的管辖区。

成员市必须具备同一个地区属性且在同一个大区内。同一地区属性指行政级别和选区级别相同，从那些最小的辖区单位，比如山区社区，到省级众议院选区、参议院选区；或者从地域方面看，被省联盟确定为有共同的地域需求。

一个市不能加入多个城际协会。省会或大区首府，或居民超过五万人的市，都不能加入城际协会。

城际协会的党员由成员市辖区内居住的所有绿党党员组成。在辖区内有稳定学业或工作，并能提供相关文件证明的党员，通过书面申请，也可成为城际协会党员。

注意，城际协会的选举方式、职能和机构均与市协会完全一致。

第三条　地方支部（地域支部或主题支部）

可以用地方支部的形式将党员组织在一起。地方支部需要拥有一定数量的党员方可获得市协会或城际协会承认其资格。

地方支部可以地域划分，也可以主题划分。在周边地区或社区组织的支部通常是地域支部。地域支部必须由至少二十五名党员组成。研讨某个专题，致力于展示研讨成果并将其变为重要提案的支部是主题支部。主题支部必须由至少十名党员组成。主题支部可吸收支部所在地以外地区的党员。

市协会和城际协会需核实不同地域支部的辖区没有重合，不同主题支部的研讨主题也没有重合。

地方支部必须配合协会的活动，可派代表参加活动。市协会和城际协会也可授权地方支部开展活动。由协会确定活动主题，并为活动提供必要支持。

第四条　绿党地方组织的资金来源、支持者、当选人缴费

每个地方党组织都有各自的党员自筹资金的标准。

转移到获取资格的地方党组织名下的公共资金捐款和以各种名目收取的行政费用，均属于《绿党联盟党章实施规范》第十七条中所述的捐赠资金。

有资格的省联盟的捐赠资金由全国联盟拨给该省所在的大区联盟，再由大区联盟转拨给省联盟。

《绿党联盟党章实施规范》第十八条规定，地方党组织也要有支持者群体，他们不愿加入绿党，但希望支付一定的费用与绿党合作。

绿党与支持者群体的关系，在全国层面，表面为互相支持，在地方层面，表现为共同组织参加活动。

绿党与支持者群体的关系是绝对公开、透明的。

担任国家议会议员和欧洲议会议员的绿党党员，或者在意大利议会和欧洲议会选举中当选的绿党党员需向绿党联盟缴纳一笔费用。除去财政拨款和赞助，个人负担这笔费用的百分之三十三。

当选或被任命为地方政府机构官员的绿党党员需向相应的地方党组织缴纳一笔费用。除去财政拨款和赞助，向大区联盟缴纳的费用，个人负担百分之三十三；向省联盟和市联盟缴纳的费用，个人负担百分之十五。

不缴费者将在以后的选举中失去作为绿党候选人的资格，也将无权当选绿党各级会议的参会代表。

第五条 大区联盟和省联盟公共条例

大区联盟对外也兼具服务机构的职能，为公民参加政治活动提供便利。大区联盟必须有一个办公地点、电话和传真。

大区联盟和省联盟必须有一个税号，一个银行活期账户，必要时还需要一个邮政储蓄活期账户，否则将无法接收拨款以维持其运转。若税号或账户信息变更，应立即告知全国联盟。大区联盟和省联盟必须记录会计流水账，并将其写在财政决算中。

第六条 总则

绿党在一个地区的政治代表权由该地区相应级别的绿党组织行使；若该地区没有相应级别的绿党组织，则由上一级地区的绿党组织行使。

所有绿党全国规定中没有包含的关于普选方式的内容，由相应级别的执行委员会规定，并在区域相应级别的会议上宣布。

全国执行委员会可以采用一切必要措施干预各级组织，包括在最近一次绿党参与的国家政治选举或/和欧洲选举中，如果大区联盟或省联盟的得票数少于全国大区或省联盟平均得票数的一半，全国执行委员会可以暂停/撤销联盟资格，或/和给该大区/省任命一个临时委员会或临时负责人。如有可能，首先采取的干预措施是支持联盟重组。全国执行委员会可与大区联盟一起，用同样的方式干预地方协会。

当绿党的地方组织（大区联盟、省联盟和地方协会）采取的行动与全国联盟的政治纲领性路线相悖、并给绿党带来严重后果时，也可使用上述干预措施。

四、全国党员大会召开方式

当全国会议召集全体党员参加时，需提前举行一次讨论会，在会上阐述纲领性提案、宣布机构候选人名单或者议程上的其他事项。而投票则在另外的时间举行。投票方式由全国执行委员会提前制定，省联盟投票站的投票则按省联盟的规定进行。

五、绿党的参与、决策方式及其保障

（一）召集大区联盟会议、省联盟会议、市/城际协会会议[①]

会议召集需在会议召开前十五日进行。召集对象为上一年度登记在册的党员。在召集时，除了告知必要的服务信息和会议日程外，还应说明会议召开的期限。本届会议主席的任期不应在此期限前结束。

（二）会议日程

会议按日程进行。如果修改日程不在讨论议题之内，那么日程不可修改，除非三分之二的参会人员同意修改。所有有投票权的人员可在规定的同一时间参加会议。

（三）机构选举和投票

在选举机构或代表时，对于提交候选人名单或一个候选人的最低签名数限制，不得高于参会人数的十分之一。[②] 此人数限制同样适用于提交普通政治动议和议程中的主题议案。提交议案需经投票通过。

候选人名单中，同一性别的候选人不可超过百分之五十。在集体机构的选举中，如果某个机构需要某个性别的人员偏多，则投票时需要优先考虑这个性别的候选人。

（四）不记名投票

在所有涉及候选人名单或一个候选人资格的投票中，即使只有一名参会者要求不记名投票，也应该应其要求进行不记名投票。

[①] 参见《入党规定》，其中亦包含此内容。
[②] 参见《通过投票站召集会议》。

（五）得票比例原则

选举机构和代表时，如果获得提名的竞选人之间进行投票，根据得票比例原则决定其是否当选。

（六）决议的有效性

所有代表大会作出的决议，若至少三分之一有投票权的代表参加大会并且在大会上以多数票通过此决议，则此决议有效，除非事先对该决议生效所必需的得票比例另行规定。

在市协会或省/大区联盟党员会议上，要使决议生效，必须有至少八分之一有投票权的党员参加会议。

（七）由党员召集的会议

会议可应至少百分之十的党员要求而召集。在召集会议时，党员提出日程，会议主席和其他机构不得否决该日程。召集会议的要求应提交给相应级别的执行委员会。后者应在收到要求的三十日内着手召集会议。会议的召开时间应根据本《规定》确定。如果相应级别的执行委员会没能履行召集职责，则上一级执行委员会应保证会议的召集。国家会议的召集除外。

（八）不信任案和/或机构的非常规选举

应超过半数的党员要求，可对会议主席或其他机构提出不信任案。在机构不可能履行职责的情况下，应同一比例党员的要求，可进行机构的非常规选举。

获得批准的规定和条款解释已递交全国执行委员会。

（九）执行委员会的解释和说明

关于机构投票和选举，在《绿党的参会方式和决议方式及其实施保障》中，表述如下："在集体机构的选举中，如果某个机构需要某个性别的人员偏多，则投票时需要优先考虑这个性别的候选人。""优先考虑某个性别的候选人"只在事先考虑机构人员多样性时，在选举代表机构和集体机构中使用。

六、召开大区级、省级和市镇级大会党员与席位比例调整的规定

有超过五百名支持者参加的大区联盟、省联盟或市镇协会，可按照相应级别的执行委员制定的方案召开会议。重新确定议席，**调整后的席位与党员比例为一比二百五十**。

上述会议应于召开前十五日召集。召集不仅要告知会议日程，还要通知席位变化说明。竞选辩论应当在统一投票之时进行，也可在投票前几日进行。

主席的候选人资格应于统一投票前五日以普通政治文件的形式公布。候选人资格需由联盟或协会辖区内至少二十分之一的党员签名同意。除此之外，大区联盟会议主席的候选人资格也可由四分之一的大区委员签名同意，而省联盟会议主席也可由四分之一的省联盟党委委员签名同意。

其他机构的单个候选人资格或候选人名单应由辖区内至少二十分之一的党员签名同意。执行委员会应决定可签署非普通政治文件/动议的党员人数，提交这些文件以及提出候选人的时间，由主席确定。根据投票规定，上述时间也可与竞选辩论的时间一致。

投票方式由执行委员决定。执行委员还负责组织在投票站投票。至少八分之一有投票权的党员参加投票，投票即被认为有效（参加投票人数以选票数量计算）。

七、全国评审委员会的职责及履行方式

（原《党章实施规范》第 22 条）

第一条　全国评审委员会是绿党全国联盟的下属机构。其秘书处设于绿党全国联盟，负责履行本规定赋予的职责。

第二条 所有党员均可向全国评审委员会提出申诉。申诉从提交时即刻生效。若申诉由未成功加入绿党的人或此前几年入党但没有更新党组织关系的人提出，则将不为受理。

第三条 申诉不仅要指出申诉人反对的决议和其认为决议无效的原因，还要指出该决议违反了哪些党章条款及规定。

申诉还当指出对方当事人。作出申诉人所反对的决议的机构的政治代表，以及因委员会的裁决而利益受到直接损害的党员，都可被视为对方当事人。

申诉必须由申诉人亲笔签名，不允许委托他人或指定代理人包括律师代签。不过，若举行听证会，申诉人有权委托律师参加。

缺少本条规定的任一前提条件，申诉将不被受理。

第四条 申诉应提交全国评审委员会秘书处，并且必须在争议决议出台之日起十五日内提交。此期限不可拖延。超过上述期限，若申诉人证明有合理的阻碍存在并要求延长期限，评审委员会可受理申诉。超过四十日提交的申诉，任何情况下不被受理。

申诉以挂号信方式寄往绿党全国联盟秘书处转评审委员会技术秘书收。申诉提交日期以信件寄出日期为准。

第五条 评审委员会秘书处收到申诉后，先审核申诉人是否已加入绿党全国联盟。

秘书处将申诉告知所有对方当事人和有兴趣参加听证会的党员。如果党员太多，很难全部告知，则可只告知其中部分党员。告知可通过传真送达。

申诉告知包括邀请被告知人在有反对意见的情况下，于十日内提出反对意见，以及在相同期限内提出评审委员会在听证会当天听取其意见陈述的请求。上述期限不得拖延。

秘书处为每一起申诉制作书面材料，所有有兴趣参加听证会的党员均可自由查阅，除非评审委员会主席下令，某些材料需获得授权方可查阅。

第六条　第五条规定的期限过后，秘书处将申诉和其他请求交给评审委员会主席。主席需在收到申诉和其他请求起二十日内召集其他委员商讨申诉并作出裁定。如果申诉人或任何一个对方当事人要求评审委员会主席听取其意见陈述，委员会需确定听证会的日期和时间，并通知各方。裁定需在听证会后二十日内做出。

若评审委员会没有作出全体一致的裁定，则持反对意见的成员可统一将其决定写于备忘录中，并在其中详细阐述自己的观点。

第七条　若评审委员会认为必须获得某些资料或必须进行预评审才能就申诉作出裁定，则会不按照除公开辩论原则之外的评审程序办事。预评审可由评审委员会主席委派一个或多个委员进行。

在党员进行公开辩论时，评审委员会可随时总结辩论内容。参加辩论的党员应当是申诉的利害关系人。评审委员会不能在不等待预评审结果和没有联盟机构活动证明资料的情况下作出裁定，除非各方一致认为资料中所有内容因存在事实错误而无效。当资料的部分内容或所有内容被认为存在意识形态或事实错误时，评审委员会如果认为该问题十分重要而且该观点不无依据，委员会应暂停裁定，并且立即指定一个不可拖延的期限，在此期限内将相关问题提交司法当局。如果该问题不被受理，则评审委员会将不考虑关于此文件真实性的争论，并就申诉作出裁定。如果该问题被受理，则委员会将暂停裁定直到司法当局作出最终裁决。

第八条　评审委员会的裁定具有终局性，对所有党员和绿党全国联盟的所有机构具有约束力。裁定只能由全国执行委员会执行。执行委员会可指派其中一个成员采取一切有效措施，执行裁决。

如果全国执行委员会不履行职责，申诉获胜方可再次向评审委员会申诉，要求其为执行裁定规定一个不可拖延的期限。

获得批准的规定和条款解释已递交全国执行委员会。

八、纪律处分

（原《党章实施规范》第二十条、第二十一条）

第一条 根据《党章实施规范》第二十条，纪律处分是大区执行委员会的职责。执行委员会采取由绝对多数票通过的方式履行这一职责。如被执行人为大区执行委员会的成员，则由国家执行委员会执行纪律处分。全国执行委员会还可对在政府中任职的党员，或当选大区议员的党员，或当选国会两院议员或欧洲议会议员的党员执行纪律处分。

第二条 如果事先没有书面的处分决议，则不能对党员执行任何纪律处分。处分决议应由职能机构在其获知应受处分行为的三十日内作出。在应收到处分决议的党员要求，听取其辩词之前，不能对其采取任何制裁。处分决议必须包含一则说明，即，若被处分人在收到处分后五日内不提出陈述辩词的要求，则可对其执行纪律处分。

第三条 可采取的纪律处分仅限于《党章实施规范》第二十条所规定的处分。在暂停行使党员权利的处分中，暂停时间不可少于三十日，多于一百二十日。

第四条 若在作出处分决议起九十日内没有执行处分，则处分决议失效。

第五条 同一个行为，不可依据多条纪律规定重复处分。

第六条 若情节特别严重，执行纪律处分的职能机构可采取预防性措施，即在执行处分期间，禁止在绿党机构中任职的被处分人参与机构事务。

第七条 收到处分决议后，被处分人可在国家评审委员会规定的期限内，用其规定的方式向其申诉。该期限过后，根据《过渡性规定》，执行纪律处分的职权，按各自职权级别，分别属于国家执行委员会及其主席和大区执行委员会及其主席。

获得批准的规定和条款解释已递交全国执行委员会。

（杨颖 译）

第四章　北方联盟

北方联盟——帕塔尼亚独立章程

2012年6月30日—7月1日的联盟大会审议通过

第一条　宗旨

北方联盟的全名为"北方联盟——为了帕塔尼亚的独立"。北方联盟是一个政治组织，其最终目的是通过民主方式获得帕塔尼亚的独立，并建立国际社会承认的主权共和国。

第二条　北方联盟的构成

北方联盟由以下分部构成：

1. 上阿迪杰
2. 艾米利亚
3. 弗留利-威尼斯朱利亚
4. 利古里亚
5. 伦巴底
6. 马尔凯
7. 皮埃蒙特
8. 罗马涅
9. 托斯卡纳
10. 特伦蒂诺

11. 翁布里亚

12. 瓦莱·达奥斯塔

13. 威尼托

每一个大区分部下设省、市镇支部。

联盟委员会可通过决议吸纳其他政治运动。如当地没有北方联盟的地方组织，则该政治运动加入北方联盟后，改组为北方联盟的支部。如当地已有北方联盟的政治组织，则根据相应地方层级的委员会的意见，与已有的支部合并。其他政治运动一旦加入北方联盟，必须遵守联盟章程。

联盟委员会可通过决议允许北方联盟加入致力于实现人民独立自主的政治组织。

第三条 标识

标识是北方联盟的象征，其管理与修改由联盟委员会全权负责。标识的中心位置是莱涅诺纪念碑上的阿尔贝托的形象，阿尔贝托所持的盾牌之上是圣·马可的狮子形象。标识的上部写有北方联盟，下部写着帕塔尼亚。在阿尔贝托的右侧，是一个由六片花瓣组成的圆环，寓意"阿尔卑斯的太阳"。在政治选举和欧洲选举中，北方联盟统一使用该标识。而在行政选举中，各地方支部可在标志的下方或阿尔贝托的右侧标注上各自支部的名称。在所有各类选举中，联盟委员会可在法律许可的范围内，根据需要修改联盟标识，特别是选票上所印的联盟名称，联盟委员会可决定写北方联盟，或者加上所有大区支部的名称。

北方联盟以及并入其中的所有政治运动使用过的标识，即使现在已被修改、替换或不再使用，都是北方联盟的文化财富。

第四条 名称

威尼托联盟、伦巴底联盟、皮埃蒙特联盟、利古里亚联合会、托斯卡纳同盟－托斯卡纳联盟－托斯卡纳运动、艾米利亚联盟－罗马涅拉，上述政治运动虽已并入北方联盟，但这些名称仍然是北方联盟的文化财富。

第五条 联盟以及大区分部所在地

北方联盟由联盟政治秘书处统筹协调。

北方联盟的大区分部一般设在该大区首府，除非联盟委员会另有决议。

联盟委员会可根据申请通过决议，在大区分部之间组建联盟，或者组建跨地域的分部，它们的组织架构及与北方联盟的关系，由联盟委员会决定。

第六条　帕塔尼亚独立之父

1996年9月15日，有一群人在威尼斯剧院集会，宣读了帕塔尼亚独立与主权声明、帕塔尼亚人民权利草案、过渡宪章，宣告了帕塔尼亚的独立，他们和北方联盟的创始人一起签署了1989年12月4日运动宪法文件，从而成为帕塔尼亚独立之父。

帕塔尼亚独立之父是联盟大会的永久成员，在必要的情况下，他们还发挥联盟政治秘书处和联盟委员会的顾问作用。

只有联盟委员会才可作出对于帕塔尼亚独立之父的处罚决定。

第七条　解散

联盟解散的决议需由联盟大会五分之四强的成员投票通过。联盟解散时，在各大区分部之间分配联盟财产。财产分配的比例按照各大区在最近一次欧洲选举或政治选举中北方联盟的得票数确定。联盟财产须由专业机构评估。

联盟机构

第八条　联盟机构

联盟机构包括：联盟大会、联盟委员会、联盟主席、联盟书记、联盟行政委员会、联盟审计协会、联盟纪律与保障委员会。

第九条　联盟大会

联盟大会是北方联盟的全国代表机构，拥有修改联盟章程的权力。联盟大会确定北方联盟的纲领和政治路线，考核各大区分部的工作成效。联盟大会所有成员均享有发言权和投票权。联盟大会由联盟主席每三年召开一次。如联盟委员会三分之二以上的代表或联盟书记提出申请，也可召开临时会议。

如联盟书记辞职、退休或因其他原因长期不能履职,联盟副书记可在发生上述情形一百二十日内召开临时联盟大会,选举新的联盟书记。

联盟大会首次召开时,所有的决议必须获得绝对多数票才可通过。之后召开的联盟大会,只需简单多数票,即可通过决议,联盟章程有明确规定的票数要求事项除外。

提交大会讨论、投票的所有材料,必须按照大会要求打印、签名。

第十条 联盟大会的选举

联盟大会从连续为北方联盟工作十年以上的成员中选举联盟书记。

联盟书记不可兼任联盟内的其他职务。

联盟大会依据本章程第十二条的规定选举联盟委员会其他成员。

第十一条 联盟大会的代表

联盟委员会确定联盟大会的代表总数。在这一基础上,按以下方式在各大区分配名额:

联盟大会代表总数/总票数=X/大区总票数(X为大区在联盟大会的代表数),即联盟委员会确定的联盟大会代表总数与北方联盟在最近一次政治选举中的投票数的比例,要和大区在联盟大会中的代表数以及北方联盟在该大区获得的选票数的比例一致。

以下人员是联盟大会的法定成员,并享有投票权:联盟主席、联盟书记、联盟委员会成员、帕塔尼亚独立之父、大区主席、省书记、议会议员、大区委员会委员、各省主席、各省首府的市长。

第十二条 联盟委员会

联盟委员会处理联盟的日常事务,并负责解释联盟大会审议通过的联盟纲领。

每届联盟委员会任期三年,除非超过半数的联盟委员会委会同时辞职。

联盟委员会由以下人员组成:联盟主席、联盟书记、联盟财务负责人、联盟组织负责人、大区分部的书记、联盟立法办公室负责人。

联盟大会在各大区另外选举出十三人，名额分配方式如下：

联盟大会选举的 13 人／总票数 = X／大区总票数（X 为大区在联盟委员会的代表数），即联盟委员会选举的委员总数与北方联盟在最近一次政治选举中的投票数的比例，要和大区在联盟委员会中的委员数以及北方联盟在该大区获得的选票数的比例一致。

以下人员参加联盟委员会，但只有发言权：大区分部主席、联盟的三位副书记。

以下人员不是联盟委员会委员，但在联盟委员会中享有发言权：联盟政治办公室负责人、党员证及管理委员会负责人、北方联盟众议院党团主席、北方联盟参议院党团主席、北方联盟欧洲议会党团代表、联盟青年团负责人。

大区分部书记如不能亲自参加联盟委员会会议，可由大区分部副书记代替参会，该副书记同样享有投票权。

联盟委员会以简单多数的方式通过决议，但出席委员必须达到联盟委员会委员总数的绝对多数。

在票数相等的情况下，联盟书记的选票等于两张选票。

审议某些议题时，联盟委员会可召开扩大会议，纳入和议题审议相关的其他人员，但这些人员不享有投票权。

第十三条　联盟委员会的职权

联盟委员会的职权如下：

1. 决议重大事项；
2. 每年 5 月 31 日前，审议通过联盟行政委员会提交的财务报告；
3. 审议通过联盟的预算和决算；
4. 任命联盟青年团负责人；
5. 通过、修改或完善联盟的各项规定；
6. 管理本章程第二十三条涉及的资产；
7. 根据本章程第十八条的规定，任命纪律和保障委员会的六名成员；

8. 考察监督大区分部的政治表现；

9. 增加选区的选举费用；

10. 批准北方联盟大区行政长官候选人；

11. 修订财会规定。

对于十年以上、二十年以下连续党龄的党员，如被处以开除出北方联盟的处罚，联盟委员会是最终的申诉机构。

欧洲选举或政治选举时，联盟委员会在听取大区书记的意见并在大区委员会决议的基础上，决定选举名单的构成。

联盟委员会可因选举需要，颁布针对单个候选人的规定。

联盟委员会拥有北方联盟的日常管理权，联盟委员会可将自身的权力授权给联盟的其他机构。

联盟委员会可在其委员中任命执行理事会，该理事会的权力由联盟委员会授予。

联盟主席空缺时，联盟委员会可在具有十年以上连续党龄的党员中任命新主席。

联盟委员会任期三年。联盟书记负责召集联盟委员会会议。会议频率为每三个月至少一次，如联盟委员会绝对多数委员提出会议请求，也可召开临时会议。联盟书记空缺时，由联盟副书记召集联盟委员会会议。

联盟委员会经选举产生的委员，无故缺席两次联盟委员会会议，则丧失委员资格，并由上一次选举中未被选上的第一名替代。如有委员去世，也采用同样的办法递补。如联盟委员会半数以上的委员同时辞职，则在一百二十天内召开临时大会。在这段时期，联盟委员会的职权由联盟书记行使，如联盟书记辞职或因其他原因无法履职，则由联盟主席行使。

联盟委员会可根据联盟书记的要求，解散政治路线、道德准则与联盟要求明显背离的大区委员会。这样的决议须经联盟委员会五分之三多数的委员同意方可通过。大区分部的临时大会须在联盟委员会规定的日期内召开。

第十四条 联盟主席

翁贝托·博西是北方联盟的创始人，并被任命为联盟终身主席，除非其本人辞职。

联盟主席保障北方联盟的团结统一，并以帕塔尼亚身份认同为基础推动帕塔尼亚议会和联盟委员会的协调合作。

联盟主席负责召集联盟大会。

联盟主席是联盟委员会、执行委员会以及政治秘书处的法定成员。

联盟主席任联盟纪律与保障委员会主席，对于连续党龄超过或等于二十年的党员的处罚拥有最终裁定权。

联盟书记和副书记空缺时，联盟主席担任联盟委员会主席。

在联盟委员会超半数委员同时辞职以及联盟书记辞职或因其他原因无法履职的情况下，联盟主席负责行使联盟委员会的职权。

第十五条 联盟书记

联盟书记是北方联盟政治上和法律上的代表。

联盟书记对于所有的联盟机构具有管理权。

联盟书记贯彻落实联盟大会的政策方针，并任联盟委员会和联盟政治秘书处主席。

联盟书记领取北方联盟的公共财政支持资金以及报销的选举费用。

根据联盟委员会的决议，联盟书记可委派联盟委员会的其他成员承担包括法人代表在内的特定职责。

联盟书记辞职、去世或因其他原因永久无法履职时，副书记在一百二十天内召集联盟临时大会，选举新的联盟书记。

第十六条 联盟组织负责人

联盟组织负责人由联盟书记任命，是执行理事会以及联盟政治秘书处的法定成员。联盟组织负责人处理组织领域内的事务。联盟组织负责人可以参与各大区委员会的工作，监督联盟委员会决议的贯彻落实，督查各大区分部的政治表现。

第十七条　联盟政治秘书处

联盟政治秘书处由以下人员组成：

联盟书记、联盟主席、三位联盟副书记、联盟组织负责人、联盟立法办公室负责人、议会党团主席、欧洲议会党团代表、大区行政长官。

在联盟书记的邀请下，市长、省主席或其他相关人员可参与联盟政治秘书处的会议讨论。

其他成员加入联盟政治秘书处，由联盟书记决定，但事先须与联盟委员会充分沟通。

第十八条　纪律与保障委员会

纪律与保障委员会是唯一有权开除连续党龄十年及十年以上党员、省主席、国会议员、欧洲议会议员、大区委员会委员的机构。

纪律与保障委员会主席由联盟主席担任，其成员有联盟书记、联盟副书记、联盟委员会从其委员中（不能是大区书记）任命的六位成员。此外，涉及开除或重新招入党员的议题时，各大区书记或大区副书记参加会议。

保障与纪律委员会的裁决不可申诉，以下人员除外：连续党龄二十年或二十年以上的党员、省主席、国会议员、欧洲议会议员、大区委员会委员、帕塔尼亚独立之父可向联盟主席提出申诉并由联盟主席作出最终裁定，连续党龄在十年以上、二十年以下的党员可向联盟委员会提出申诉，并由联盟委员会作出最终裁定。

第十九条　联盟立法办公室

联盟立法办公室，作为咨询机构，根据联盟委员会的路线方针，对北方联盟政治路线的具体实施提出政策建议，并为联盟的其他机构提供技术、司法、立法和政治等方面的支持。

第二十条　党证管理委员会负责人

党证管理委员会负责人由联盟书记任命，参加联盟委员会，但没有投票权。党证及管理委员会由各大区书记以及联盟组织工作负责人组成，负责管理和发放党证，并对联盟委员会负责。

第二十一条　联盟青年团

联盟青年团依据联盟委员会通过的条例运行。联盟青年团的大区组织由各大区委员会设立和领导。联盟青年团成员的年龄不超过三十岁。

联盟的经济

第二十二条　经济

北方联盟不以盈利为目的。各地方分部的财产共同构成了北方联盟的财产。

北方联盟财产的使用方式由联盟委员会颁布的相应的制度限定。

第二十三条　资产

联盟的资产由以下部分如下：联盟的标识、荣誉、资金、商标、专利等。

第二十四条　收入

联盟的收入来源如下：

组织或参与示威游行的收入；

对联盟的募捐、投资、和捐赠；

根据法律所得的国家资金以及选举补偿款；

法律许可的其他收入；

符合现行法规的公民自愿捐款；

资金的使用与分配方式由联盟委员会决定。

禁止直接或间接分发利息或盈余，除非法律许可。

第二十五条　支出

联盟的支出有以下几种：

北方联盟以及地方组织的日常开销；

人员开销；

印刷费、出版费、广告费等宣传费用；

选举费用；

资助其他自主政治运动的费用；

以政治、文化、教育、体育或艺术等手段推动帕塔尼亚身份认同的费用；

推动平等的政治参与的费用；

教育、培训费用；

与其他党派组建政治联盟的费用。

联盟的管理

第二十六条　联盟管理委员会

联盟管理委员会负责北方联盟的行政与财务管理，该委员会由三名经联盟委员会任命的十年以上党龄的成员组成。

联盟委员会，在联盟管理委员会内部任命一名联盟行政官，负责联盟的行政与财务管理，并担任联盟管理委员会主席。

联盟行政委员会依照法律以及联盟委员会的决议，管理北方联盟的现金流。

联盟委员会随时都有权力撤销联盟行政官职务或联盟行政委员会。

联盟行政委员会按照自身的规定定期开会。

联盟行政官的主要职责如下：

开设和管理银行、邮局的账户，在欧盟范围内申请担保以及从事非投机性投资；

签署合同和单方协定；

签署付款命令；

人员的雇佣、管理和解雇；

议定劳动合同或合作合同；

领取北方联盟的各项资金，政府或公众对于政党的资金支持除外，如选举退款、合法的政治捐献等，这些款项由联盟书记领取；

联盟的账务管理、账簿保管、预算起草及相关工作，需遵守现行的法律规定；

完成法律规定的其他工作任务。

联盟管理委员会负责监管整个行政过程，它可以单独或联合其他部门查阅北方联盟各级组织的银行与财务记录，并可与联盟主席共同签字干预任何超出联盟委员会规定额度的支出。

联盟行政官可授权大区书记或大区行政官，议定和签署不动产合同、财务合同、劳动合同以及在指定银行开设不可透支的帐户。在授权时，必须明确指出是否可以将授权全部或部分地下放给省级行政官。联盟行政委员会的成员，可以在任何时候，独自或联合监督和查阅北方联盟各级组织的行政过程和财务情况。如在监督检查中发现重大问题，联盟委员会可通过决议停止经济支持，情节严重的，给予纪律处分。

联盟委员会制定内部会计制度，以保证财会工作的一致性。

联盟管理委员会起草财务实施报告，提交给联盟委员会审议。该报告在审议通过二十天内，要在北方联盟的网站上公示。

第二十七条　清廉保障

为保障廉洁行政以及正确的财务管理，北方联盟委托审计公司进行审计。

审计公司在其审计报告中，要对联盟行政委员会提交的财务报告作出评价。联盟行政委员会要将审计报告提交联盟委员会。

第二十八条　当选者的责任

北方联盟的当选者，有责任保证足够的时间履行职责，并向北方联盟作出经济上的贡献。这一经济贡献的数额要根据其所任职的岗位计算，具体比例由联盟委员会决定。不履行职责的党员将丧失联盟内部以及政府中职务的候选资格。

第二十九条　议会党团

北方联盟的议会党团主席直接向联盟书记负责，并保证党团以及每个议员贯彻联盟委员会的政治路线。其他政治团体的当选者如加入北方联盟的党团，则要由北方联盟议会党团提出建议，并由联盟委员会批准。北方联盟的当选者如要加入其他政治团体的党团，也同样需要联盟委员会批准。

第三十条　行政选举

行政选举时，各大区委员会均可成立选举委员会准备候选人名单。该选举委员会，在行政选举结束后解散。与其他政治团体联合参选须经大区委员会批准。

第三十一条　大区理事党团

北方联盟的大区理事党团主席直接向北方联盟大区书记负责。北方联盟的省级、市镇级理事党团主席同样也向相应层级的书记负责。

党团主席确保党团以及每位理事贯彻执行大区委员会的决议。其他政治团体的当选者如要加入北方联盟的理事党团，须事先与大区书记协商，然后经由大区委员会批准。北方联盟的当选者如要加入其他政治团体的理事党团，同样也要事先和书记协商，并由大区委员会批准。

加入北方联盟

第三十二条　注册

履行本章程所规定义务的成年人，均可自由加入北方联盟并获得成员资格。北方联盟的成员分两类，即党员和支持者。

未成年人若获得至少父母一方的同意，可注册为北方联盟的支持者。

党费应由联盟成员本人亲自缴纳。

第三十三条　成员

1. 北方联盟的党员有责任积极参与组织生活，遵守联盟委员会决定的行为准则。北方联盟的党员根据本章程和有关规定，享有发言权、投票权、选举权和被选举权。北方联盟的党员应在市镇支部注册。

如北方联盟的党员证更新，则由市镇支部发放。获得党员身份的条件和方式由联盟相关制度规定。北方联盟的党员未经授权，不可加入其他任何政治组织、秘密社团、兄弟会等。

2. 北方联盟的支持者不可缺席选举，包括联盟内部的选举。支持者的成员证可在全年任意时间发放。联盟支持者申请党员资格，必须获得成员证，并达到联盟规定的持证年限。

第三十四条　失去党员资格

1. 降级

市镇委员会在每年的 11 月 1 日至 30 日之间，考察党员的实际表现，并向省级委员会提出不为其换发下一年度党证的申请。如该申请通过，省级委员会要在决议之日起七天内告知该名党员。决议通知寄出的第十五天，该人丧失党员资格。

该人可在降级决议寄出三十天内向所在大区的委员会提出申述，大区委员会的决议不可推翻。

大区委员会可自主审查党员表现并推翻降级决议。

2. 开除

该人所在支部三分之二以上的党员同意降级，则可处以开除处分，该人承担的党内职务一并取消。此类决议，在市镇层面，须由大区委员会或联盟委员会作出，在省级层面则仅能由联盟委员会作出。

决议作出的十五天内，必须以挂号信或其他有回执的方式通知所有相关人。

被降级的党员可以支持者身份注册，并可通过相关制度规定的程序，重新获得党员资格。

第三十五条　证件

每年的注册费用由联盟委员会确定。

每个证件内必须注明是党员还是支持者。

证件样式的修改须由联盟委员会在每年 9 月 30 前决定，否则下一年度仍将使用原样式。

每位党员都要在 1 月 1 日至 6 月 30 之间更换证件。

如在 6 月 30 日内没有按时缴费费用，则不可参加北方联盟的组织生活，其承担的职务也一并停止。

从支持者转为党员全年都可办理。

省级支部要在 2 月底之前向市镇支部发送证件，否则，则由大区委员会任命一位临时专员负责证件发放工作。

第三十六条　成员资格的丧失

成员资格丧失有以下几种方式：退出、到期、开除。

北方联盟的分部

第三十七条　分部

大区分部下设省级支部、市镇支部。每个支部都设有书记职务，并由支部大会选举的支部委员会领导。

省级支部、市镇支部的区域、组建以及职责由大区分部委员会颁布相应的制度规范。

大区分部

第三十八条　大区大会

大区大会是北方联盟大区分部的代表机构。它根据北方联盟的基本路线确定大区层面的纲领和政治路线，检查督促其所属机构的工作。

大区大会根据大区委员会的决议由大区书记召开，常规情况下三年一次，但如果大区委员会三分之二的成员提出或者联盟委员会要求，也可召开临时会议。

大区大会以简单多数通过决议。

下列人员参加大区大会，并拥有投票权：大区书记、大区主席、省书记、属于该大区分部的议员和大区理事、省级大会选举的代表、大区委员会成员、属于该大区分部的联盟委员会成员、省主席、省会城市的市长。

联盟书记可参加各大区大会，但没有投票权。

代表以省为单位，从达到一定年限的党员中选举产生。

大区大会选举产生大区书记、大区仲裁委员会、大区委员会通过选举产生的成员、联盟大会的代表。

第三十九条　大区委员会

大区委员会按照联盟大会制定的政治纲领和路线，决定大区分部的行动。

在行政选举以及大区选举时，大区委员会决定政治联盟事项、相应的选举名单以及省主席、市长的候选人。

提出政治选举、欧洲选举以及大区行政官的候选人。

根据省级委员会的建议，任命省级财务负责人。

大区委员会由以下人员组成：大区书记、大区主席、省级支部的书记、大区大会的当选代表。

以下人员参加大区委员会，但只有发言权：属于该大区的联盟委员会成员、大区副书记、大区理事会党团主席、大区财务负责人、大区组织负责人、北方联盟青年团在该大区的负责人。

大区委员会可通过决议，召开大区级或省级委员会扩大会，将与议题相关人员吸纳进来参与讨论，但他们没有投票权。

大区委员会的决议，须由出席人员的绝对多数或全体人员的简单多数同意方可生效。

大区委员会的职责包括：通过大区分部的预算和决算，决定所有法律和章程中没有明确规定的重要事项，检查省级支部的支持者名录和党员名录，授权大区委员会成员监督检查各支部的工作。

大区委员会每届任期三年，每个月大区书记至少召开一次会议。八月份的会议是非强制性的。大区委员会中经选举产生的委员，如没有正当理由缺席两次会议，则由大区委员会通过决议免去委员资格，并由上一次大区大会选举中未当选的第一名顶替。如丧失委员资格的是省级支部书记，那么这也意味着其书记职务也要被取消。

第四十条　大区书记

大区书记在政治上和法律上代表所在大区分部，任期为三年。在大区书记辞职、去世或因其他原因永久无法履职的情况下，大区副书记要在一百二十天内召开临时大区大会选举新的大区书记。

大区书记负责贯彻执行大区大会的政治路线，召开大区委员会会议，并组织协调大区委员会的各项工作。根据大区委员会的决议，大区书记可委派其他党员作为其代表从事特定工作。

大区书记可以任命或撤销一个和多个副书记职务。大区副书记最多三名，其中一人具有代表大区书记的资格。

第四十一条　大区主席

大区主席由大区委员会选举产生，任期为三年。大区主席是大区委员会的法定成员，但没有投票权。

大区主席和大区书记应分属不同的省级支部，除非该大区仅为一个省。

大区书记空缺时，大区主席任大区委员会主席。

大区主席在大区委员会半数以上成员同时辞职的情况下，行使大区委员会的权力和职责。

大区主席的首要职责是协调区域内北方联盟各机构。

第四十二条　大区政治秘书处

大区书记可在党员中任命或撤销大区组织负责人和大区帕塔尼地方机关负责人职务，但无论是任命还是撤销，都须知会联盟委员会。

第四十三条　大区组织负责人

大区组织负责人的权责由大区委员会颁布的相关制度界定。

大区组织负责人负责北方联盟内部和外部的政治协调。

第四十四条　收入

大区分部的收入由以下部分组成：北方联盟拨款、组织参与示威游行的收入、印刷出版收入、市民合法捐赠、大区各机关当选者的经济贡献。这些收入的使用与管理由大区委员会相关制度规定。

第四十五条　支出

支出包括以下几个部分：

一般性支出、大区机构支出、人员支出、所辖省级组织支出、组织参加示威游行的支出、出版印刷以及其他方式的宣传支出、选举支出。

行政

第四十六条 大区财会报告

大区财会报告依据联盟财会制度制定。大区分部和省级支部每年都要提交财会报告，并于 2 月 28 日前提交联盟行政委员会。

行政监管

第四十七条 联盟审计协会

联盟委员会可在任意时间检查北方联盟的财务状况，并可任命或撤销联盟审计协会成员及其主席。联盟审计协会成员不必是北方联盟的党员，但必须具备审计从业资格。北方联盟的预算必须通过专业审计公司的预审。

北方联盟审计协会主席可在任意时间检查联盟的财务收支情况，并可应邀参加联盟委员会会议，但没有投票权。

联盟审计协会每年提交一份北方联盟的审计报告。

第四十八条 不可兼任

联盟委员会负责检查联盟审计协会成员是否遵守不可兼任党内其他职务的规定，是否是党内其他职务任命者的三代以内直系亲属。

监察和保障体系

第四十九条 监察

对于北方联盟的成员、机构、行为的违纪违规情况，根据本章程第八条、第十八条、第五十条、第五十一条的有关规定，由其所在组织的上一级机构进行监管和处理。

第五十条 对于联盟机构的监察

上级机关对下级机关实行监察，上级机关有权通过决议终止或修改那些明显违背联盟章程、制度和政治路线的行为，情节严重的话，可以解散下级机关。

上级机关作出处罚决议后，如下级机关的书记辞职导致整个政治秘书处无法运转，在特别紧急的情况下，上级机关的书记可立刻任命一位专员负责下级机关的有关事务。这一任命要在下级机关政治秘书处第一次会议上通过。

除联盟委员会的决议以及那些联盟章程、制度中明确规定不可申述的纪律处罚之外，其它决议均可在通过之日起十五天内，向作出决议的机关的上级机关提起申述。

申述过程中决议依然有效。

第五十一条　对于北方联盟成员的监管

北方联盟的各级机关有责任监管其成员的政治表现以及是否遵守联盟章程。北方联盟的成员如未履行政治或道德责任，则由其所在支部向省级政治秘书处提出处罚请求。如要开除十年以下连续党龄的成员，则由省级政治秘书处将处罚申请提交大区委员会。如涉及十年及十年以上连续党龄的成员、省主席、国会议员、欧洲议会议员、大区理事等，则开除申请将经大区委员会，提交到纪律与保障委员会。

裁决机构将对事件作出判断，并在必要时举行听证会。即使被处罚人放弃辩护权，裁决机构仍要对事实进行判定。

除开除十年及十年以上连续党龄的成员的权力归属纪律与保障委员会之外，大区委员会或联盟委员会可对事实清晰、无争议的事件自主作出决议。

第五十二条　处罚

处罚有以下几种：

书面批评；

最长十个月的停止成员资格，受处罚人的党内职务一并停职；

开除。

作出开除处分，是因为该人不符合党员要求，或有多次严重侵害其他成员的行为或妨碍联盟政治活动的行为。

所谓不符合党员要求，是指该人无法达到北方联盟党员的道德条件，以及无法与北方联盟的原则相符。

所谓妨碍联盟政治活动，是指该人的声明、态度、做法等客观上不利于实现联盟的政治目标，也就是损害了联盟的团结和意识形态。

书面批评和停止成员资格的处罚权属于省级委员会、大区委员会和联盟委员会。

开除十年以下连续党龄的成员的权力属于大区委员会和联盟委员会。开除十年及十年以上连续党龄的成员的权力，属于纪律与保障委员会。

根据大区委员会或联盟委员会的申请重新吸收入党的权力属于纪律与保障委员会。

对于那些担任荣誉职务的党员同样可以作出处罚。

对于大区委员会作出的开除决议的申述，由纪律和保障委员会负责处理。

第五十三条　大区仲裁协会

仲裁协会由三名正式成员和三名递补成员组成，他们是由大区大会从党员中选举产生，参考党龄因素和省份差别。

协会正式成员因辞职或其他原因无法履职时，由递补成员接替。如果递补成员接替后仍不足三人，则由大区委员会选举新成员。

对于省级委员会或大区委员会作出的书面批评或停止成员资格决议，仲裁协会在听取相应层级政治秘书处的意见后，可对决议的形式、程序等进行合法性评估，进而确认、撤销决议，或将案件退回到作出裁决的机关。退回重审的过程中，原决议依然有效。

仲裁职务与党内其他职务不可兼任。

仲裁协会成员身份保密，即使其已不再担任仲裁职务。

大区仲裁协会的有关制度由大区委员会制定。

附则

1. 联盟委员会可通过决议，修改本章程的文字错误或各条之间不一致的地方。联盟委员会负责颁布本章程的解释性、说明性文件。

2. 威尼托和伦巴底分部及其下级组织可分别使用"威尼托联盟"、"伦巴底联盟"的名称。

3. 在本章程生效期间，威尼托分部的书记在任何法院均保有使用"威尼托联盟"名称的合法性。

4. 北方联盟可与具有帕塔尼亚身份认同的外部社团、协会确立合作关系。联盟委员会制定相关制度，规范大区和省级合作的方式方法。

5. 北方联盟支持和推动帕塔尼亚议会。

6. 大区分部和省级支部要开设干部学校，对党员开展政治培训。干部学校的课时是党员获得行政选举候选人资格的先决条件。

7. 议员和大区理事候选人一般应具有北方联盟地方选举经验，或曾担任过至少一个党内职务。

过渡条款

1. 不可兼任、不可选举同惩处程序、党证管理和党员资格获取等一样，均由联盟颁布相关制度规范。这些制度的起草制订过程中，均要突出在党内的年限、政治组织经验等因素。制度均由专门的制度委员会负责起草，并由联盟委员会在本章程通过之日起三十日内审议通过。

2. 大区委员会在本章程通过的第二天履行本章程第三十七条的职责。

3. 截止到2012年12月31日，本章程第三十一条、第五十条、第五十二条规定的实施由纪律和保障委员会负责。

（孙璟、孙超群 译）

后　记

假期伏案工作，完成本书的译校，仿佛又回到了喜爱的研究领域，回到了熟悉的中央编译局。

两年前，我在局里从事博士后研究，承蒙师长眷顾，让我承担意大利卷的编译工作。我自知肩上责任，根据写作框架，迅速选择稿件，组织意大利语界的师友，全身心投入到这项工作中去。但两年来，随着工作岗位的变动，精力受到极大牵扯，离研究工作、意大利语越来越远，目光更多地集中在一地、一部门、一事之上，原本可以兼顾的坚定信念，逐渐变为美好设想，最终被现实的忙碌与嘈乱击得粉碎。

本书即将付梓之际，我又调任北京国家环保产业园区管委会，全新的领域带来全新的挑战，时间更为紧张，让大家费心良多。感谢俞可平老师、王学东老师、陈家刚老师、薛晓源老师等师长的宽容与厚爱，感谢张密老师、孙超群、杨颖等师友的鼓励与支持，感谢负责本卷的薛迎春编辑的耐心与帮助。

本书力图描绘意大利政党所处的制度环境，但不可能面面俱到，必须做出取舍，以突出重点。全国性涉党法律中，重点选取了政党最为关注的席位和资金方面的法律。政党内部制度章节，选择了意大利民主党、自由人民党、绿党、北方联盟等四个具有全国影响力的政党，其中意大利民主党与绿党属于中左翼政党，自由人民党和北方联盟属于中右翼政党。

本书翻译的各项法规均来自于意大利议会和各政党的官方网站，其中，宪法、全国性涉党法律来自于意大利议会网站，网址为：http://www.

parlamento. it；意大利民主党网址为：http://www.partitodemocratico.it/；意大利自由人民党网址为：http://www.ilpopolodellaliberta.it/；意大利绿党网址为：http://www.verdi.it/；意大利北方联盟网址为：http://www.leganord.org/。

  本应对全书作更加深入的讨论，但限于才学，以及对于政党发展前沿的疏离，就不再妄发议论。愿本书能为对意大利政党政治、政党制度感兴趣的朋友提供基本的材料支持。

  书中疏漏，敬请指正。

刘光毅
2015 年 5 月 24 日

图书在版编目（CIP）数据

世界主要政党规章制度文献. 意大利 / 俞可平主编；刘光毅分册主编. —北京：中央编译出版社，2015.1

ISBN 978-7-5117-2514-1

Ⅰ. ①世… Ⅱ. ①俞… ②刘… Ⅲ. ①政党-规章制度-文献-意大利 Ⅳ. ①D564

中国版本图书馆 CIP 数据核字（2015）第 012702 号

世界主要政党规章制度文献. 意大利

出 版 人：	刘明清
责任编辑：	薛迎春
责任印制：	刘 慧
出版发行：	中央编译出版社
地　　址：	北京西城区车公庄大街乙 5 号鸿儒大厦 B 座（100044）
电　　话：	（010）52612345（总编室）　（010）52612335（编辑室）
	（010）52612316（发行部）　（010）52612317（网络销售）
	（010）52612346（馆配部）　（010）55626985（读者服务部）
传　　真：	（010）66515838
经　　销：	全国新华书店
印　　刷：	北京环球画中画印刷有限公司
开　　本：	787 毫米×1092 毫米　1/16
字　　数：	260 千字
印　　张：	18.25
版　　次：	2015 年 1 月第 1 版
印　　次：	2018 年 6 月第 2 次印刷
定　　价：	110.00 元
网　　址：	www.cctphome.com　　邮　箱：cctp@cctphome.com
新浪微博：	@中央编译出版社　　微　信：中央编译出版社（ID：cctphome）
淘宝店铺：	中央编译出版社直销店（http://shop108367160.taobao.com）
	（010）52612349

本社常年法律顾问：北京市吴栾赵阎律师事务所律师　闫军　梁勤
凡有印装质量问题，本社负责调换。电话：（010）55626985